主 编:陈 恒

光启文库

光启随笔

光启文库

光启随笔　光启讲坛
光启学术　光启读本
光启通识　光启译丛
光启口述　光启青年

主　编：陈　恒

学术支持：上海师范大学光启国际学者中心

策划统筹：鲍静静
责任编辑：齐凤楠
装帧设计：纸想工作室

游走在边际

孙 歌 著

图书在版编目（CIP）数据

游走在边际 / 孙歌著. —北京：商务印书馆，2021
（光启文库）
ISBN 978-7-100-20106-3

Ⅰ.①游… Ⅱ.①孙… Ⅲ.①文化研究 — 东亚
Ⅳ.①G131

中国版本图书馆 CIP 数据核字（2021）第133133号

权利保留，侵权必究。

游 走 在 边 际

孙 歌 著

商 务 印 书 馆 出 版
（北京王府井大街36号 邮政编码100710）
商 务 印 书 馆 发 行
上海中华印刷有限公司印刷
ISBN 978-7-100-20106-3

| 2021年9月第1版 | 开本 889×1194 1/32 |
| 2021年9月第1次印刷 | 印张 11¾ |

定价：62.00元

出版前言

梁启超在《清代学术概论》中认为,"自明徐光启、李之藻等广译算学、天文、水利诸书,为欧籍入中国之始,前清学术,颇蒙其影响"。梁任公把以徐光启(1562—1633)为代表追求"西学"的学术思潮,看作中国近代思想的开端。自徐光启以降数代学人,立足中华文化,承续学术传统,致力中西交流,展开文明互鉴,在江南地区开创出海纳百川的新局面,也遥遥开启了上海作为近现代东西交流、学术出版的中心地位。有鉴于此,我们秉承徐光启的精神遗产,发扬其经世致用、开放交流的学术理念,创设"光启文库"。

文库分光启随笔、光启学术、光启通识、光启讲坛、光启读本、光启译丛、光启口述、光启青年等系列。文库致力于构筑优秀学术人才集聚的高地、思想自由交流碰撞的平台,展示当代学术研究的成果,大力引介国外学术精品。如此,我们既可在自身文化中汲取养分,又能以高水准的海外成果丰富中华文化的内涵。

文库推重"经世致用",即注重文化的学术性和实用性,既促进学术价值的彰显,又推动现实关怀的呈现。文库以学术为第一要义,所选著作求思想深刻、视角新颖、学养深厚;同时也注重实用,收录学术性与普及性皆佳、研究性与教学性兼顾、传承性与创新性俱备的优秀著作。以此,关注并回应重要时代议题与思想命题,推动中华文化的创造性转化与创新性发展,在与国外学术的交流对话中,努力打造和呈现具有中国特色的价值观念、思想文化及话语体系，为夯实文化软实力的根基贡献绵薄之力。

文库推动"东西交流"，即注重文化的引入与输出，促进双向的碰撞与沟通，既借鉴西方文化，也传播中国声音，并希冀在交流中催生更绚烂的精神成果。文库着力收录西方古今智慧经典和学术前沿成果，推动其在国内的译介与出版；同时也致力收录汉语世界优秀专著，促进其影响力的提升，发挥更大的文化效用；此外，还将整理汇编海内外学者具有学术性、思想性的随笔、讲演、访谈等，建构思想操练和精神对话的空间。

我们深知，无论是推动文化的经世致用，还是促进思想的东西交流，本文库所能贡献的仅为涓埃之力。但若能成为一脉细流，汇入中华文化发展与复兴的时代潮流，便正是秉承光启精神，不负历史使命之职。

文库创建伊始，事务千头万绪，未来也任重道远。本文库涵盖文学、历史、哲学、艺术、宗教、民俗等诸多人文学科，需要不同学科背景的学者通力合作。本文库综合著、译、编于一体，也需要多方助力协调。总之，文库的顺利推进绝非仅靠一己之力所能达成，实需相关机构、学者的鼎力襄助。谨此就教于大方之家，并致诚挚谢意。

清代学者阮元曾高度评价徐光启的贡献，"自利玛窦东来，得其天文数学之传者，光启为最深。……近今言甄明西学者，必称光启"。追慕先贤，知往鉴今，希望通过"光启文库"的工作，搭建东西文化会通的坚实平台，矗起当代中国学术高原的瞩目高峰，以学术的方式阐释中国、理解世界，让阅读与思索弥漫于我们的精神家园。

上海师范大学光启国际学者中心

2020年3月

写在前面

感谢朋友的盛情,要把我这些年拉拉杂杂写下的评论性文章或者讲演和采访记录结集成册。按照规矩,总需要先写几句什么。写什么呢?

要把自己十几年前直到现在的文章再读一遍,从中选出值得结集成册的部分,比开始新的写作要艰难。把电脑里由于疏于整理而散乱在各种文件夹中的文字归拢到一起,重读一次并且筛选出可用的部分,然后再根据它们的内容提炼出一个主题,这个过程不像开始新课题那么单纯。每一篇文字都勾连出一小段记忆,这些记忆连带着它们所保存的感觉,就构成了我贫瘠生涯中的一段"历史"。整理这本书,因此也就成为一次自我清点,它让我难得地"回望"了一次。

回想起来,自从20世纪90年代初期不安分地逃离了文学研究以来,我一直在"游走"。这个过程最初只是发生在物理空间里,但是不知何时,它也渗透到我的感知系统内部,变成了我的"活法"。20世纪90年代末,生活·读书·新知三联书店出版了我的第一本随笔《求错集》,这也是我生平的第一本书。在为这本书写序的时候,我已经意识到了自己"游走"的宿命——这不是一个主动的选择,而只是一种无可逃避的接受。

从那时开始直到现在，我一直处于学术思考的"无归属"状态，不仅无所归属，而且流动不羁。在物理空间里，我的游走从东北亚扩展到南亚、东南亚、西欧与北美，这些出访经历丰富了我的世界感觉，让我可以在阅读相应文献的时候多少有一些感知能力；只不过，我还没有能力真正进入这些文化的语境，体察该文化皱褶里的那些细微之处。在精神空间里，我同样无所依托，这反倒使我得以不分学科边界地求知，在力所能及的知识范围内，尽量自由地思考和写作。然而在没有边际的"游走"过程中，最无法回避的却恰恰是边际——只要不甘于"无知无畏"地把"游走"变成随意捏造，那么只有尽力穿透思想与知识的边际，才能客观地了解自己能够走多远。于是我不觉间把精神生活的边际作为探索的基本领域，从而走到了今天。

本书的第一部分主要收录了两篇十余年前的文字，一篇是讲演录音整理稿，另一篇是我所在研究所科研处的约稿。两篇都是"命题作文"，要求我谈谈自己的学术经历，原本并没有想过发表，所以反倒不加修饰地交代了我"游走"的收获。对于用双语工作的人来说，边际永远是个问题。不仅如此，所谓的"跨学科"，其实并不是摧毁学科的界限，而仅仅是把它相对化。有些时候，边际就是边界：国界、语言、学科……它们各自都有不可无视之处；有些时候，边际却是一种极具张力的开放之场：只有置身于边际之处，才能既保持对自我有限性的自觉，同时又拒绝被这种自觉绑架，从而不断面向他者而重构自身。这一点，是处于中心地带永远不可能得到的恩惠。

我在本书第一部分试图交代的，正是这样一种"在边际工作"

的艰难。从文学领域跨入政治思想史，从中国研究转入日本研究，对我而言并不是"跨界"，而是更加深入地进入"临界状态"。我的日本师友们曾经对我说过，假如我从大学本科开始就学习法学和政治学，那么我大概不会像现在这样工作。换句话说，我并不是抛弃了文学，摇身一变跨进了政治思想史，我有幸把文学研究给我的教养转化成了思想史的思考动力。我那位学生时代师从于丸山真男的导师更是直截了当地替我做出了判断：你们做文学的，胸中有一个"第一文本"，你把它带进了思想史研究。

在师友们的鼓励之下，我似乎一直透过这个"第一文本"在临界点上观察和思考。不过什么是"第一文本"？这个问题并没有引起我的关注。我只是依稀觉得，通过"第一文本"思考社会科学的问题，或许可以观察到另外一些侧面。直到晚近，我才慢慢地获得了某种自觉，也开始记起了这个早已被我遗忘的"第一文本"问题。

早年文学研究的训练给了我十分重要的营养，这就是对于人的生命过程本身的关注，特别是对于精神生活中细微之处的敏感。这种通常不属于社会科学研究范围的问题，对我而言却十分重要。然而政治思想史毕竟不是文学研究，它拒绝用经验的形式直接讨论人的生命过程和精神生活，它需要把这一切转化为与经验相关的思想命题。只是，在这个转化之后我所看到的风景，却与我仅仅从政治思想史内在理路出发时的思考并不完全重合。"第一文本"给我的最大恩惠，在于它激发人的生命经验本身，从而帮助我理解社会科学的概念和范畴，并且使其转化为有效的分析工具。本书第二辑和第三辑的内容，或许在一定程度上体现了我的这个"转化"过程。

这些年里，我的很多讨论都与"亚洲"这个命题相关。这个命题在我，本来是一个并无设计的追问，最初的讨论仅仅是为了满足自己的求知欲而已；但刚巧遇到了亚洲崛起的时代——亚洲继万隆会议之后又一次登上历史舞台，中国也又一次扮演了重要的角色。只是，与20世纪50年代相比，无论是亚洲还是中国，历史的定位都发生了变化。特别是当中国经历了全球化过程之后，把亚洲作为一个论述单位，已经不能仅仅依据万隆会议时期亚洲要求民族独立的直观理由了。于是我经常被人问及：你讨论亚洲的意义在哪里？

为了回应这个追问，我已经写作了相应的学术著作另行出版，本书并不直接处理这个问题。但是在本书的表层问题背后，确实也贯穿着这个思考"亚洲"的潜在线索。亚洲问题连带着牵出了关于主体性的思考，也逼问着对于世界史的感知方式，这一切都不是单纯的知识积累能够自然导引出来的思考，它需要建立一些新的视角。

本书第二辑以东北亚为背景，收入我关于日本、韩国、冲绳等具体对象的讨论。在与这些地区的知识分子交往的时候，我能够感知到在国内不那么强烈的"边界意识"。所谓的亚洲认同，在这些社会里是世界感觉的一种表达，它使得主体不可能在论述世界的时候置身其外。与这些年我们习惯的"全球视野"不同的是，我所观察到的这些对象面对的都是具体而困难的课题，绝非"宏观论述"所能涉及和解释。但是，在这些一时一地性的状况之中，却培育出了宏大和深厚的政治智慧。这些年在东北亚的游历，特别是有幸结识了生活在不同社会的朋友，这一切都给了我十分有益的启示。我得以了解：无论是针对亚洲还是世界，那些最具普遍性的思考，那些最为世界性的论述，必须借助于对在地经验的深入开掘，才有可能以个别性的方式真正成立。正是在这一意义上，亚洲是世界史的一个组成部分，但并不是通向世界史的中间环节，它是否能够承载世界史，取决于它是否拥有大于自身的理念和勇气，取决于它是否有能力深入开掘自身的独特性。面对着南北分界的韩国思想家，面对着日本、美国与东北亚国际格局的冲绳活动家，他们面对着的，都不是抽象的"世界"，而只是这个世界里有限的局部。然而由于执着的开掘，他们却在有限的空间里拥有了真正的世界眼光。正是他们教会了我辨识东北亚的表情，也教会我理解我们就在其中的"世界"与"人类"。收入这一辑的《克里俄的面孔》和《论争的时代》，正是在学理上讨论世界感觉的文字，我希望它们可以与这一辑最后一篇《为什么要寻找亚洲》结合起来传递我关于局部与整体关系的思考。

这一辑里收入的《明治维新的思想史意义》一文，是以我在北京大学讲座录音稿为底本加工而成的。日本在东北亚的定位十分特殊，近代以来它一直致力于脱亚，最终却在"二战"之后无家可归。明治维新一向被视为成功的革命，但它开启的是西欧式近代的殖民之路。如何准确地评价日本近代以来的历史？近代日本对外发动的侵略战争与它的现代化之间是什么关系？在阅读东北亚的表情时，这是我无法回避的问题。这个讲座并没有正面处理这段历史，它只是提出了一个思想史的课题：如果西欧式的近代模式并不是亚洲的出路，在这个模式渗入亚洲的历史时期，如何转化它才能创造亚洲的"近代"？

第二辑的文字并没有正面涉及边际的问题，然而它们处理的问题却都发生在边际之处。冲绳与韩国的极限状态，日本的近代转型难题，都为我们提出了于现代世界格局中持守边际意识的思考线索。历史正是在临界点上运动，只有在这个维度上，我们才可能理解何以静态的思维无法进入历史。

　　本书第三辑收入了我近年来陆续写作的部分评论文字。我通过它们讨论了一些历史人物和身边朋友们的思考。之所以为这一部分提炼的主题是"在历史中思考",是因为我所讨论的对象全都无法脱离他们所处的历史脉络。我一直认为,"游走"作为一种不带框架的自由思考,是理解所有思想产品的必经之路,但是不带框架的"游走"却不可以脱离历史脉络。假如"游走"发生在临界点上,那么它必将与历史的流动状态相遇。这些年从事思想史研究,无论是处理中国的,还是日本、韩国的问题,我都尽力通过具体人物的思考来提炼问题。在这个过程中,我惊讶地发现,自己似乎总是与既成认识发生龃龉。学界有太多的"约定俗成",很多问题没有经过仔细讨论就被回收到既定的判断中去了,更多的问题因为这种"约定俗成"而不可能进入人们的视野。我不断地体会到,只要把研究对象放到他所在的历史语境当中,只要诚实地面对"史料的反抗",那么,静态抽象的既定前提或者通行结论几乎都会瞬间显得空洞无味。

　　"在历史中思考"绝不仅仅是一种说法,它意味着对主体意志的约束,也意味着对流动状况的感知。当思想史上的大家或者现实中发生的实践被归结为某种"主义"的时候,状况的流动性就被一笔抹消了。我从思想史的磨炼中学习到的,或者就是打捞那些被"立场""观点"消解掉的问题意识,它们帮助我在熟视无睹的经验中发现新鲜的风景。

　　这些年我陆续接受了一些访谈,也跟一些朋友进行过对谈。我从中选择出一部分,作为本书第四辑的内容,某种程度上,也希望通过这些对话给本书作结。

我特别想要说明的是这里收录的两篇对谈。一篇是与日本的帐篷剧作家樱井大造的对话。很可惜，我无论如何也回忆不起这次对谈是在哪里进行的，它似乎没有正式发表，但这不是很重要。对我而言，与大造的对话是很奇特的经验。我个人的工作离戏剧很远，也没有介入社会运动，但是与大造对话时，却感觉不到隔阂。我希望把它收入本书，是因为这篇对谈的主角是樱井大造，他生动的介绍和浓度很高的讨论，揭示了日本乃至东亚社会难得一见的侧面。我相信读者会对此产生兴趣。承蒙大造先生慨允，我得以把它收入本书。征得他的同意，为了阅读的方便，我对文中不够准确和过于跳跃的部分进行了少量的修改和订正，但是力求不做过度的增删，以保持原有的味道。

另一篇对谈是我与韩国学者白永瑞先生进行的长篇讨论。韩国在若干年前兴起了打造"社会人文学"的热潮，应白教授之请，我们畅谈了对于当今学术制度和知识分子工作伦理的想法，并且就如何思考社会人文学可能性的问题交换了意见。这次对谈已经是12年前的事情了，我当时的一些判断今天看来不免有明日黄花之嫌。收入本书，一是因为它温暖地回顾了我与白教授不避交锋的友谊，二是因为白教授在里面谈到了他在韩国思想界的宝贵经验。白永瑞是韩国思想界的重要人物，专攻中国现代史，也是思想性杂志《创作与批评》的骨干成员，并长期担任主编。这篇对谈当年曾经以韩文发表在《创作与批评》上，尚未在中文世界发表过。在本书编辑过程中，我联系了白永瑞教授，他在百忙之中抽出时间对全文进行了文字修订，且同意我把它收入本书。

大造与永瑞都是我的老朋友，他们都有着比我更深入的"在边际游走"的经验。以这两篇对谈为本书作结,或许是最为合适的——他们以自己的方式启迪我明白了一个道理:摆脱了中心意识之后,才能发现边际的丰饶;边际的意义,正在于为我们揭示世界的多样与个体的有限,使我们能够正确地对待自己和他者。

2020年岁末于北京

目录

写在前面　　3

第一辑　岁月留痕

走出国门的意义　　3
打开外语这扇窗　　19
影响我的几本书　　44
伴跑《读书》　　49

第二辑　东北亚的表情

明治维新的思想史意义　　59
直视分断　　94
不平等世界中的冲绳原理　　99
克里俄的面孔　　110
论争的时代　　120
为什么要寻找亚洲　　130

第三辑　在历史中思考

理论和实践的辩证关系	147
哲学的日常性	158
加藤周一的"局外人精神"	169
从拉斯基到陈映真	183
乡建的历史	195
对话渠岩	200
阅读和理解鲁迅，需要超越常识经验	215

第四辑　在状况中联动

何谓"作为方法的亚洲"	241
如何继承万隆会议精神	260
关于《寻找亚洲： 创造另一种认识世界的方式》的访谈	273
对话樱井大造	288
关于社会人文学	307

第一辑
岁月留痕

走出国门的意义

我第一次出国,完全不是出于自己的意图。那是在1988年,我在现在的比较文学研究室的前身文学研究动态组或者是新学科研究室(我已经记不清楚这两个名字是什么时候更换的了)自得其乐地编辑一本内部刊物,叫作《文学研究参考》。这本杂志专门翻译介绍国外的文学研究学术动态,在那个时代好像还挺有读者。每月编辑4万字,偶尔稿子凑不齐字数,我就写点什么补上。这么过了几年,我的顶头上司、编辑部主任傅德惠老师有一天忽然对我说:你该出去看看了,学了几年的日语了,就不打算用用吗?

我在1982年进入中国社会科学院文学所之后,不久就参加了社科院专门为研究人员办的业余日语训练班。每周两个晚上,断断续续地学了几年,老师也是一流的。至于我为什么要学日语,惭愧得很,那理由实在是说不出口:所里一位前辈学者听说我在大学里学过一点日语，就让我翻译一篇论文，我却连标题都翻错了。为了不再出这种洋相，我决定真正去学一学日语，却没有把学日语跟去日本联系起来想过。

但是傅德惠老师替我想了，而且联系了一位日本教授，替我安排好了。我于是毫无思想准备地走出了国门。

应该说，人生中有无数次选择的机会，但并非每次选择都是决定性的。有些选择在当时仅仅是偶然的，却可以影响人的一生。我至今仍然感谢傅老师和在日本为我创造第一次出访机会的日本老教授，是他们两个人代替我做了这个决定性的选择。

从1988年到现在，已经过去了30多年。在这段岁月里，我又做了若干次选择，这些选择使得我渐渐离开了狭义上的中国文学研究，或者说，扩大了严格意义上的文学研究，开始了跨学科与跨文化的尝试。日本之于我，始终是一个思考的媒介，随着对日本思想了解的深入，我摸索着形成了自己的工作方式。回头看看这个经过，我才开始意识到，走出国门的学术意义，或许正在于以某种方式促进自我学术方式的变化，国门之外的世界不是摆在那里的"他山之石"，只有当主体的变革需求真实地发生的时候，它才能够呈现出来并被用来"攻玉"。

我第一次出访日本的时候去的是东京大学文学部的中国文学研究室。著名的中国现代文学研究家丸山升先生是我的指导教授。在十个月的逗留期间，我从丸山先生那里初步学到了严谨的学术作风和缜密的思考习惯，并通过他结识了很多正直的日本中国学家。木山英雄先生，伊藤虎丸先生，丸尾常喜先生，都是那时认识的。应该说，第一次长期的访日经验，给我提供了接触日本中国文学研究并且初步了解这个领域的机缘。

日本的中国研究，有着比西方中国学远为复杂的历史脉络。大略说来，这个领域由三个部分组成：传统日本汉学，支那学，现代中国学。这三个部分分别代表了三种不同的学术传统，相互之间存在紧张关系。

传统日本汉学是古代日本上层社会使用的"点化中国典籍为我所用"的官方学术，它直到明治维新之后都还是日本天皇制意识形态的一个组成部分，只不过在日本社会迅速的西化过程中被挤到了意识形态的边缘，不得已演变成了"纯学术"。日本汉学是一种"骑墙"的学问。它使用中国的典籍，却并不忠实于这些典籍的中文理解，更不忠实于它所由产生的历史脉络，是一种"没有中国的中国学"。典型的特征是汉学的阅读方式。它使用的是日语的发音，在古代中文典籍旁边标注表示阅读顺序的记号，然后按照日文的语法顺序，使用日语对于汉字的特殊读音，不留痕迹地阅读古代的中文典籍。这种特别的阅读方式叫作"训读"，它曾蒙骗了很多中国文人，误以为只要会使用汉字就可以进入日本的文化世界。当年梁启超亡命日本的时候放出过豪言壮语，说他只要有三个月的工夫就可以掌握日语，那就是被日本汉学这一假象给忽悠了。不能小看训读的力量，它真正的要害是通过日语训读音声所包含的日本文化乃至政治背景，把中国的典籍不动声色地转变成"和式"的文本。近年由日本著名中国学家沟口雄三先生所指导，主要由日本九所国立大学的中国学家担纲的《朱子语类》日译工程正式启动，其理由就在于这部中国朱子学的重要经典在日本一直被使用汉学训读的方式解读得面目全非，以致从没有被准确地理解过。

有感于日本汉学的骑墙性格对日本现代化的妨碍，明治初年曾经有一些大学问家对它进行过改造。这改造分为两种。一种是宏观意义上的转化。明治时期的大思想家和学问家，比如福泽谕吉、中江兆民、西周，都是传统汉学功底极深的大知识分子，但是汉学在他们那里被转化为接受现代（尤其是西方的）思想和知识的工具。比如现代史上中国从日本"反向进口"的汉字词汇，大多是这么创造出来的。另一种则是学科意义上的改造。从前汉学是凌驾于所有学科的意识形态和知识形态，到了明治时期，它被具体的学科取代了。这个新兴的学科是支那学和东洋学，代表人物是狩野直喜和内藤湖南、白鸟库吉等人。这个历史转型时期的学科今天看来似乎保守，但在当时却是相当革命的。支那学和东洋学不满足于旧汉学的骑墙性格，它模仿欧洲汉学（sinology）的"科学性"，对传统汉学的随意性大加讨伐。同时，它也完成了对旧汉学骑墙性格的改造，把支那学和东洋学锤炼成了研究外国的学问。

对于支那学和东洋学的挑战，特别是对支那学的挑战来自新兴的中国学。这一方面与"支那"这个名称在明治时期的甲午战争之后演变成了带有种族歧视意涵的称呼有关，另一方面也跟支那学在传承过程中逐渐丧失了它最初的革命性而变得松弛有关。新的中国学诞生在"二战"期间，它最初是由一群研究中国文学的年轻知识分子创立的，代表人物就是竹内好。中国学在日本战败之后成为中国研究的总称，研究中国历史、经济、社会的学者都加入了中国学的阵营，从而使得中国学研究成为今天研究中国的主体。应该说，支那学的研究方法已经被最大限度地吸收进了现代中国学领域，但旧汉学的势力仍然在今天的日本学界占有一定的地位。在东京御茶之水电车站附近的孔庙，就是当年鲁迅曾经发出过"到了日本还是拜么"疑问的地方，这里的偏院今天仍然古色古香地为斯文会提供很舒适宽敞的活动空间，这里依然定期举行传统汉学的各种活动。

中国学者习惯于把国外的中国研究一律称为"国外汉学"，由于上述原因，我们却不能把日本的中国学称为"日本汉学"。这是两个完全不同的学术领域，在学术史上它们之间存在高度紧张的关系。尽管当今的很多日本中国学家都掌握汉文训读的功夫，而且特别是日本的中国古典文学研究跟传统汉学的关系有点暧昧，但是多数日本的中国学家都不会情愿把他称为"汉学家"。

我第一次在东京大学文学部丸山先生那里进修的时候，不仅感受到了上面的这层学术史关系，而且还感受到了中国学与日本左翼之间的关系。在战后成长起来的那一代人，也就是丸山先生那一代人里，中国学家（尤其是研究现代中国的学者）多数是左派，很多人还是日本共产党员。这种情况到了他们的下一代人那里有很大变化，这恐怕与1968年学生运动之后的幻灭感相关，更与中国在60年代之后剧烈的社会变化有关。如何把握中国，对于日本的中国学家来说越来越成为一个难题，因为中国的变化太快,而且变动的跨度太大。中国学家之间发生分裂、对立,每每与中国社会的重大变化相关;但是在战后最初的15年里,新兴的中国学却是一个充满朝气和理想的领域,那个时候的日本中国学有一个玫瑰色的载体——中国革命。今天阅读当时中国学家对于中国革命的解读,我仍然惊讶于他们对中国革命的高度认同,这种认同一点不亚于新中国成立初期中国百姓和知识分子的热忱,而且由于日本与中国大陆在战后没有达成和解,民间文化往来和两个社会之间的了解受到极大的限制,日本的中国学家在很大程度上需要发挥自己对中国革命的想象力,这反倒使得他们对中国革命的认同持续了比中国人更长的时间。这当然并不意味着丸山升那一代人的中国研究因此单纯美化中国,也不意味着他们的学术研究缺少资料支持而具有随意性,恰恰相反,日本的中国研究正是在这一代人那里达到了高峰。我相信,这是因为这一代人在精神上的原动力深深植根于大的历史转折时期,他们的精神支点推动了那些最基本的思考和分析。

第一次出访结束的时候,我产生了一个不太自信的欲望:如果还有机会来日本,下次我想离开日本的中国学,了解日本人对自己历史文化的研究。确立这个朴素的愿望仅仅是出于好奇,因为我感觉到日本的中国研究毕竟是日本学术的组成部分,没有一个大于它的结构性眼光,不可能真的理解它在日本思想和文化中的位置。同时,我开始感觉到仅仅依靠我所接受的文学研究训练,很难建立这样的结构性视野。这样,我就在90年代之后扩大了读书的范围,慢慢地接近了日本思想史研究领域。

日本的思想史研究基本上配置在两个学部，一个是文学部里的历史学学科，一个是法学部里的政治学学科。不过各个大学的学科建制并不相同，而且日本史学的学科内部一直存在一个争论，就是思想史作为史学的分支到底是否具备相应的资格；这使得思想史研究与正统史学之间产生了某种疏离，而法学部里面的政治学学科也并不是主流，至于政治思想史，用中国的说法，那至多也只能算是"二级学科"。

日本的大学体制也很精细化，学科之间的藩篱一向不容易打破，但是近些年来这种情况有很大变化，跨学科成为一种时尚。比较典型的例子是东京大学。这所大学分为两个部分，建立了两个校区，一个是为本科低年级的通识教育建立的校区，叫作东大教养学部，在驹场这个地方；另一个则是教养学部学分修完之后的高年级学生进入的专业训练和研究生教育的校区，在本乡这个地方。在传统上本乡的地位要高于驹场，而且前者的学科分类一直很严格。但是大概从20世纪八九十年代开始，这个情况发生了逆转，因为位于驹场的教养学部开始独立设置从本科到博士的研究课程，且由于它拥有过日本文化界风云人物作为校长（日本著名的影评家和文化评论家莲实重彦曾经出任校长），也有一些非常出色的"明星学者"（比如非常有名的小森阳一、高桥哲哉）任教，同时打破了传统的学科分界，把传统的学部划分改变为"第一地域研究""第二地域研究"这样的跨学科配置，于是，这个昔日的东京大学教养学部一跃而成为最吸引年轻考生的学校，甚至超过了被视为东京大学代表的本乡校区。有趣的是，这样的局面迫使相对传统的本乡校区不得不改变了他们的学科划分方式，它不仅开始打破传统的文史哲划分方式，也加入了一些跨学科元素，而且也开始搜罗明星学者加入教学阵容，来和驹场争夺考生。

日本的大学体制吸纳跨学科的能量非常大，不仅东京大学如此，其他的很多地方也都建立了一些跨学科研究的平台。比如一桥大学的社会学部，里面有一个专业叫作地球社会研究，这个专业的教授内容五花八门，不仅有社会学、人类学，也有思想史和政治学、经济史、文化研究，甚至还开设天体物理和电脑应用的专题课。一位教授开玩笑地说：只要地球上有的，我们这里就都可以包括，所以我们才叫"地球社会研究"。而其他的大学，也多数建立了所谓"地域研究"框架，这种建制多数参照了美国地域研究的模式，因此"地域"的设定以亚洲后发国家为主；但是在这些研究中通行的研究模式却未必是美国式的，这要看其中是什么样的学者担纲。

说到底，体制的开放并不意味着学术本身一定需要在形式上跨学科。其实那些最传统的学科研究方式在今天依然有很强的生命力。问题不在于你是否跨学科，而在于你是否具有可以超过学科限制的能量。我在接触了以思想研究为中心的几个学科的学者之后，越来越意识到真正的问题不在于学科的形态，而在于学术的深度。真正有生命力的学术一定是具有跨学科能量的，因为它处理的是人类精神世界中那些最基本的问题；但是，那些具有跨学科能量的学术成果，在形态上却未必需要跨学科，尤其是在今天，跨学科成为一种时尚且不断被体制收编的时候，拘泥于跨学科的形态有时反倒会本末倒置。

正是在这样的两难之境中，日本思想史研究吸引了我的注意。我关注的并不是这个学科，我关心的仅仅是如何扩大自己的视野并且让自己可以更深入地发现问题。整个90年代，我都在日本的学术资源里寻找这样的可能性，尽可能多方面地阅读和请教日本的同行；这中间，我利用每一次去日本的机会参加不同的与思想研究相关的研究会，这些研究会有的属于日本思想史，有的属于文化研究，有的干脆就没有什么学科分类。

在20世纪90年代后期，我申请了社科院与日本文部省合作的"论文博士"项目。这是一个很好的项目，给那些没有博士学位但是已经没有时间去读博士课程的研究者提供了机会。不过论文博士与课程博士不同，因为没有导师一直带着，也因为没有修过学分，仅仅通过博士论文答辩获得学位的保险程度相对低一些。但好处是占用的时间不多，不必总留在日本。这期间我开始与日本的一些学者推进一个中日知识分子之间持续性的对话活动，这个活动当时被命名为"中日知识共同体"，这不是一个理想的名称，因为它有很强的实体化色彩，而这个活动却从一开始就刻意地避免实体化，保持了讨论的开放性和参加者的流动性；但是有趣的是，这个活动开展了6年，也征集了6年的名字，却从没有一个批评它的人提供过替代方案，结果到了今天，它还只有这个称呼。

关于这个活动，我已经发表过几篇相关的论文，在此不再重复。这个活动的直接成果之一，是使中日知识分子对于日本战争责任问题的思考真正面对面地进行了交锋，并进而把这些思考置于更广阔的历史和政治背景中加以定位。这个活动已经过去了很多年了，但是很多后续的思考仍然在继续。

我在2003年进行了博士论文答辩。我申请学位的单位是东京都立大学的法学部，答辩手续很严格，三位答辩委员提出的问题很有质量，使我忘记了这是答辩，而觉得这是一次非常愉快的学术讨论会。我通过了答辩并且获得了博士学位，博士论文后来被日本的岩波书店出版。日本的大学过去很长一段时间内对于学位授予很吝啬，很多老一代知名的日本学者，学历都是"博士课程修了退学"，也就是说修完了学分但是没有获得学位。近年来他们对此有所改变，获得博士学位的概率大幅度提高了。但是不能因此认为博士学位在日本有多么重要——因为有些人由于过于优秀，连这个也不需要了。我认识一位年轻的东京大学教授，他硕士毕业后就开始任教，很快就成为东大的骨干学者，现在是一个国家级项目的负责人。我问他的老师为什么他没有攻读博士学位，他的老师笑道，有这个必要么？

日本的大学大致分为三类：国立大学、公立大学、私立大学。直到21世纪初，国立大学还是由国家直接拨款扶持的，也由日本文部省直接管理；公立大学由都道府县的政府直接扶持管理，但是国家也拨给一定程度的预算；私立大学则由各种民间资本创立和扶持。现在，国立大学和公立大学都已经"法人化"，虽然还可以从日本政府得到拨款，但是已经明显缩水，而且教授们也不再是"国家公务员"。这两类大学都要在某种程度上"自负盈亏",这当然会直接影响到教授授课的内容甚至学科的设立。过去端铁饭碗的时候可以书生气,现在需要考虑生源问题了。学术腐败在日本也是存在的,但是我很幸运,接触到了很多正直的、有求知热情的日本学者。

近年来我去过日本的不少大学,主要是参加学术会议或者做讲座。表面上看来,东京的大学相对比较注重思想生产,是批判知识分子比较集中的地方;关西的大学相对来说比较注重学术生产,特别是京都学派的大本营京都大学,过去似乎给人以纯学术的印象;但是其实现在基本的学术气氛是很一致的,各个地方的大学在学术氛围上开始趋同,对话的范围也开始扩大了。这中间有一个基本的话题就是"亚洲研究"。对于日本知识界来说,亚洲研究必须和过去的"大东亚共荣圈"划清界限,在原理上需要进行根本性的清理,同时这个话题也直接跟日本的战争责任联系在一起,是知识界思想性很强的一个课题。我在近些年的互动中强烈地感觉到,日本学者的"亚洲意识"大致由东亚和西亚(主要是对伊斯兰国家以及蒙古的研究)两部分支撑,南亚比如印度研究比较薄弱,北亚比如蒙古和俄罗斯远东地区研究也只有少数学者在实际操作。而意识形态色彩最强也最有规模的是东亚研究,这中间东北亚研究又比东南亚研究更有影响力。但是对于日本的东亚研究来说,恐怕是由于"冷战"的原因,韩国、日本、中国台湾被作为一个基本的单位,其中的日韩对话比较紧密,特别是对于战争责任的讨论也比较深入,相比之下,对于日本与中国的关系，特别是对"二战"之后东北亚关系的结构性研究比较薄弱。这倒不是说没有这方面的积累，而是说这方面的研究没有被转化为社会的思想资源，不足以影响意识形态生产，特别是不足以影响传媒的思维方式。

我曾经在一次学术会议上强调过一个基本的事实，就是东亚作为一个基本命题其实主要是韩国和日本思想界的课题，对于中国和其他东亚国家来说未必如此。比如朝鲜、俄罗斯、中国、蒙古、越南等，都没有把东亚研究作为一个首要的课题来对待。日本学者的反应很有意思，他们说一直以为这是一个普遍性的命题，没有料到居然是地区性的。

东亚确实是一个地区性的命题，但是作为一个悖论性的现象，欧美大学里面却确立了"东亚研究"这个领域，和东亚系或者东亚研究中心这样的机构。就构成上来看，欧美的东亚研究基本上是以中国、日本和韩国为基本对象，现在还没有发展到更广阔的地区，比如把朝鲜和蒙古、越南包括进来，更不要说把苏联也作为东亚的一个组成部分。近年来，我应邀到欧美一些地方参加的学术会议，基本上都是在"中日韩"的框架结构中讨论东亚。

欧美的东亚研究也存在一些基本的问题，这样的领域基本上是欧美理论的消费领域，在某种意义上，东亚的历史和社会仅仅提供证实或者局部修正这些理论的材料，它自身很难被视为原创性的理论资源。这种状况自然与国际政治力学关系直接相关，东亚至今仍然是地域研究的对象，这也是一个基本的事实。

我最早接到的走出亚洲的邀请来自德国海德堡大学日本研究系，他们召开了世界上第一次关于竹内好的学术研讨会。竹内好是我博士论文的讨论对象，我的这本书在日本的岩波书店出版之前，就在2004年接到了海德堡大学的会议邀请，他们读到了其中的一部分，希望我可以前去参与讨论。会议之后他们征求我的意见，问我是否愿意去海德堡大学讲学。海德堡大学的日本研究系成员传承了哈贝马斯的一些思想传统，很重视现代性问题在日本的基本形态，它的前任系主任和现任系主任都很注意日本的现代思想形成过程，而德国的现代思想家，例如韦伯、曼海姆、施密特等，都对日本的知识分子发生过重要的影响。对我来说，在德国讲学可以最直接地了解这种影响关系。所以我接受了邀请并且在2005年赴海德堡大学讲学。实际上，邀请我的首先是海德堡大学的汉学系，日本研究系当时正在与汉学系筹备建立东亚研究中心，他们希望我同时在两个系开课，可以通过我连接这两个原来没有什么来往的机构。这次讲学期间，我开设了两门课程，分别用中文讲授中国当代社会思想问题，用日文讲授日本现代性问题，其中有少量优秀的德国学生可以两边听课。他们很有思想，在课下找我讨论问题，陪同我去德国南部一些战争时期的遗迹参观，并且主动为我联系海德堡大学的历史学家，就我感兴趣的问题进行过若干次对话。德国是一个哲学传统深厚且社会伦理意识很强的国家，西德的"二战"经验使得他们的知识分子对历史的公共使用问题有很强烈的伦理性关注，跟他们的对话对我个人的研究非常有帮助。我还访问了原来属于东德的城市莱比锡，莱比锡大学的日本研究中心邀请我去做演讲，我顺便参观了这个供奉着巴赫遗骨、保留了马克思客居寓所的城市；这里有一座著名的纪念塔，叫作多民族抗击入侵者纪念塔，是纪念东欧民族与德国一起抗击拿破仑的，在普法战争100年的时候建立。具有讽刺意味的是，据说这里的广场现在常常成为新纳粹集会的地方，他们闹过之后，第二天广场上一片垃圾。东德因为一直在苏联的属下，并没有经历西德那样的整个社会的反省和分裂，这反倒使得社会的免疫力有所下降。东西德统一之后，西德的新纳粹分子就利用了这样的错位，跑到旧东德的区域集会。

去德国的第二年，我又去美国华盛顿大学进行客座研究。这里本来不需要开课，但是学生们提出要求，我后来就分别搞了两个读书会，一个中文一个日文，教学生们读文本。后来应几个大学的邀请，我去了其他的一些城市，不过印象最深的是华盛顿的越战纪念碑，以前在冲绳参观和平祈念公园的和平纪念碑的时候，听说冲绳的某位县知事访问华盛顿的时候，受到了仅仅祭奠美国士兵的越战纪念碑的刺激，发誓要在冲绳建立一座平等纪念所有战死者的纪念碑，刻上包括美国士兵在内所有死者的名字。我在华盛顿的越战纪念碑前看到清一色的美国士兵阵亡者的名字，不由得想起这段往事，觉得很感慨。

应该说，我在亚洲之外的国家感受到的很多东西，都对我深入理解中国与日本有很大的帮助。这些经验使我进行研究的时候时刻注意把自己的研究对象相对化；而在亚洲内部其他国家感受到的经验，比如在韩国、印度感受到的经验，则使得我对于"亚洲"或者"东亚"的多样性产生了直接体验，我相信，如果有机会去西亚，这种多样性将更加鲜明。

我在国外的学术活动基本上是以日本为主，因为我可以使用日语工作，近年一直集中使用日语资料，所以直接与日本的相关专家对话给了我非常有效的帮助。我的活动领域渐渐从东京、京都这样的中心地带向九州、冲绳、北海道这样的边缘地区扩大，这些地区不仅保留着历史上一些重要的因素，而且具有把"日本"相对化的资源，在这样的视野里阅读日语的资料，历史的多种维度开始呈现。这个过程对我有非常大的意义。通过接触对象的扩大和讨论领域的扩展，我开始从单一的学院精英学术和各种意义上的"中心"中走出来，力求更准确地把握历史。日本的历史与中国密切相关，但是这个相关性不是通过直观的"比较"就可以呈现的。这个过程对我而言是一个不断锤炼认识论的过程，它使得我尝试用日本的资料谈中国的问题，同时又要使自己的讨论不脱离日语的语境。我受到很多日本同行和前辈学者的鼓励，他们也为我提供了很多学术上的便利。我相信这并不仅仅是因为他们在关心我，他们同时也在期待中国研究者更深地了解日本的历史，共同拥有充满了曲折的现代史。

现在的时代有时候被称为"后冷战"时期，走出国门可以非常鲜明地感觉到这一点。"冷战"结束了，但是意识形态上的"冷战"却仍然继续。这种思想"冷战"在失掉了现实对应性之后，变得越发简化和独断，也越发容易呈现"冷战"时期意识形态的真正内核，那就是强权与歧视。在冲绳和北海道，我最为鲜明地感觉到了这一点。在日本内部，这两个地区算得上是"第三世界"，尤其是冲绳。这里今天仍然在为把美军赶走举岛奋斗，而冲绳人不仅被日本政府和本土社会主流意识形态所歧视，也被无知的世界所漠视。这样一个模式让我感知到了日本内部的某种"冷战"，也体会到了中国曾经是世界史中的"冲绳"。在走出国门的这三十几年里，我自己亲身感受到了外部世界对中国目光的变化，中国渐渐地不再是被歧视的对象，它开始强大了。但是，这个世界的强权政治逻辑和歧视思维习惯并没有随着中国的兴起而被改变，中国要想对世界做出贡献，就不能与这个"冷战"思维结构共谋。作为以知识为业的人，我相信走出国门的最大意义，就在于清醒地认识这一点，并且以此自律，力争让自己的学术研究具有更多一点的"人类性"。

（本文写于2009年，是应社科院文学所科研处的要求所写的个人工作报告；收入本书时没有在内容上增删，只是为了阅读的方便，将其中倒叙时间的表述改为以当下为准）

打开外语这扇窗

我非常高兴今天有机会,在这里祝贺全体新同学进入自己人生的新旅程,我也非常感谢外语学院给了我这个机会,让我和大家一起分享这个非常重要的时刻。在这个时刻,我要祝贺大家的,并不是你们十几年寒窗之后跨过独木桥走进了大学的殿堂,而是你们漫长的、为了考试而学习的应试教育阶段,到今天可以考虑画上句号了。我觉得中国的孩子真的很不容易,你们差不多从幼儿园的时候就要准备为了今天,付出宝贵的童年和少年时代,我希望有一天中国的教育能够结束应试教育的状态,但很遗憾的是,到今天为止我们还没有能力做到这点,所以我非常理解坐在这儿的新同学们的心情。为此,我希望跟大家分享这个时刻,如果可能的话,作为一个过来人,跟大家谈谈我自己是怎么走到今天的。

刚才坐在主席台上,看见底下的新同学们,大家很紧张、兴奋，也很茫然，我想起31年前我在你们这个位置时的心情，我们的感觉方式是差不多的，但是我们感觉的内容却非常不一样。我是"文革"之后恢复高考时所谓77级的学生，我参加高考的那一年，当时我所在的那个省录取的比例是30:1，大概比你们现在录取的比例要低得多，或者说那个时候考试竞争要激烈得多。但是，那个时候我们这一批考生完全没有竞争的概念，因为我们没有过应试教育这样的经历，在我们高中毕业之后，我们面临的选择是"去农村还是去工厂"，那个时候我没有想过有一天会进入大学去学习。我在农村劳动了两年之后，赶上了77级的恢复高考，我作为第一届考生考进大学的时候，感觉的内容跟你们是不一样的，我当时是非常单纯的兴奋，我感觉到的兴奋是：我终于可以读书了，我可以去图书馆借无数的书，可以不用避人耳目地阅读了，这是我从儿童时期就开始的一个梦想。大家知道，"文化大革命"的时候，有一个对于传统文化和外来文化摧毁的过程，那个时候很多书被视为禁书，我们能够读的是非常有限的书籍。这个经验大家可能没有，你们可能会觉得孙老师太不幸了，在这一点上我也许确实是不幸的，但是反过来说，正因为如此，我又拥有你们这代人没有可能拥有的幸运。

为什么这么说呢？在"文革"时期，由于很长一段时间没有自由选择读物的条件，所以任何一个年轻人都会有的求知欲在我身上被完整地保留了下来。在进入大学的时候，我的第一个愿望是"我要读最多的书，我要读所有我能找到的书"。我为什么要读书呢？我没有想过。是为了将来找工作吗？不是。我们这一届学生很幸运，我们毕业的时候不需要自己找工作，国家会替我们分配工作。我就被分配到了现在供职的社科院。但是我想有一点是可以跟同学们共享的，刚才老师和同学们都讲到了一个问题，我们这四年的大学生活如果要过得快乐，过得紧张而有收获，那么求知欲是最重要的。所以我想跟大家分享这样一个起点：当我们马上要开始大学生活的时候，我建议同学们对自己做一个整理，我们有没有可能真正给应试教育画上句号，从此开始自主求知的过程？

讲起求知问题来，我觉得这可能是我们这一代人和你们这一代人最大的不同。我刚才讲过，我们这一代人没有经过应试教育，也就是说我们没有为了升学而受过系统的、严格的，甚至是残酷的训练。这当然让我们的知识缺少完整性，缺少结构性，我至今还要自觉地为此而不断补课，不断调整自己的知识结构。但是我们这一代人有一个先天的优势，那就是我们没有做过单选题和多选题。你们是做单选题和多选题长大的。我想先给大家提一个建议，在你们开始大学生活之后，哪怕是不得已的，有的时候在大学里为了考试，因为现在计算机普及了，为了考试我们也要做单选题和多选题，但是从现在开始，我建议大家培养一个知识习惯，就是当你做单选题和多选题的时候，你需要意识到自己只是在做题，你并不是在解答问题。

如果我们把世界上所有的问题都看成是单选题和多选题的话，那么恐怕我们一辈子也没有可能进入人类最基本的那些问题，换句话说你可能一辈子都只有知识点，不会有文化。所以我给大家的建议是，先摆脱选择题这种思维方式，这个和我们具体做选择题是不矛盾的。我为什么要这么说呢？因为人类最基本的问题从来没有过正确答案，即使它有很多个答案，我们仍然认为最终的答案我们没有找到，这正是人类发展自己精神生活的原动力。从孔子时代开始，从古希腊罗马时代开始，人类最基本的问题就是："人为什么要活着？""人要怎么样活着？""人要在一个什么样的环境里面活着？""人应该怎么创造这样的环境？"这些问题直到今天没有找到最终答案，所以才需要我们不断回头去问过去那些伟大的思想者，看看他们是怎么去回答这些没有答案的问题。为了这个目的，我们仅仅掌握母语还不行，还要尽可能多地掌握外语，这就是我为什么给今天的讲演确定了这样一个题目。外语是一扇窗，你能不能推开它，推开之后你能看见什么样的风景，这取决于你怎么来确定你求知的起点。

我想说一个也许会让大家有点不高兴的话题，刚才听我讲自己在大学基本状况的时候，可能会有同学想，跟你们比起来我们今天读书没有禁区了，而且我们有这么多的书可以读，我们的条件比老师当年求学时候的条件好得多。可是我要提醒大家一句，其实你们如果不留神的话，你们会生活在一片丰饶的文化沙漠里。为什么？在我年轻的时候，所谓的大众文化还没有成形，那个时候只要有足够的主体性，其实人的求知欲很容易排除掉外在的意识形态干扰，尽可能健康地生长。但是从你们出生的时候开始，伴随着你们成长的，是大众文化的不断成长、不断成形、不断扁平化的过程。大众文化是一种消费型文化，它让受众习惯于接受现成的文化产品，而且依靠受众的追捧生存。所以大众文化不提供思考的媒介，它只在通俗易懂并且有明确答案的材料里面打转转。只有这样，它提供的文化产品才能有更大的市场。在这个过程里，如果没有足够的警惕，人随时可能被大众文化单纯的模式收编。大家可以想一想，你们在电视剧里看到的、你们在上网的时候看到的东西，里边有多少是有想象力的东西？你们是不是在一个已经规定好了的框架里边，来不断接受一些重复的，虽然看上去新鲜，但是在模式上是完全重复的一些经验？有一次我在报纸上看到一篇随笔讽刺电视剧，说有一个老太太坐在电视机前指点着说，看着吧，下边就是杀手该出场了，出场之后人被吊起来就要飞了，飞完了之后呢，一定是坏人要死了，正面人物要受伤了，老太太叹息一下说，编剧你怎么就不让我意外一下呢？

这看上去是说电视剧，而且是有点极端的例子。但其实大众社会就是用这样的方式把我们的精神生活打造成一块平板，它是一维的，它没有立体的空间，它没有让想象力飞翔的基础。一旦它开始想象，那其实更可怕，因为一定是胡编乱造，脱离现实。而且，大众社会的伦理是直观的，老百姓说的"善有善报恶有恶报"，大众社会就演绎这样的伦理，把历史最大限度地简化了。所以，我想给同学们的一个建议是，你可以用大众文化来娱乐自己，但是如果可能的话，要记得去找人类精神史上那些一流的营养，尽量读那些经典，这样你才会摆脱依靠条件反射活着的状态。我想你们很幸运，你们的学院就在给你们设计这样的课程，让你们能读到人类最好的那一部分精神资源。在这个过程里边，我希望大家能不断丰富自己，在这四年里边变成一个真正的文化人。

　　我再讲一点个人的经历，我在大学里学的专业并不是外语，我的专业是中国语言文学，毕业之后进入了中国社会科学院的中国文学研究所，进入文学所之后，我一个前辈的同事听说我在大学里学了一点日语，就让我翻译一篇日语的论文。我拿过来以后，发现真的是翻译不出来，我觉得很耻辱、很丢脸，怎么办？那就学吧。所以我是在工作之后才真的开始学日语。日语在你们这儿是一个小语种，我当时是在社科院的一个日语训练班里，学了大概有四五年时间，每周上两个晚上的课，每次两个小时。我用什么方式学呢？我自己总结，学外语的方式是同时动员脑袋和身体，我想同学们可能理解学外语就是背单词，我们早晨起来拿着一本书就上外面去背，背完了以后尽可能地去记住它就可以了，这当然是非常重要的，但是远远不够。我建议大家回忆一下自己幼儿时期的经验，可能你们谁也想不起来了，我也想不起来，我们是怎么学母语的？我们在小时候开始学母语的时候是不背单词的，我们不知道我们怎么学的，可是我们记住了，而且我们的母语一定比外语好。

　　我给大家的提议是，按我的理解，要想学好一门语言，你还要动员身体。我是这样做的：在家里做和学习无关事情的时候，我会戴一副耳机，不断听日语的录音，那是非常轻松的、不负责任的学法。比如说我在厨房里做饭，我出门去见朋友，我和别人有一些事情要做的时候，有一点空闲时间，这个时间我就不断去听，这个时候身体很放松，并不要求把每个词都记住，但是只要有时间，我就动员自己的听力。这样过一段时间之后，我开始发现日语离我不那么远了，我对于语流有了感觉。当然，只有这个还不行，同时你必须及时配合你的阅读，你听到的东西进入你的身体之后，你要把它明确了，给它具体形状，把它确定下来。因为没有办法，它毕竟是外语，我们不可能再从婴儿时期做起，特别是我们在中文语境里面学外语的时候，没有相应的语境让你通过感觉去理解和把握它，所以必须要动员你的头脑。在这个过程当中，即使是在中文的语言环境里，你也会渐渐发现日语活起来了，它在你身体最放松的状态下被你接纳以后，语言变成了你感觉方式的一部分。当然，只有这个是不够的，我有很多次去日本的机会，而且后来我去日本以外的地方，大多数情况下也是用日语来工作的，这样，我有实际使用它的一些条件。可是我觉得，即使是有这些条件，会不会有效地利用它，其实还是有很大区别的。到了日本，我最初感到很受冲击的是，日本人不是按照我们从日语课本上学来的方式说话的。活的语言跟书本上的语言并不一样，即使是书面语，每一个人写出来的东西也有不同的风格。体会这些细致之处，我们才能一点点地进入另一种文化。

在我这样摸索着学习日语的过程中，我也开始讲课了。我多数课程是在国外开的，因为社科院的学生很少，没有机会正式地讲课。当然我在社科院也尽可能地带了几个学生。我在带学生的时候，总给学生这样一个提议，我说："希望你们最大限度地利用我这个老师。"这是什么意思？这个意思就是进入大学之后，我们要重新设计自己和老师之间的关系。一直到高中毕业为止,老师是牵着你过独木桥的一个最主要的力量,是你们的依靠对象;但是从现在开始,关系变了,老师应该成为你们的助手。原来在高中的时候你们从老师那学的是什么呢?我想主要学的是知识点,有一些老师可能会教给你们一些方法,但对你们来说,最重要的是把老师给你们的东西拆解成知识点,然后用它去答卷。但是在大学里边,我觉得要改变这个方式,要从老师那儿去学习怎么思考问题,怎么推进问题,怎么分析问题,你要学老师的治学方式,而且不仅仅是从老师那里学,在周围同学这里也要学。如果你能从所有人那里学东西,而不仅仅是从最优秀的人那里学,那证明你真的成为一个有主体性的会学习的人了。

在这样一种学习方法之下,我觉得同学们有可能从我刚才讲的那样一个丰饶的文化沙漠里边迈出来,开始形成高质量的求知欲。我觉得对知识一定要有纯粹的好奇心。如果有,那么你可以看到相对更广大的世界。我最初去日本的时候,是和日本中国文学研究领域的学者交往,当时我并不是留学,我只是去做学术访问。第一次去日本是在东京大学,在东京大学学习了将近一年之后,我就回国了。当时我就想,国外的中国学毕竟仅仅是国外学术里边很有限的一个部分,如果我想知道他们怎么研究他们自己,怎么理解他们的历史和社会,怎么研究他们自己的文化,我想我很难从中国学领域里把握得到这些,因为这中间要跨过好几道台阶,你才在能够走到那个国家的人研究它自己历史的领域,理解它的历史、它的文化、它的文学。所以后来我就开始离开日本中国学，进入了日本人研究他们自己的领域，最后我选择的专业领域是日本政治思想史。让我这么做的其实仅仅是好奇心。我只是想知道，一个国家的人，他们是怎么去想他们自己的？他们是怎么去感觉他们社会生活里边那些基本问题的？这个转变确实让我看到了非常不一样的景象。因为当日本人研究中国的时候，其实他们基本上不正面讨论他们自己的问题，他们讨论中国的问题，可是当他们研究他们自己的历史、文化、社会的时候，要面对的问题是非常直接的。经过一个阶段的钻研之后，我发现日本中国学这个领域对我来说也不太一样了，我开始尝试着从日本人的角度理解他们的中国认识。这个变化是不知不觉发生的，并没有什么设计。

我想，同学们一说起日本，大概都会有一个直接的条件反射，日本曾经是我们的敌人，那段历史还活着，怎么样和这个国家里边的人，和这个社会里边的文化相处？这也是我面对的一个问题。我在大学期间，如果说我学到了什么的话，我想我掌握了一个最初步的知识习惯，这个习惯就是我们不可以用条件反射去认识世界，知识的方式一定要和条件反射的方式区别开。听上去这好像是一个很简单的说法，但是你真的去操作是非常复杂的。我举一个例子，一块石头砸过来，无论是一个人还是一个动物，第一反应一定是躲开，如果在你躲开之后又有一块石头砸过来，你会比第一次更熟练、更准确地避开。为什么？当一个刺激来临的时候，我们立刻会对这个刺激进行条件反射，而条件反射留在我们的神经记忆里，它会让我们下一次遇到同样刺激的时候，采取同样的反应方式。应该说条件反射无论是对我们人这样的高级动物，还是对不具备人类思维的低级动物，都是共通的。但是有一点把人和低级动物区别开来，人在形成条件反射之后他要切断这个条件反射，然后想，为什么石头会砸过来？砸过来后边的那个原因是什么？

在这样的情况下，我们会发现，动物的特定条件反射形成之后，它只能够对特定的形式进行反应，而人的条件反射形成之后，由于他可以切断条件反射和刺激之间的关系，人就有可能进行思考，而思考可以让他举一反三，可以让他在不同的条件下也能够通过联想避免受到伤害，这是人的特点。思想是在什么层面发生的呢？思想是在思考的层面发生的。所以我还要回到刚才的那个问题：当我面对日本这样一个跟中国近代以来有很多纠结的国家的时候，特别是我选择了要做政治思想史研究的时候，我如何去面对这样复杂的问题？这个问题我待会儿还要正面来讲，所以我先放在这儿。在这之前我先谈一谈学习语言可能会遇到的一些基本状况，我先谈一点技术的问题，然后我再来谈文化的问题和主体性的问题。

我刚才讲推开外语这扇窗，这扇窗户不容易推开，推不开它，你也看不见外面的风景，那怎么掌握？我第一次去日本的时候，当时我觉得我的日语已经足够和日本人对话，可是出去以后我发现，我在国内学的日语好像都不怎么好使，而且我自己觉得说的语法是非常准确的，但是日本人听了以后会笑，这是常见的现象，我相信任何语言都有这样的问题。为什么呢？因为语言是活的，而我们依靠语法学到的语言却是静止的。

我们学外语的时候，无论如何都要经历这样一个过程，从静止的不动的语言进入活的语言这样一个过程。词汇和语法，都是不断地变动的，比如我2008年在日本教书的时候从学生那听到了一个词叫作"KY"，把它翻译成中文的话就是"不会读空气"，本来日语里没有这个词汇，因为空气是不能读的。但是这个词被造出来了，它说的意思是在一个日本人的群体里，有特定的约定俗成规范这个群体的行为方式，但是这些约定俗成并不是诉诸语言的，它像空气一样弥漫在所有成员身边。如果你属于这个群体，你就要读得懂这种空气，不要等别人说，而且别人也不会说，他会在你读不懂的时候疏远你，而大多数的日本人都很害怕这种疏远。这是一个新词，这几年在日本社会刚开始流行。所以我就问我研究班的学生，我说你们都很在意"KY"吗？他们说太在意了，如果我们读不了的话别人就不理我们。每一个词其实都是在一个语境里边活着的，所以在掌握一个词的时候，永远会碰到这些词不断变动的部分。我就不班门弄斧了，我们这儿的老师们是专家，我只举这么一个例子。

我们在一定程度上掌握了语词之后，就要进行翻译了。如果是英文可能还好，俄语也还好，日语和韩语情况不同，韩语现在基本不使用汉字了，但是历史上一直是使用的，你会发现汉字看上去是一样的，可是日语和韩语里的汉字并不是中文。同样的汉字，里边有非常多的歧义。举个例子。比如说我们中文里有一个词叫作学习，日语也有"学习"这个词，但是最常用来表示学习的词叫作"勉强"。我常常跟日本朋友开玩笑，我说你们比我们诚实，你们不愿意学习你们就直说了，说学习是"勉强"。这当然是一个基本的意思，学习写成"勉强"，接着又引申出一个意思来，很多书店在把书降价出售的时候会说这个书现在是"勉强中"，意思是它打折了，这是很有意思的现象。一些做语言学研究的人会分析这个语词后面的心态、文化和使用语词人所处的特定的语境，所以我们翻译的时候一定要仔细照顾到这样的一些部分。不能望文生义，特别是不要有汉字中心主义。

在我们学习外语的时候，基本的词汇是主干，我们准确地掌握词汇的基本意义和它的引申意义，这恐怕要费很大的精力，我们要不断地阅读很多文章才能掌握，你们在四年里都要学这样的内容。除了这个还有语法，语法是活的，这是一个最让人头疼的问题。我曾经很长一段时间对两个主格助词的使用不自信，到现在我用日语写作的时候仍然很紧张，因为我怕这两个主格助词用得不准确，为了这个我专门买了一本语法书，语法书就讲这两个助词。读之前我觉得我还有一些感觉，读了之后我的感觉全部被破坏掉了。我就去问日本朋友，说这个语法太难学了，这个书读了以后我怎么觉得很混乱？那个朋友就笑了，他说不光是你，我读了也混乱。为什么？因为语法远远大于语法书，这是没有办法的，语言是活的。

除了词汇、语法之外，还有一个非常重要的部分是修辞，修辞是我们使用语言时的一个比较高级的阶段，你进入修辞阶段就知道你使用语言不可以老说直白的话，但是要想有好的修辞，你必须要考虑一下你的母语怎么样，我们的外语程度永远要低于我们的母语程度。我在开始学习日语之后才感到我需要回来进一步补我中文系的课程，因为只有你有了好的母语修养之后，你进入外语才不会老是说太直白的话。所以我建议大家有的时候也用母语去读一些经典作品，千万不要读大众文化的那些东西，它不会让你们在修辞上得到太多益处，顶多教你们说一点"雷人"之类的话。还有两个附带的问题，现在跟大家谈可能太早了，所以我不多谈。在我们使用语言的时候要注意有两个要素是非常重要的，但是它没有痕迹，一个是"语流"，语词一定是活在语流里边的，一个好的语言表达，它语流的感觉一定是完整的。另外一个是跟这个相对的，是"停顿"，是"空白"。好的语言表达一定知道在什么地方高度强化语流，在什么地方可以戛然而止，它要造出一个"空白"。掌握了这些之后我觉得大家就可以去翻译了，很期待能有好的翻译问世。我觉得中央民族大学外语学院是最有有利条件的一个地方，因为你们这儿有很多种民族语言，在多语言的环境里再去学习外语，感觉会更丰满。

　　下面我想离开这些技术层面，谈一点和主体性有关的问题。我说到"主体性"这个词的时候，可能同学们会觉得这是一个很抽象的、离我们很远的词，但是实际上对学外语的人来说，这是一个非常近的概念，或者说是一种处境，是想躲也躲不开的。我第一次出国的时候有一个朋友对我说，你在国内的时候不会意识到你是个中国人，但是你出国之后，会比任何时候都感觉得到你是中国人。确实，我第一次出国之后是有这个感觉。我开始怀念在国内从来都不看的京剧、豫剧这样一些民间的曲艺，我会愿意听古筝，一些民族文化的东西。这个过程持续了相当长的一段时间，但是造成这个过程的其实是非常简单的条件反射，就是我去了一种还没有融入的文化，开始觉得自己孤单了，这时就想到了自己是个中国人。我觉得这还不是真正意义上的主体性。可是后来去日本的时间越来越多，而且我又开始去韩国，在东亚主要是去日本、韩国和中国台湾地区，渐渐地我开始有了另外一种好奇心：有没有可能融入我研究的那个文化？尽管我不属于它。日本有一个著名的思想家，他说过，一个在国内没有任何问题意识的人，他出国以后什么都不会发现。我就开始意识到我如果要成为一个中国人，而且我要融入另一种文化的话，我仅仅靠条件反射是不够的，我不会有发现。所以这个过程是双向的，也就是说，融入另外一种文化的过程，也就是我认同母语文化的过程，它们需要付出同样的努力。

在我没有迈出国门之前，我认为自己当然是中国人，这个认同是不需要任何努力的。可是在我迈出国门之后发现没这么简单，我要想作为一个中国人来生活、思考和工作，我必须要努力，我不得不考问自己的主体性。我和我的母语文化之间到底是什么关系？我们这儿有不同民族的同学，我想那是更好的一种条件，我们可以从多民族的角度去考问我们和中国文化之间的关系。我很欣赏《南方周末》一个栏目的标题，尽管这个栏目里边很多时候它的文章质量不是很好，但是我仍然喜欢这个栏目的名称，它叫作《在这里读懂中国》。我觉得中央民族大学是读懂中国最好的一个点。但是我们一定要注意，读懂一定是一个有所发现的、知识性思考的维度，否则可能仅仅是条件反射，那样我们读不懂中国复杂而丰富的历史。如果你深入地阅读中国，那么在这个过程当中你也就有可能深入地阅读外国。

　　我给大家讲一些自己的经验。我去过日本很多次之后，有一次我去了广岛，是一个人去的。去了广岛之后，看到原子弹爆炸之后留下的残骸，在那儿建起了一个规模非常大的纪念馆，里面保存和记录了原子弹爆炸之后的悲惨状况，也对美国在日本建立众多军事基地的现实进行了揭露。日本人由于特殊的历史原因，原子弹爆炸给他们留下的其实并不是一个像中国人这样直接的创伤记忆。中国人会说我们要为南京大屠杀的死者讨回公道，或者我们要为731细菌部队的牺牲者申冤。日本人他们一直不能够正面来谈这个问题，他们把南京大屠杀和广岛的原子弹爆炸这两个事件分别进行处理，日本人觉得他们不能把它们放在一起，为什么？我们中国是受害国，日本是侵略国，所以广岛一直被日本人描述为向全世界进行无核呼吁的和平基点。我去看了那个展览馆，在那里我力图感受，假如我是一个日本人，我怎么去承接这段历史。可能有的同学会说了，老师你不是多管闲事嘛，咱们去跟他们算南京大屠杀的账就可以了，但是我觉得如果我们仅仅从这个层面上面对历史的话，其实历史里边真正有可能形成和平的一些契机会被我们错过，我们就没有办法真正继承那段历史。广岛的纪念馆给人的印象非常惨烈，而且在出口的地方有很多留言簿，不少国家的人都在那里留言，谈到对于核武器的警惕，呼吁世界警惕核武器再次摧残人类，我没有在里面找到中国人的留言，我也没有留言，但是我带走了一段沉重的记忆。我觉得这一段历史是我们中国人应该去共同面对的，这个问题我就不展开了，因为这是非常复杂的一个问题。可是我必须要说，当你尝试着进入别人的历史之后，回过头来你开始感觉到，我不仅仅对南京大屠杀这样一个历史事件有责任，我同样对重庆大轰炸、细菌战、所有被淹没的无名的死者，对于那一段历史有责任。我不仅仅是作为中国人有责任，而且是作为人类的一员有责任。所以我可以跟日本反战的人士站在一起，会跟追究战争责任的日本人成为同志。如何避免战争悲剧再次重演？这个沉重的任务如果只是以国别为单位，是无法完成的。

还有一个更有趣的经验，2008年我到冲绳去开了一个会，我当时在日本讲学，就从东京飞过去。坐在会场发言席上的，除了我和一个韩国籍在日学者之外都是日本籍的，但是所有的日本人都有冲绳血统，这是非常有意思的事情。在会下我和这些冲绳朋友聊天的时候，他们说在目前这个阶段，我们还没有办法邀请日本本土的批判知识分子，我们当然知道，他们一直在批判日本政府对于冲绳的歧视和剥夺，特别是在美军基地问题上，日本政府跟美国一个鼻孔出气，这些日本知识分子一直在批判。但是邀请他们来直接参与讨论，还是有可能引起一些不舒服的感觉，毕竟我们的运动还没有推进到那个程度。你是中国人，所以请你来不会有副作用。这也是非常有意思的一个经验，让我理解了冲绳人的那一份内在紧张。2008年我还去过北海道，那个经验更不一样，北海道有一群社会活动家做市民活动，这些活动家对我说，我们现在很少使用"日本国"这样一个词，我们把日本列岛看成漂浮在太平洋里的一群岛屿。为什么这些北海道的日本人这么说？因为北海道原来是阿依努民族生活的地方，日本人是从江户时代才开始进入的，而阿依努族的生活圈域并不以日本疆域为界，历史上他们活动在北海道和俄罗斯远东的萨哈林一带。对他们来说，作为日本人和作为俄国人是第二义的。这是北海道的空间感觉。用现在全世界左翼知识分子常用的术语来说，北海道是一个对抗中心的边缘，在这个边缘的区域里，北海道的知识分子试图解构以国家为单位的思考方式。

我还去过韩国，最初几次去还不太熟，因为韩国人很好客，韩国知识分子很礼貌，所以他们只是招待我，并没有涉及复杂的问题。后来熟了，韩国的朋友对我说心里话，说你们中国在历史上老是欺负我们。去参观首尔的历史遗迹，它会有很多说明文字，比如说历史上日晷这些东西不是中国发明，是韩国发明的，它会力图把自己和中国文化区别开，而且强调自己独立的主体性。我就问这个韩国朋友，我说你们干吗要强调这个？谁发明的不是都一样嘛。他说不对，你这是大中华思想，就劈头盖脸批了我一顿，我第一次感觉到和韩国朋友谈话的时候要留神，需要随时反省自己是否有大国的文化优越感。我从来不认为我有这个优越感，但是在韩国我第一次感觉到中国人走出国门，有的时候就会有这种潜在的优越感，它不一定体现为歧视别人，而仅仅体现为不尊重对方的紧张。怎么发现自己有没有优越感呢？结论是一定要努力进入别人的文化，和人家换位思考，我们才能意识到原来这是一个问题。

在做一系列尝试的过程当中，我发现我建立了一种双重的主体性，这个主体性不是说我是个中国人，我同时又是一个外国人，不是这个意思，而是说把自己的认同相对化之后，我才有可能真的开放，才有可能接纳别人。这样的一个过程我今天还在继续，而且随着对外语理解的深入，我们其实是要进入外语文化里边皱褶的部分，讲这个道理的是我非常喜欢的一本书，很可惜，它现在还没有中译本。德国的一个思想家，也是个哲学家，叫作阿多诺，阿多诺有一本用德语写作的随笔集叫作《最低限度的道德》。现在有日译本、韩译本，但是很可惜没有中译本，我非常希望民大外国语学院将来有可能翻一本阿多诺的《最低限度的道德》。大家知道阿多诺吗？他是"二战"时期从德国流亡到美国的一个犹太裔的德国思想家，也是法兰克福学派的代表人物之一，德国人平时使用英语跟他们使用母语差不多，阿多诺的英语对他而言绝对算不上是外语，可是当他流亡到美国之后，感觉到自己无法融入美国的文化。这里边就有我刚才讲的没有展开的一个问题，就是语言并不仅仅是词汇和语法，语言一个重要的载体是语境，那个语境在很大程度上是无形的。所以阿多诺到了美国之后开始意识到，他必须以哲学的方式来处理他的这份特殊的文化孤独感，于是他写了这一部随笔，叫《最低限度的道德》。

在这本书《前言》里边，阿多诺说，古时候的希腊哲学家是把随笔作为哲学一个重要的部门来处理，但是随着历史进入现代，随笔渐渐地变成了一个非常非常不重要的门类，为什么？它不再处理人生基本的问题，结果变成了机智的箴言。我一开始跟大家讲，说人类基本的问题是没有解的，阿多诺认为这些没有解的问题要用随笔的方式来处理。为什么？因为文化一定是皱褶里面的东西，一定是那些微妙的东西。但是随着大众文化的发达，在三四十年代的时候，美国的大众文化已经发达到非常高的程度，大众文化的发达使得人生变成了消费过程，人生的话题仅仅变成了生活的话题。其实我们今天也正在面临这样的一个局面。阿多诺说，我要重新唤回随笔这样的一个形式，我要处理文化皱褶里面的东西。语言这个东西在你不断深入之后，特别是你对于一门外语的理解不断深入之后，你要进入的就是这个文化的皱褶。在这个皱褶里边你看到的语词，它不仅是活的，但不一定成形的，而且还包含了最基本的一些哲学的信息，这些话题可能对大家来说，现在讲太早了，所以我就此打住，我再讲一点和这个相关的经验。

我在几年前到德国的海德堡大学去讲学，当时我在那儿开了两门课：一门是在汉学系用中文讲，讲中国当代思想的基本问题；还有一门是在日语系用日文讲，讲日本思想史里边的一些问题。有一天日语系的两个学生来找我说，您知道不知道这儿还有一个美军基地？我听了大吃一惊。海德堡是一个非常漂亮的城市，所以美军当年进攻德国的时候不轰炸海德堡，有一点像当年不轰炸京都一样，而且有一首古老的德国民谣是这么唱的，"我的心丢在了海德堡"，据说美国大兵是唱着这个歌谣离开海德堡的。但是海德堡至今还有一个美军的基地,这个基地在欧洲的形态和在亚洲的不一样。在韩国和日本的美军基地都是只有美军,没有当地的军人,但在德国,美军基地是和北大西洋公约组织的联合军队,包括德国军队同时使用的,只不过里边美国军队占的比例大。后来这两个德国学生带我去参观了这个基地,他们费了很大的力气去安排。我在那个基地里边看到了伊拉克战争时期,北约军队死亡士兵的墓地。他们战死以后被运回欧洲,海德堡基地里有一部分他们的墓碑。我也跟在基地里工作的一个德国律师聊了一些问题,在感官上对德国的美军基地与冲绳的美军基地以及韩国的美军基地有了一个初步的比较。然后我就问这两个学日语的德国学生,我说,你们为什么要领我去参观美军基地?他们说,老师,我们希望东亚的知识分子了解德国战后的状况,了解一直到我们这一代还有的精神创伤。这是两个很有思想的年轻人,我在德国通过他们了解到了战后西德人承担战争责任的很多情况,也分担了他们的苦恼。这个讲起来也是非常长的故事,由于时间限制我就不多讲了。

其实走到世界的任何一个地方,如果深入它的文化皱褶的话,我们就会发现那里有很多是熟悉的东西,那是可以相通、可以超越语言的基本问题。语言问题非常非常多,我们不可能把它讲全,但是在我们谈到主体性、谈到认同的时候,有一个最基本的问题是我们必须面对的:如果我们想要有开放的主体性,想要有健康的认同的话,就需要尝试着先从日常生活开始去除掉我们身边和我们自己内心各种形态的歧视。大家可能觉得这好像是两个完全不同的问题,但其实这是认同这个问题里最基本的要素。我们知道思想是没有国界的,但是思想的历史一定是有国界的。换句话说,思想的内容是有特定历史脉络的,每一个思想命题都具体地活在它的语境当中。当我们试图跨越国界,我们推开外语这扇窗口去看外面世界的时候,一个最大的障碍是什么呢?最大的障碍其实是潜在的歧视,它的另一个面孔就是优越感。消除这种障碍要从哪儿做起呢?要从我们在国内的时候做起,在我们日常生活中,在我们文化的皱褶里边练习,锤炼真正意义上的平等感觉。如果我们学会平等地去感知世界的话,那么我们的主体认同就不会有什么大的问题,我们可以做一个健康的、开放的中国人。

我想问问大家,不知道你们有没有读过鲁迅的《藤野先生》?不知道同学们记不记得里边有这样一段话,我把它抄下来了,我给大家念一遍。可能你们的高中老师不一定把它画成知识点,但这是非常重要的一段话。鲁迅先生是这么说的:"有时我常常想:他的对于我的热心的希望,不倦的教诲,小而言之,是为中国,就是希望中国有新的医学;大而言之,是为学术,就是希望新的医学传到中国去。"我不知道你们读它的时候有没有想过,鲁迅在讲两件很相似的事情,一个是中国有新的医学,另一个是新的医学传到中国去,这看上去是没有什么区别的。可是鲁迅为什么要把它用"小而言之""大而言之"的方式做一个区分呢?你们有没有感觉到这是一个问题?我姑且把这个问题作为一个作业题留给你们,四年以后,当你们毕业的时候,如果愿意的话，我非常希望能有同学完成这个作业，说出这两件事情之间的关系。

我自己隔一段时间就要重读一遍《藤野先生》，任何一个使用双语工作的人都不得不面对这样一个问题。我们对自己生活的母语文化和我们的社会有责任，但是这个责任其实还是"小而言之"的责任。还有一个更大的责任，这就是对人类的责任。这个责任我们首先要考虑让它在母语文化里边去实现，但是它的性质跟只想着对本国的责任不一样。鲁迅其实早在1926年写这篇文章的时候，已经向在座的同学们提出了一个学外语的要求，这个要求就是我们需要"小而言之""大而言之"地在两个层面去使用外语，我们为了让我们的社会变得更好，我们要学习外语。同时，我们还要让人类的精神生活能够推向更高的层面，在这个意义上我们来学习外语。

所以，在我们学习外语的过程当中，永远会遇到一些难题，难题通常和我们的认同有关，也跟这"小而言之""大而言之"的两个层面有关。我可以举一个自己的例子。刚才我跟同学们一直强调，我们要养成一个习惯，从现在开始不仅自己要根除可能潜在的、可能发展为歧视的优越感，而且要尽可能地根除我们周围的任何有可能变成歧视的一些因素。我这样说其实和我在国际上参与的一些活动有关系。我讲两个很有意思的例子，有一次我在东京的一个学术研讨会上做报告之后，下面很多人提问题，就有一个日本学者站起来问我说，最近这些年中国的环境污染非常厉害，你们中国的沙子都越过黄海，刮到我们日本的岛上来了,你们中国把空气搞得乌烟瘴气,我们周边的国家都受害,你怎么解释这个问题?我不知道同学们会怎么解释这个问题,我们的环境污染是非常严重的一个问题,这是事实,我们不能因为是日本人批评了我们,就说你管得着吗?我们乐意污染,干你什么事儿!我们不能这样说。可同时,因为你处在一个国际的场景里边,你面对的是一个国际政治的大格局,所以仅仅孤立地来讨论中国的环境污染这个问题是不够的。

我是这样回答的,我说中国的环境污染是一个非常严重的问题,我个人在国内也做过一次尝试,我给一个思想性杂志的编辑提了建议,建议他们组织一个专号来讨论为了降低污染程度,我们如何来全民动员地遏制它。结果这个编辑这样回答我:他说污染跟现代生活方式直接相关,跟资本全球化的生产机制也直接相关。为了避免污染,现在对中国老百姓讲不要现代化这不公平。为什么?因为美国人已经耗费掉了世界上那么多的资源,那么浪费的现代化,凭什么他们可以,我们不行?我不认为这个回答是一个正确的回答,但是这个回答后面隐藏了一个问题,这个问题是:假如我们要对某一个国家、某一个地区、某一个社会进行批评的时候,我们要有一个结构性的眼光和历史的眼光。这不意味着我们赞成中国污染,而意味着我们必须同时考虑到一个全球的要素,中国需要控制环境污染,这毫无疑问;但是只批评中国,这就不公平了。这是一个例子。

还有一个例子。有一次在东京大学的宴会上,当时气氛非常好,大家说话都很随意,东大的一个教授来给我祝酒的时候,突然冒出来这么一句话：你们中国人现在挺不容易的，你们都只能生一个孩子，你们独生子女政策很不人道。我们日本人除非不想生，否则想生几个都可以。刚才咱们的书记已经讲过了，说你们都是独生子女，如果你们的父母都生三四个孩子，其实你们没这么多毛病，独生子女毛病多，而且将来整个社会的结构会出现很多问题，这是一个事实。可是我们应该怎么看？后来我这么回答这位日本教授：我说我同意你的说法，独生子女政策确实带来很多弊端。可是你有没有想过，这个问题应该调整一下角度来看？我认为中国的独生子女政策是中国对全人类做出的牺牲，你想一下，如果我们随便生，那我们国家的资源是有限的，生的这些孩子长大了他们要吃饭，他们要工作，他们去哪儿？先到你们日本来，你们离我们近，你们受得了吗？从你们日本人的立场出发，你们觉得我们是更人道地随意生孩子好，还是做出牺牲，付出代价好？这样的牺牲是不是需要得到尊重？

我刚才举这两个例子，其实并不是在这里宣传我们在外面怎么搞"阶级斗争"，大家不要误会，我不是在这教导大家，将来出去我们要跟国外那些觉悟不高的人进行战斗，我不是这个意思。我给你们举的例子只是为了回到我最初讲的那个问题上，现在我们面对的一些现实问题没有单选题，充其量有多选题，可是每一个答案都可能随着国际、国内的局势变化被推翻。而鲁迅留下的那个双重视野，就是"大而言之"和"小而言之"这双重视野和双重责任，应该成为我们在回答这些问题时的出发点。当我们推开外语这扇窗往外看的话，在这个时刻我相信每一个人看到的风景可能是不一样的，我希望同学们在经过四年的学习之后，推开了那扇窗之后，看到的并不仅仅是多选题，你们会看到一个丰富多彩的外部世界，但同时你们可能会看到那些找不到满意答案的基本问题。我现在每天都在面对这样的问题。我刚才举的那两个小例子，其实仅仅是在当前这样一个国际的大格局里边，我们比较容易碰到的最简单的问题，可是你会发现，即使是最简单的问题也没有一个非常好的答案。包括我自己，我给出的答案并不是真正的答案，那只是面对那个场合我给出的一种回应，如果再向前推可能我们会发现，这个问题可以引出来的各种各样正面的、负面的评价，它们是相互矛盾的，但是没有一个评价你能够完全排除掉。在那种时刻，我们如何做一个开放的中国人？如何用我们学到的外语知识，来传达对于人类来说最有价值的信息，对我们将是非常严酷的考验。我衷心地希望咱们这些新同学在四年之后能够有一定的能力去回答这些难题，那个时候你会觉得无论是单选题还是多选题，都只是你人生历程里边的一小段经历而已，你接下来就像是一条小河加入大江，最后汇入大海一样，我希望同学们能够到达知识和思想的动态的大海，在里边尽情地遨游。

（根据2009年9月8日于中央民族大学外国语学院的讲演录音稿加工，未发表）

影响我的几本书

书有几种读法。

第一种,是作为知识来读。读万卷书,行万里路,读书越多越了解自己的无知,越了解你只能说前人说过了什么,而不能说前人没有说过什么。因为,一直到死,我们都不可能穷尽知识的宝库。在今天这个信息爆炸的时代里,知识难免跟一次性的信息混为一谈,知识界读书也有学以致用的快餐化倾向,不过,知识并不总是实用的,正如在电脑取代了一切的时候,书架仍然需要存在一样。

第二种,是作为智慧的典范来读。很多书不仅教你知识,而且教你智慧。智慧跟知识不同,它并不像知识那么确定,它藏在知识的字里行间。而且,智慧很大度,它让孩子读出孩子的心得,让成人读出成人的困惑,它从来不坚持自己的唯一性。智慧与知识结伴,却不与信息为伍,不过它也从不以知识的方式呈现自身。无论是否有意，我们总是大多在那些名著中寻找智慧，因为它们在提供知识的同时，也在字缝里提供了对于世界、对于人类的独特对应方式，开启着我们的知性本身。

第三种，是把书作为他者来读。这种阅读并不那么容易发生，因为人在一生中并不总是渴望他者。只有在主体意识到自身困境的时刻，只有在主体产生了内在否定欲望的时刻，他者才能够存在。换句话说，当主体产生自我更新需求的时候，内在的否定性动力会促使他把他者引入自身，并通过他者建立自我的新结构。在这个过程中，自我与他者都不再是自足的，这不自足状态所引起的紧张，才是主体获得新生的条件。

在如此广大的世界上，我们很难在自己现实活动的狭小圈子里与真正的他者相遇。这也正是读书的好处所在。书的作者大多已经故去，时间淘汰了沙子，留下了真金，读书人也就坐享其成。与故去的人交往是一条捷径，在传世之作中选择他者，给主体的开放提供了比现实更高的起点。

我的秘密书架上，这样的书并不多。那是因为在我生命中决定性的转折并不多。即使如此，在我贫瘠的生涯中，也还是有几本书是难以取代的，其中的一本是弗吉尼亚·伍尔夫的《一间自己的屋子》。

关于这本书，我已经写过几篇东西了。而且，其实现在我的书架上已经找不到这本书了。但是，秘密书架的功能，大概是超越真实存在本身的，所以，在它带给我的新鲜感动已经过去很多年之后，我仍然觉得有话要说。

我还记得第一次读这本书时的感觉。好像是很多年以前了，当时，女性主义作为一个强有力的思潮，正在以可见的形式推动着对于男权的反抗。所谓可见，是指在形式上女性被置于与男性平等（或者更优先）的位置。我们也跟着英语世界，学着把"他们"改成了"她/他们"，这麻烦的称呼也确实有作用，因为我发现身边的男士们不由得变得谨慎了。所以，我也很热心地读女性主义的著作，于是买了这本书。

《一间自己的屋子》不够激烈，在女性主义著作中它显得有些暧昧。因为它宣称：当你作为一个女性闯进男人称霸的世界的时候，你会听到许多软的硬的和其他种类的劝告和威吓，告诉你应该这样走，不要那样走。于是，"假如你停下来骂，你就完了，停下来笑也是一样"。伍尔夫的意见是，关键是你要有经济上的自立，可以不必靠家族来生活，于是就不必在起居室里掩人耳目地写作，你可以把一切时间用来干自己希望的事情。她显然认为，这是只有女性才会有的自由：成为自己比什么都重要。

这本书教给我的，并不是女性主义的立场，而是一种人生的哲学。我了解到，有一种愤怒不必要用愤怒表达，它表达为全力跨向那个你确定的目标，而不必理会任何试图阻碍你的力量。

第二本书是我无事闲翻书时读到的妹尾河童的《窥视印度》。河童是一位日本舞台艺术设计家，喜爱印度，经常到印度去寻找灵感。在这本书里，我惊奇地发现他对于日常生活中价值判断的彻底颠覆，尤其惊讶于他竟然是如此轻描淡写毫不做作地颠覆。这本书里充满了他在印度旅行时下榻的旅馆俯瞰图，从房间陈设到价格，还有旅馆的联系电话，都写得一板一眼。然而如果没有他的心境，你很难跟他一样在印度旅行：他写他到达一家老旧旅馆的时候，觉得一切还过得去，"跟先住进去的几只蟑螂成了朋友"；他不断地写当地印度人设法从游客那里漫天要价，让他们掏出更多的钱，却无任何抱怨，因为客人本来就是"肥羊"嘛。至于印度人的生活习惯，更是值得外国人效仿的：印度人吃饭的时候用一只手来抓，河童认为这非常科学。因为如果那饭食太烫，印度人就不会把它送进口里，免得口腔和食道受到伤害；比起用刀叉送进嘴里再因为舌头怕烫而匆匆吞下肚去的通行做法，印度人的吃法谨慎和聪明得多。

河童系列现在已经出了三本，都是生活·读书·新知三联书店出版的。另外两本是《窥视日本》和《河童旅行素描本》，都充满了真正没有偏见的幽默。河童的书推翻了我早年从伍尔夫那里接受的一个偏见：男性因为要在社会里争权夺利，所以不会拥有高出他想要的东西的自由。我在河童那里学到的是：对自由而言，其实性别并不是第一义的。

还有一本书也是我珍藏的，这是德国哲学家阿多诺《最低限度的道德》的日译本。这是犹太知识分子阿多诺在"二战"期间流亡美国时写下的随笔集。流亡使得阿多诺离开了他知性生活所赖以存在的母语传统，在日常生活中体验到了异质文化对他似是而非的接纳所带来的深刻丧失感。这丧失感使阿多诺把孤独作为哲学思考原点的媒介，这本书因而回到了那些最本源的哲学问题。在开篇的《献辞》中，阿多诺说，他采取这个短篇写作的文体，在古希腊原本是哲学的领地，哲学以这样的形式提供关于"正确生活"的教诲（该书的书名就是从亚里士多德点化而来）；但是自从哲学蜕变成为方法之后，这个领域就变成了轻佻的格言领地，过去哲学家考察的对象"人生"，也变成了"私生活"，并且进而仅仅变成了"消费生活"。这消费生活除了被物质生产拖着走之外，既无自律性，也无固有的实体。人生观之类的说辞，已经变成了没有对应物的意识形态。

阿多诺在《最低限度的道德》里创造了在这"人生不再活着"的世界里省察身边生活的"媒介"。用日本思想史学者藤田省三的话说，他活在"认识"里，并使得认识成为第一义的实践。我无法在此转述那些在我沮丧时促我振奋，在我轻飘时促我沉实的"关于正确生活的教诲"，只恳切地希望懂得德文的学者能够为中国的读者译出这不合时宜却可以让人获得精神生活品质的名著。而且，可能的话，最好别从英文转译。

（原载《南方周末》2006年3月2日）

伴跑《读书》

很多年以前了,一位从小学三年级开始就因为转学再没有联系过的同班同学,突然从美国给我寄来一封信,希望可以在他回国探亲的时候见一面。几经辗转,这封信到了我手里。是否是《读书》编辑部转来的我已经不记得了,只记得,他见到我的时候,兴奋地连连说:"幸亏有《读书》!我一看到你的名字,就知道那一定是你。"

原来,这位专攻计算机的理科才子,在美国一直订阅《读书》杂志。他在里面见到了我的名字,搅起怀旧思绪,遂有了这次聚会。

《读书》可以让故人重逢,也许是这份杂志的编辑们未曾想到的附加功能吧。

这样的经验在我这里倒是颇有几次。跟久不见面的朋友偶遇的时候,往往听到对方有心无心地说上一句:看了《读书》,知道你还在写呢。其实，我每年在《读书》上发表的文章，一般也就是一两篇而已，有些年头甚至干脆空白；但是只要在《读书》上出现，似乎就发出了"还在写呢"的暗号。至于在其他杂志上发文，好像就没有这个功能。《读书》不仅让故人重逢，好像也还是个"接头"的地点。

与《读书》结缘，想起来也有三十多年了。我并不是热门的作者，也不能算是热心的读者，但是也许正因为如此，跟《读书》的缘分才没有断过。跟世上许多事情一样，只有不刻意地去追求的事物，才能最长久地相关。对我来说，跟《读书》的关系有点像是一起跑步的伙伴。虽然是各跑各的，而且我常常落后，但是拐个弯却又总能碰上。大概更准确的说法是，《读书》是跑道上的选手，我在场外某一段路上跑步做伴；在这份杂志的马拉松里程里，我算是一个不太称职的阶段性伴跑者吧。

给《读书》供稿，是我给各种杂志投稿历史中最持久的。当然，这得益于这份杂志的历久弥新。几代编辑更迭，几番风格蜕变，《读书》却仍然还是《读书》。它在读书界或者思想界，始终占有一个独特的位置，独特之处在于，无论它的风格内容有怎样的变化，提到国内的大小杂志，多数人总是会先想到它。据说，这也是在普通书报摊上唯一可以买到的综合性学术思想刊物。早年记得有过关于"《读书》体"的说法，稀里糊涂地写下来，我却一直没有搞清楚那应该是怎样的文体；年龄渐长，关于文体的想法却越来越淡，遂不再去想它了。给这份杂志写稿，似乎可以释放真性情,哪怕是学术文字,也不妨随性道来。对我来说,这就是"《读书》体"了。

给《读书》供稿的经历中,最难忘的是2000年。那一年,我与几位朋友坚持了几年的与日本知识分子之间的对话刚刚找到感觉,成功地进行了一次关于战争记忆的讨论。当时跟今天不太一样,中日知识分子不加回避地讨论战争记忆,并且交换各自社会生活中与此相关却很难共享的感觉,其实是十分不容易的事情。各说各话或者"王顾左右而言他"是当时处理这类话题的通行方式,坦率地面对面交换看法,却是相当困难的事情。我们刚刚开完了讨论会,《读书》主编就来约稿,要把中日双方学者关于各自战争记忆的稿子发在同一期上。这在当时还属于新鲜事。那组文章刊发之后,收到了一些反馈,而且引发一连串后续效应,无论是褒还是贬,对我都意义重大。正是这次经验,让我真正对现实社会生活中的日常政治与大政治的关系产生了切肤的感觉,从而转向了政治学和政治思想史研究,在实践层面,也开启了其后我在中国与日本社会的一些意想不到的经历。不过,这些都是我个人的事情,写在这里就算跑题了。要说的只有一个,那就是每当我想到自己学术转折的经过时,都不自觉地会想起《读书》。对于我而言,《读书》是我学术生涯中发生转折的重要媒介,今天回过头来看,这确实是可遇不可求的。

一份杂志,要想有自己的主张实属不易。立场过分鲜明或者干脆没有立场,都不能算是上品;弹性和底线,永远是一对患难弟兄。很大程度上，这要取决于编辑的眼力和魄力。好的编辑方针，不是追认学界的现实，而是推动那些隐藏着的可能；不是硬性拔高作者，而是激发作者潜在的能量。在今天商品化趋势极大地伤害了知识界，知识分子纷纷转身成为明星的时候，一份杂志如何坚守自己的伦理底线，变成了严峻的课题。或许，在所谓的后真相时代，我的这个期待有些过分，但是无论如何，我总是觉得《读书》值得这样期待。

按照礼节，本该说《读书》见证也参与了改革开放以来时代变迁的大历史，不过我打算省略这个环节，因为反正总有人会论述《读书》这个功能的。这倒不是说我认为《读书》没有见证历史和参与历史，大概在同时代的各种刊物里面，它是对于现实的参与意识和参与实践最强的杂志之一。每当社会上出现各种变化，《读书》总会推出相应的讨论，我想，几百年之后的学者想了解我们这个时代，大概也会把这份杂志列入资料名单。有时候我甚至会突发奇想：几百年之后，那个时代的学者通过《读书》会建构出一个什么样的思想世界呢？

不过私下里，我一向觉得读书人跟现实的关系没有那么直接。举例来说，《读书》经常发表一些针砭现实的文章，特别是最近几年，它持续发表有关知识界评价体系的讨论，得到了广泛关注和共鸣。学术评价标准的堕落，普遍性的知识腐败，在学界几乎是有目共睹的现象，但是批评归批评，腐败归腐败，这"井水不犯河水"的现实格局才是问题的关键。其实大家都心知肚明，各种跟利益链直接配合的学术评价机制，绝不会因为舆论界指出它的丑恶而有所改变。问题并不在于那些批评者是否也从这个利益链条中受惠，而在于即使是洁身自好的批评，也无助于这个鱼龙混杂局面的改观。

当然，跟现实没有直接的关系，并不意味着跟现实没有关系。所以我并不是主张因为不能直接改变现实就放弃各种健康的批评。我只是希望指出一个基本的事实，那就是"与历史同在"或者"见证历史"，绝非如此容易的事情：批评很重要，但是远远不够。我个人做日本思想史研究的心得之一，就是理解了历史并不按照读书人的设计往前走。虽然读书人在本能上总是希望自己的工作可以设计和影响历史的发展方向，并且会不自觉地夸大自己这些努力的功能，不过历史并不会顺从任何主体的意志。它任人指点，任人打扮，却不会跟着任何人走。说人民群众创造历史，这句话到今天仍然是真理。只不过，人民群众不是可以辨认的几个人或者几群人，人民群众是无数人所产生的具有制衡关系的合力。与历史同在，说到底就是与这种时刻变动着的张力关系同在，体验它，谨慎地呈现它，并且随着它的变动不断地修正自己与它之间的关系，这是一个需要极大的努力才能实现的复杂过程。

如果谈到言论影响现实的话，读书人能做的事情，比想象的少，同时又比想象的多。比想象的少，是因为现实并不会因为读书人的指点江山而直接发生改变，甚至在大众社会信息发达的情况下，舆论的力量虽然可能直接解决社会生活中的某些个案，但总体上说，无助于解决那些牵一发而动全身的根本问题。在直观的可视层面，知识分子的批判未必直接改变现实，不过即使如此，各种意义上的批判却仍然是不可或缺的。所谓"社会的良知"，说的就是这种西西弗斯式的努力。一个没有西西弗斯的社会，就是一个失去了正义感的社会，在犬儒主义笼罩一切的时候，人类就失去了精神的力量。

但是反过来说，读书人虽然并没有能力直接改变现实，可以做的事情却远远超过一般的想象。历史通过文字记载、器物和各种可见形态留下它的痕迹，不过所有这些痕迹都不可能自动地具有意义。赋予它以意义，这是读书人需要做的事情。如同各行各业都创造价值一样，读书人也要创造价值，这种创造工作中最重要的一部分，就是赋予事物以意义。特别是在今天，大众传媒正在日益垄断意义与价值的领域，社会生活也日益在广告的引领下以丰富多样的表象迅速地单一化，没有任何一个时代像今天这样广泛地依赖于条件反射。也许，这是一个最难以培养想象力的时代，也是一个最缺少意义的时代。在这样的时代，"意义"几乎失去了内容，变成了速溶鸡精冲泡而成的警句。读书人需要在标准答案的深渊中寻找和打捞，谨慎地提炼出鲜活有生命的意义。被磨平了棱角的日常生活，被不假思索地归类的各种说法，甚至那些貌似新奇的平庸想象，都是意义的杀手。《读书》提供给我们的空间，正是与这些杀手对抗的战场，这是锤炼我们想象力的绝好媒介，也正因为如此，对它的期待也自然水涨船高。

中国学界好像不缺少刊物，尤其是核心期刊。当然，要是按照现在的行规，核心期刊可能还是不够用；多数具有权威的核心刊物都是某个学科范围内"专业性"的，主要功能是给学生的就业和学者的上升提供条件。所以核心期刊需要配合学术体制，要跟体制内的某一个学科对接，因此综合性期刊多难以具备权威性。这种一条龙的配套其实很经济实惠，常常听到人们说：刚刚在某某权威刊物上发了论文，这下子可以解决某某问题了，而那个最重要的部分——论文的内容，倒是屈居第二位了。

我自己也跟少数学术刊物有关系，写了论文会投稿给它们。只不过没有提职称的必要，所以不太关心对方是不是核心期刊，关心的只是刊物的编辑方针是否在思考上同道；有一些论文，干脆给了以书代刊的同仁杂志。不过，学界日益窄化的分科制度，会使得很多思考不得不溢出学科的框架，其实可以选择的综合性学术刊物也十分有限。《读书》不能算是专业学术期刊，竟然也出现在部分大学或者研究机构的核心期刊名单上，只不过它似乎在核心期刊里还有些边缘，提升学者地位的功能有限；这倒是《读书》的福气，因为至少在《读书》上发表的文章，除了它的内容之外，没有其他需要关心的要素了。

不过《读书》也有它的困境：与它同类的刊物很少。虽然现在的时髦说法是电子化时代挑战了纸本出版物，我倒是觉得更大的挑战在于同类纸本刊物的匮乏。缺少同类刊物，这是《读书》的悲哀，因为这意味着它缺少良性竞争的伙伴。没有了高水准的良性竞争，很容易失掉紧张感，内在的革新动力就容易涣散。其实为人为文为刊，这道理大致相当：一炮打响很容易，难的是持续地真实地进展。《读书》一路跑来，个中辛苦只有历届编辑心里有数；我作为某一阶段的伴跑者，也同样感受着自我革新的艰难。希望《读书》跑得更有风采，这将是对作者们的最大回馈。

（原载《读书》2019年第4期）

第二辑

东北亚的表情

明治维新的思想史意义

今天想跟大家分享的，是我还没开始写作但在阅读思考中的课题。这个课题就是从思想史的角度如何看待明治维新。

对中国人来说，明治维新是和日本的现代化、日本现代国家形成直接相关的；在很多中国人的潜意识里，认为明治维新是一场成功的革命，至少是一场成功的社会改造。因此中国和苏联对明治维新的评价一直很高。孙中山先生早年也曾有类似的表述：明治维新再往前走，就是辛亥革命。但是在日本学界特别是左派知识分子那里，对明治维新的评价是相当有保留的。不过这不是我今天要讨论的课题，我只是提供一个基本事实，作为我们进入这个问题时的一个预备感觉：不要先入为主地把明治维新视为绝对的成功范例，我们的认知必须相对化。如果明治维新不被日本进步人士看作一个成功的社会改造，那么我们如何处理一直以来在中国被正面肯定的这个社会变动，该怎么去认知它？

我想先简单地给大家介绍一下明治维新在历史学领域的基本轮廓。简单地说，明治维新在日期上被视为1868年日本江户幕府将政权交还给天皇这样一个事件。实际上这个事件本身是在1868年1月3日经过一场"宫廷政变"以和平的方式完成的。这一天在京都御所（就是当时的皇宫）召开了一个由实权派诸侯出席的朝廷会议，激烈地争论如何安置已经表示把权力奉还天皇却仍然握有实权的幕府将军德川庆喜。会议一度倾向于建立"公武合体"的新体制，即以天皇为元首，任命庆喜为上院议长兼政权执行者，建立天皇制下的各藩联邦体制，但是最终还是决定废掉幕府和将军，全面接收政权。做了这个决定之后，通过所谓的"王政复古"，把权力由江户的德川幕府移交给了在京都的宫廷，庆喜的领地也被没收。但是在1月份完成这个移交之后，日本就开始了持续大概一年多的小型内乱。这场内乱是由两股军队进行的拉锯战。一股是以天皇之名、以京都的宫廷为正统的所谓"官军"，另一股是江户被视为"贼军"的幕府军队，他们打了大约一年多，最后幕府军队彻底溃败。其结果，从1868年起，狭义上的明治维新中"维新"的部分正式开始。它的内容，用大家都熟悉的术语来讲就是，开始了日本的近代国家资本原始积累，它有一系列重大改革，比如殖产兴业、废除武士特权、进行土改、调整全国税法，另外还对军队的构成进行了彻底改造，创立了全民征兵的制度，剥夺了从前只有武士可以当军人的特权。这是日本资本原始积累的第一波，完成这一步之后，日本作为一个近代化国家开始了其后的历史。

现在我想围绕明治维新的思想史侧面对这段历史做一点分析。从思想史上看明治维新，它有一条基本线索，与刚才所勾勒的历史事件整体轮廓并不完全重合。围绕这个线索，我再简单介绍一点史实。

狭义的明治维新是从1868年算起，但在日本史学界有一个基本共识，通常是把1853年甚至更早的时期视为明治维新的起点。1853年日本发生了一个很重要的事件，叫作"贝利来航"。贝利是美国海军将军，他率领四艘军舰敲开了日本的国门。实际上此前十几年，欧洲几个资本主义国家已经陆续通过通商方式有限度地进入了日本，并且和日本临海的地方发生了一些局部摩擦，但通常把"贝利来航"看成一个标志，史称"黑船事件"。第二年贝利再次来日的时候，强迫德川幕府与他签订了一个通商条约，这是单方面对美国有利的不平等贸易条约。从这个时期开始，日本国内出现了我们大家都有所耳闻的"尊王攘夷"运动。"攘夷"是江户幕府和京都的宫廷一开始都共有的认识，但是幕府执掌行政大权，它受不住外在压力的时候只能被迫让步；而幕府下面的几个强藩，他们更倾向于激烈的锁国攘夷。这个过程中，长州藩与英、法、美、荷兰军队发生了战争，萨摩藩因为"生麦事件"受到英国报复，与英国军队发生了激烈的萨英战争，虽然都没有打赢，却跟不敢对外采取强硬姿态的幕府有很大差别。不过这两个藩在当时与幕府的关系很不相同，长州藩明确地与幕府对立，萨摩藩则是幕府的主要军事力量；虽然对外同样强硬，但彼此之间是对立的。于是在1864年发生了"禁门之变"，显示了这两个藩的敌对关系。长州藩在日本西部的山口县,从明治时期到现在,那里出了很多名人,包括政治家、文化人和军事家。吉田松阴、井上馨、伊藤博文、森欧外、西周等等,都是长州出身,前任首相安倍的外祖父岸信介也是山口县人。长州藩当时是攘夷急先锋所在的一个藩,他们认为日本应该用激进的方式把敲击国门的洋人全部赶走,幕府的态度不够坚决,因此他们认为应该推翻幕府,恢复王权,于是这一派在朝廷内强烈主张"尊王攘夷"。萨摩藩虽然也同样主张攘夷,但是藩主与幕府关系很好,这个藩的武士就代表幕府作战。"禁门之变"就是萨摩藩武士作为幕府的军队与长州藩武士的战斗。这场激战的结果是,以萨摩藩的士兵为主的幕府军事力量,在皇宫的禁门之外几乎全歼了长州藩的军队。

我来谈一下萨摩藩。萨摩藩位于日本最南端的鹿儿岛县,该地出了一个著名的武士叫作西乡隆盛。他虽然出身于下级武士,地位卑微,却骁勇善战且非常有智谋。当时幕府下属有260多个藩,里面的强藩主要有4个,其中最强的就是长州和萨摩两藩。与其他藩的武士带刀不同,这两个藩的武士是拿枪的,不仅有枪,还有炮,甚至还有军舰。他们的枪炮、军舰都是从欧洲买来的,后来也用在与欧美军队的战争中。萨摩藩在"萨英战争"中败给了英国,结果由幕府充当中介,赔偿了一大笔款子给英国,而英国则签下了卖武器给萨摩藩的合约。一边买武器一边打仗,这两个藩就是这么壮大了自己的军事实力。在1864年,长州藩与萨摩藩是死对头,可到了1866年,他们却结盟了。这个过程中发生了很多戏剧性的故事，有兴趣的朋友可以看电视剧《坂本龙马传》，里面一些是史实，一些是编造的，但至少有助于我们想象当时的时代气氛。当时土佐藩有两个下级武士，一个叫坂本龙马，一个叫中冈慎太郎，他们作为中间人促使萨摩藩和长州藩联合起来。但据史料记载，实际上在"禁门之变"的时候西乡隆盛就有这个打算，所以真正主导萨、长联合，推动签订萨长密约的，其实是西乡隆盛。

那么，为什么会发生这个戏剧性的变化呢？这是一个很有意思的思想史课题。两年之间，从死对头变成盟友，这个180度大转弯只能发生在历史发生急剧转换的时期。江户末期，日本历史正处在这样的阶段。在幕府不得已地向列强慢慢打开国门的时候，虽然"攘夷"一直作为意识形态为幕府和强藩所共享，但是幕府作为日本的首脑部分，直接跟欧美列强打交道。它先是被迫不断做出妥协，接着，从1860年开始主动派出官员访问美国、欧洲，试图与对方建立关系，并且考察欧美的社会形态。在这一点上，战战兢兢地向世界开放的幕府与京都的皇室形成了对立。当时在位的是孝明天皇，也就是明治天皇的父亲，他是坚定的攘夷派，但并没有力量实质性地干涉幕府的政策；他周围的公卿（也就是文官）也主要是攘夷派。公卿与攘夷急先锋的长州藩结成同盟，"尊王攘夷"的意识形态就是以此为现实基础的。但是幕府有另一个强藩萨摩藩的支持，所以倒幕并不那么容易。不过，幕府在与列强打交道时的软弱和愚蠢，促使萨摩藩武士的灵魂人物西乡隆盛决定倒戈，曾经作为幕府军讨伐长州武士的萨摩武士，在短时间内推动了两藩的联合。西乡不仅完成了萨长密约的签订，而且反对当时试图取代"倒幕攘夷"的"公武合体"方案，从幕府的马前卒一变而为倒幕的核心人物。

当历史发生巨变的时候，人们的主张也是每天都在变化。我们今天回头看明治维新时期的变动，似乎那是一个很顺畅的从闭关自守到对外开放的过程，而且想当然地认为幕府一定是代表了封建保守势力，维新政府才是现代化的推动者，其实历史不是那样一条直线往前走的。幕府和朝廷都不打算开放国门，但是幕府代表当时的日本国，它迫于外部压力不得不开放，而且最早派人去西方考察的不是朝廷，而是幕府；被后世视为现代化推动者的明治维新政府，在建立伊始是由一帮攘夷派武士操纵政权，但是他们的变化非常快。明治政府成立之后，很快就意识到无法维持攘夷的局面，于是不但很快就比幕府更彻底地打开国门，而且开始对内部进行了结构性改革，建立了现代国家。很多日本历史学家指出，即使是幕府继续执政，它也将不得不建立一个现代意义上的国家，所以分歧其实并不在于攘夷与否。

那么，明治维新的发生，其历史根源是什么呢？简单地说，是日本在列强压力之下不得不结束锁国状态，它所造成的结构性危机导致了武士阶层内在矛盾的爆发。中下级武士开始主导局势，他们所属的强藩具备了推翻幕府的能量，但是既有的身份制度格局和几个强藩不分伯仲的形势很难再产生新的幕府，所以"王政复古"成为新的政治体制，尽管复古并没有发生，王政也徒有其名。明治维新催生了一个独特的政治形态，它接近于君主制,却并不具备君主一元性统治的机制,实权掌握在重臣手里;但与此同时,没有实权的天皇作为绝对的政治文化符号,又拥有至高无上的尊严,这使得明治政体又缺少君主立宪制度的现代基础。这个权力结构内部一直保留着强藩割据的阴影,但是又不断超过旧藩之间的界限产生再分化。另外不断发生的暗杀事件,政治家被刺或病故导致的政治核心人物骤然更迭,也加剧了局势的动荡不安。可以说不仅明治维新之前,就是在它成功之后至少二十几年里,这都是一个典型的历史混沌时期。

显示了这个混沌时期特性的,是明治维新之前发生的一个广泛的社会现象,日语的表达是一句俚语ええじゃないか(1867),意思大约可以翻译为"那不是挺好的吗?""无所谓啊,怎么着都行!"1867年,以京都为中心,在日本相当广阔的区域开始出现了民众的非理性大规模狂欢,不过它不是暴动。日本在"黑船"敲开国门前后,底层农民每年都会暴动,当时的政局非常不稳定,老百姓的日子非常苦,到处充满了暴力事件。但是它们没有形成革命,基本上都是一次性的,目标就是为解决眼前的问题,而非夺取政权。当出现了"无所谓"的大规模民众狂欢的时候,它传递了一个意味深长的讯号。这狂欢是一种失控的"广场舞",跟我们现在流行的有序的健身广场舞完全不同。老百姓涌入大街小巷,随意编造一些猥琐甚至淫秽的歌词,在跳舞时唱小曲儿,配上狂乱的动作,同时男女变装,把各种失态全部拿到街面上。在某些地方比如京都,老百姓会跳着舞闯到有钱人家抢东西,一边抢一边唱着歌:"无所谓吧""可以吧"。这样的狂欢,究竟该如何评价？日本有些史学家认为这种情形传达的是老百姓的不满，这是对的，但我认为还不准确，因为老百姓的不满更集中的表现形式是一次性暴动，是直接的武力冲突，即使被镇压了，诉求也很明确。而这样的"无所谓""怎么都行"的情绪爆发，是那个时代找不到判断标准的特定情绪性反映，它还反映在一句俗语中，叫作"胜了就是官军，败了就是贼军"（勝てば官軍、負ければ賊軍），我们通常把它译成"胜者为王败者为寇"，但是这个译法忽略了两者的根本差别。当我们说"胜者为王败者为寇"的时候，说明两军相向是为了夺取政权，胜者统治，败者被讨伐；而"胜了就是官军，败了就是贼军"，说明双方无论成败，都是为权力效劳的"军"，只不过谁胜了谁才有正当性。换一句话说，在1867年，日本老百姓看到的是两股官军在互相冲突，一股是打着尊王旗号的宫廷军队，另外一股是打着幕府旗号的幕府军。而开始的时候，长州藩是天皇名号的官军，萨摩藩是江户幕府名号的官军。这两股军队开始时交战，交战之后又联合起来，老百姓就觉得乱了，搞不清楚这个社会中谁是官谁是贼，哪种选择是对的，在这样的情况下出现了明治维新，而百姓对它的认知是"无所谓吧"。

福泽谕吉后来有个说法：只有生于19世纪30年代左右的人才知道这个时代是什么样子，因为我们以一身经历二世。以一身经历两个时代，这是很耐人寻味的说法。但是这两个时代并不是截然对立的。如果我们把所有的概念抽象出来的话，似乎明治维新成功、"大政奉还"之后，权力从幕府移交给了天皇，但是这个理解不准确。明治维新那一年天皇还不到16岁，他发表的诏书《五条誓文》是在几个维新干将草拟了三个版本之后，由长州藩的一个重要谋臣定稿的。事实是，明治维新完成了武士阶层内部的权力转移，使权力从幕府代表的武士阶级上层转移到了中下层，推动这个事件的中下级武士以拥戴天皇的形式建立了新的政权。但是，在形式上，围绕着倒幕攘夷，呈现出来的争斗目标是作为朝廷官军的合法性，并非是推翻皇室政权的革命。这是跟中国辛亥革命很不同的地方。

我现在介绍三个人物。这三个人物都是福泽谕吉在他后来的两篇文章中讨论的对象，这两篇文章是今天要重点讲的内容，所以我先对人物做一个简单介绍。

第一个人物是胜海舟，他是江户幕府的重臣，是一个极有远见的政治家。在幕末时期，是他在幕府衰落之前率先建立了现代化意义上的海军。日本最早的一支海军是由胜海舟建立起来的，坂本龙马也是受他栽培和训练成长起来的。胜海舟1823年出生，比他小十几岁的榎本武扬1836年出生。胜海舟建立起海军之后，榎本武扬任海军将军统领日本海军，胜海舟是第一个带着日本舰队访问美国的政治家。

第二个人是西乡隆盛。他出身于鹿儿岛即萨摩藩的下级武士阶层，非常骁勇善战。他率领的萨摩藩武士在很长时间里作为江户幕府最主要的军事力量，替幕府作战。但是作战过程中，西乡隆盛一直确保手下武士听他指挥，而非简单地把萨摩藩的权力直接交给江户幕府，幕府也尊重萨摩藩的独立自主，这种局势一直持续到明治维新之后，西乡隆盛在西南战争战败后自杀为止。这其实也暗示了明治维新前后日本各藩割据的真实状况。在维新之前，长州藩和萨摩藩完成联合之后，西乡变成了反幕府最核心的力量，并且在武士阶层非常有感召力。有一个例子可以说明这一点：完成了明治维新的1868年1月3日的那场被称为"政变"的朝廷会议，是并没有资格进入会场的西乡带领重兵把守在会场之外，促成了关键性转折。他对中途休会时离开会场的岩仓具视说，必须让幕府交出权力，如果不交的话一把短刀就能解决问题。于是政变成功。在幕府被剥夺权力之后，西乡做了件很重要的事情，就是与胜海舟谈判。他带领重兵围了江户城，让胜海舟做出选择：要么让围城的军队打进来，将胜海舟与幕府将军庆喜一起拿下并处死庆喜，要么就无血开城。他们谈了三天后达成一致，为了不让百姓涂炭，并且胜海舟也担心幕府兵打不过西乡兵，因此答应开城，唯有一个条件就是不能杀庆喜，将他送去静冈，其手下一两万随从自谋生路。于是江户无血开城，天皇得以在同年秋季把朝廷从京都移到江户，这一年江户改名为东京。

　　第三个人是榎本武扬。他是幕府海军大将，在无血开城后咽不下这口气，据守在上野宽永寺与官军顽抗，但很快就败下阵来。榎本武扬带领几艘军舰开到了北海道箱馆继续顽抗了将近一年。最后眼看没有胜算了，他的部下说"咱们宁死也不投降"，但他决定投降，据说他的部下有一部分跟着他一同被政府军招安，另一部分按照武士精神切腹自杀了。

　　这三个人在明治维新中起了很重要的作用，胜海舟和榎本武扬都曾经是幕府重臣,胜海舟在开城之后,榎本武扬在投诚之后,二人都被明治政府重用,成为后来明治时期重要的大臣,所以这两个人可以说是"以一身事二主"。

接下去我简单介绍几个事件。1871年,日本完成了"废藩置县"这个重大举措。日本原本是由261个藩作为基本单位组织起来的政治体制,江户幕府是其顶点,下边由幕府所封的各个大名统领各自的藩属地。换句话说,这是由武士所代表的士族所统治的封建式社会结构。为了有效控制如此多的藩的藩主,江户幕府规定所有藩主的家必须安在江户,家眷必须住在江户;藩主可以回到自己的藩去治理,但必须随时回江户述职。这是因为将军害怕各个藩独立、谋反,因此将藩主的家眷作为人质握在手里。废藩实际上是废除武士的政权,建立的是中央集权的姑且可以说是比较接近于现代国家的一种建制。在1871年建立了3府72县,后来经过合并,现在只有40多个县。

1871年11月,琉球有66个渔民遇风浪漂流到了台湾,误入牡丹社的领地,那个时候牡丹社估计正在举行古老的出草仪式(就是男子的成年礼,取异族人首级以证明自己的男子气概),所以有54人被杀头,清朝官兵救出了12人。这个事件对清朝来说,是藩属国和管辖地之间的内部事件,但对于日本来说并非如此,它认为琉球是它的。在这个阶段琉球间接地被萨摩藩控制,但是仍然还有自己的国王;不过这时日本已经图谋吞琉球并斩断它作为清朝朝贡国的关系。因此在1873年初,日方派人到清朝抗议,说被杀的渔民是日本人,而总理衙门则回答说,是自己治下的台湾生番杀了藩属国的国民，到底是清朝自家的事情；双方并没有谈拢，不过总理衙门还是给日本留下了一个可以钻的空子：承认自己不能管辖台湾的原住民，他们是"化外之民"。

当时西乡隆盛作为参议，是内阁重要的决策者。他手下萨摩藩的武士认为应该马上打到台湾去，但西乡表示反对，他认为此时应先搞好国际关系。因此他第一时间征得美国和英国公使的同意，让他们承认琉球是日本的一个县，为下一步的正当出兵做好准备。实际上从明治维新之前到明治政府成立之后，明治政府一直都是事事征求美英等国的意见，所以他们国权的行使只限于对清朝和朝鲜半岛。所有的对外事件背后几乎都有英美插手，甚至一些国际争端也有英美政府的授意。西乡在做好这些摸底的事情之后，又觉得台湾太小，权衡利弊，认为还是对朝鲜半岛出兵最有利，所以他不再做攻打台湾的准备，转而说服内阁，准备挑起对朝鲜的战争。

在1872年有个重大条令，即《征兵令》公布。这是此前武士阶层垄断军事权力时不可能有的事情，意味着农民可以当兵。从正面意义上说，武士的特权被废除了，他们失去依靠，必须自己谋生。在负面意义上讲，农民所承受的压力更大了，不仅照样要缴纳租税，而且又多了一件很危险的差事。同时，武士特权的废除，引起了这个阶层的不满，社会上不断出现各种骚动。1873年，也就是为了打台湾而做各种准备的那一年的后半段，明治内阁发生分裂；原因是西乡隆盛提出征韩，但和他一起并肩作战建立明治政府的战友们不同意，其中最重要的一个人是大久保利通。他也是萨摩藩下级武士出身，与西乡隆盛是一起长大的好朋友，在这个时候二人开始发生分歧。"征韩论"是一个非常激烈的论战，前前后后包含了许多复杂的内容，其中之一是武士的破坏性动乱促使西乡决定挑起战争，把祸水引到外边去。但是征韩计划没能实行，结果西乡隆盛率领了亲信部下离开内阁，回到日本列岛最南端的鹿儿岛县，回去以后在当地练兵。有意思的是，内阁虽然认可西乡下野，但仍然每月为其发放俸禄，所以西乡到底能不能算是下野，这件事变得很暧昧。他和在职时所拿的俸禄是相同的，跟他回到鹿儿岛的部下也都获得全额俸禄。另外从西乡掌权到下野之后，鹿儿岛县一直都享受特殊待遇，他们的所有产出不用上交国库，除此之外还有各种特权，他们垄断了制糖业与一部分贸易等，因此鹿儿岛县成为一个实力非常强的县。

关于"征韩论"的分歧在于，西乡隆盛认为应该攻打朝鲜，而大久保利通等人认为应该内治不应出兵。可是到了第二年也就是1874年，西乡离开政府后，大久保等人却发起了出兵台湾之战，这是明治政府成立之后对外打的第一仗，结果是向清朝政府索要了一笔赔款。所以日本明治以后的资本原始积累完全走的是欧洲的道路：除了在内部发展工业的基础之外，一个很重要的手段是对外发动战争，然后索赔。到了1876年发布《废刀令》，武士不可以带刀了，也就是说武士从1876年以后就变成了平民。在这种情况下，可想而知，原来不可一世的以杀人为乐的阶层能老实吗？所以这个社会非常动荡，到处暗藏杀机。再加上农民不堪重负，各地不断发生一次性暴动。到了1877年爆发了西南战争,这是一场非常有戏剧性的战争。西乡隆盛在1877年被部下告知,从东京派来的警察密探潜入了鹿儿岛准备暗杀他。西乡认为这个传言即使是真的也不用介意,但他的部下坚持认为这对武士来说是最大的侮辱,不能置之不理。最后西乡拗不过手下,决定举兵前往东京要个说法,这基本上是"秋菊打官司"的态度,就是说他不是去攻打政府,而只是去要个说法。但是举兵要个说法这件事情,就跟秋菊打官司完全不一样了,毕竟它暗含了比要个说法更多的可能性。西乡带着兵从列岛的最南端往北走,是件很困难的事,需要一路上有人签发通行证,所以他先致信鹿儿岛的知县,让他通知沿途各个县的要塞为其让路,可是他们刚走了一站到达熊本县时就遭到了官军的围剿,和他们对阵的是武装起来的农民,即原来不是武士但现在通过《征兵令》拿起了现代化武器装备的平民,而西南战争的叛军主力是训练有素的武士,他们最擅长的是近距离使用武士刀,而不是开枪射击。这一仗打了几个月之后,萨摩藩的军队惨败,西乡隆盛受伤后切腹自杀。通常,1877年西南战争的爆发和结束被视为明治维新的落幕,因为明治政府的分裂到此告一段落,从此日本政府变成一个中央集权的强政府。虽然并不是铁板一块,但是不会再发生西乡那样的公然对抗。

以上是我为了进入福泽谕吉的两篇文章所做的时代背景简介。现在我要进入正题,谈一下福泽谕吉的两篇特别的文章。福泽谕吉是1835年出生的,他也是下层武士出身,很早就离家求学,曾经长期在大阪"适塾"就读,通过荷兰语掌握了物理学乃至医学知识；后来他到了东京，靠自学掌握了英语。有趣的是，福泽几次出访美国和欧洲，都是在幕府没有倒台的时期，他在当时翻译奇缺的情况下，经过全力争取，作为幕府的随行翻译访问了欧美，把自己得到的出访补贴全部用来购买了英语辞典类工具书。后来明治维新成功，新政府邀请他加盟被他拒绝，因为他认为新政府是攘夷派，与自己并不同道，尽管后来他发现新政府开放得很快，但是也仍然作为民间教育家经营庆英义塾，不肯入仕。

在西南战争爆发的同一年，福泽写了一篇很长的文章叫作《丁丑公论》，又过了14年，在1891年，也就是甲午战争的前两年，他写了另外一篇文章《瘠せ我慢の说》，我把它意译成《人穷志不短之说》，这两篇文章非常特别。福泽谕吉是他同时代中非常有影响力的思想家和启蒙家，他所有的文章，包括《脱亚论》，都是写完就发表，但这两篇文章写完后压了箱底，他说等他死后才能发表，结果在他临死那一年，这两篇文章从不同渠道被传媒人偶然发现，从而公之于众。两篇文章的发表都是在1901年。发表后，《丁丑公论》没有引起什么反驳，但《人穷志不短之说》引来了很多批判。当时他已经写不动文章，躺在床上口授了一些反驳意见，被人记录下来然后公开。

这两篇文章在结构上非常有意思，在开头都简要论述一个与正论主题相反的看法，然后才进入主题。所以它们都是一种复合性的结构，即先给你一个绝对的论题，然后在这样的前提下讨论已经被他否定了的那个部分相对的意义和价值。我们先谈写于西南战争结束那一年的《丁丑公论》，"丁丑"就是1877年的干支。

福泽说：只要是人，就会试图把自己想到的念头付诸实施，这就是专制精神。所以专制是当今人类的属性。既然人是这样，那么政府也不可能不是这样，所以我们不可以轻易地责备政府的专制。但是如果我们对政府的专制不闻不问，放任自流，结果就是这个专制会无限地膨胀，那就不行了。所以我们还需要抵抗，这个抵抗的精神就好比天地之间只要有火就得预备水，不能只有火。接下来福泽说，我考察了一下日本现在的情况，日本人对文明的理解非常浅表，所以文明只是一个有欺骗性的虚说，而抵抗的精神就渐渐衰退了。现在是一个需要抵抗的时代。抵抗可以有各种各样的方式，西乡隆盛为了抵抗政府采用了武力，这不是我所赞成的，但是他的精神我认为应该肯定，与我的抵抗精神并无二致。

　　福泽谕吉的论述结构很复杂，因为他的立脚点并不完全在他具体论述的里面，用断章取义的方式来确定他的"立场"一定会扑空。大家通常会在阅读的时候忽略前面的部分：专制这样的精神是不可避免的，抵抗是发生在一个不可避免的情景之中，如果我们忽视了前面的部分，就会认为福泽谕吉在主张抵抗，实际上不准确。他在开篇就讲，这个世间不管你要或不要，一定会有专制，因为有专制所以才需要有抵抗，换句话说，这是一个平衡的对抗关系。这是福泽谕吉在《文明论概略》里面反复强调的观点。《文明论概略》认为：文明不是器物，而是社会上的风气，这风气的核心，在于这个社会一定要有一些相互对抗的平衡关系。他说当一个社会达到了这种状态的时候，我们就可以说这是个文明的社会。在《丁丑公论》里，福泽谕吉强调的是同样的视角。

《丁丑公论》是福泽谕吉为西乡隆盛正名的一篇文章，但是正名并不是文章的主旨和预期目标；当1877年西乡隆盛起兵并且战败身死之后，社会舆论一边倒说他反天皇，反政府，反对新的日本社会的建设，而福泽谕吉认为，当时社会舆论最大的问题不在于人们批评西乡隆盛，而在于他们一边倒。一边倒的结果，就是对抗的力学关系被消解掉了。福泽谕吉对此非常不满，他决定用自己的写作来建立对抗关系。

《丁丑公论》有个很特殊的写作方式，是用驳论的方式来写的。福泽列举了当时流行的各种诟病西乡的言论，并且一一进行分析，揭示了这些貌似大义凛然的言论其实站不住脚。比如他说，有一种意见认为，一国人民的道德品行是一国之本，如果对抗政府就破坏了大义名分，因此道德品行就立不住了。西乡破坏了这种大义名分，他在道德上已经有污点了，如果在这种情况下我们不对他进行口诛笔伐的话，社会的道德会受到伤害，礼义廉耻就没有了。福泽谕吉反驳说，今天我们所说的维护政府好像是个道德标准，但其实不然，这只不过是躬行政府之命而已。日常生活中这种事例并不鲜见，很多个人品行跌破廉耻底线的小人，现在都在按政府之命照章办事，看上去在大义名分方面毫无破绽，却毕竟不是君子。因此，以大义名分作为标准来衡量人的品行是不成立的，换一句话说，忠于政府不是美德，真正的美德在于个人的道德品行。

福泽接着讨论了针对西乡的另一种批评：有人说西乡在日本新政府成立、社会刚安定的时候举兵破坏社会的安定，这其实是一个非常大的动乱，危害很大。福泽反驳说，西乡一辈子有过两次举兵，第一次是反抗幕府且全面夺权，在这种情况下他和他的手下杀掉了很多人，可以说使生灵涂炭，当时也一度被视为贼兵；可是因为他建立了新政府，最终幕府落败，在局势定了之后，舆论就毫无保留地支持他，完全无视他的暴力。西南战争第二次举兵，危害面非常有限，而且西乡根本不打算推翻政府，他只是想把天皇身边的佞臣除掉，并不反天皇。

西乡举兵和其部下举兵的理由不一样，他的理由跟福泽谕吉有点相似，他认为文明开化之后中央政府迅速腐败，民间疾苦深重，但他们以文明之说极尽奢华，在京城里锦衣玉食大肆挥霍，他认为这样的政府是需要用武力震醒的。西乡回到鹿儿岛之后保持了幕府时代鹿儿岛武士质朴的生活方式，尽管中央政府给予他大量的俸禄，他都拿来办学练兵。在这种情况下他举兵只是为了除掉政府官员的腐败而不是全面推翻政府。当然这里也有西乡愤愤不平之处，因为他曾经要用征韩的方式挽救政府，认为对外征伐国内就没法再过奢侈的生活了。他遭遇百般阻挠后被迫下野，但在他下野后的第二年政府就去攻打台湾，他感觉被背叛了，这种被背叛的感觉无疑给了他兴师问罪的动力。

福泽说，舆论为什么会这样对待西乡？他的第一次大规模杀伐被说成是义举，而现在小规模且已经败了的军事行动，却让整个社会一边倒地口诛笔伐？福泽认为，这是因为传媒和舆论有

"权力偏重"即追随主流认知方式的问题，关于这一点我后面再讨论。福泽谕吉说，有人认为西乡的这次举兵完全是鹿儿岛一方的问题，其实政府方面责任也很大。西乡下野回乡后，政府为何还要继续给他和他手下的军官发饷？一个成熟的政府会这样办事吗？这就好像是一个政府内部发生意见分裂，在东北方向和西南方向建立了两个据点，这是一个现代国家的行为吗？政府如此豢养他，他能不起兵吗？所以真正的罪责不在西乡而在明治政府，是中央政府的一手豢养为他起兵创造了条件。

《丁丑公论》正如标题所示，是福泽谕吉对于西南战争之后传媒和学者们制造的社会舆论进行的驳斥。福泽指出，西乡举兵确实损害了一些人的利益，那些人反对西乡是有理由的；但是西乡伤害不到传媒人士和学者，他们与西乡没有实质上的利害冲突，却一边倒地跟着明治政府的腔调彻底否定西乡，这只能说是出于谄媚权势的本能。

为了驳斥针对西乡的那些慷慨激昂的声讨，福泽谕吉做了貌似维护西乡的分析，但是，他真实的目的并不在此。在这些分析之后，福泽把问题引向了深入。在西乡起兵的时候，面对一个深刻的困境：他在鹿儿岛训练出来的，是一些没有头脑只有勇武的武士，这些武士最后裹挟着他，迫使他出于情与义不得不率领叛军起兵，所以在某种意义上来说，他是被绑架的。福泽认为，由于西乡失败了，这份出于情义不得已举兵的难言之隐倒是不那么重要；但如果西乡不失败的话，这个难言之隐就是问题的关键了。与部下在看法上并不一致的西乡，接下来的课题就将是如何处理他手下这些心爱的武士，因为他们会妨碍他的治国大计。福泽的这个想象很有趣。西乡曾经是明治政府决定国策的关键人物，废除武士特权如果没有他的支持，是不可能实现的。而在他从鹿儿岛出发时，他的真实意图恐怕是刹住奢靡、堕落、软弱的"文明开化"之风，让日本进入一个比较健康的状态。西乡是近代转型时期武士阶层最具有变革精神的代表人物，但是，他确实始终没有跨出武士的思考方式。他能够依靠的力量也只有武士的军力和传统武士精神，假如他真的成功了，作为一个曾经推行了关键性改革的政治家，他必然与他所珍爱的武士们发生意见分歧，恐怕他没有足以解决这种分歧的政治智慧。

福泽谕吉认为，西乡没有能力实现他的治国大计，因此他的战败与自杀因为避免了走向最终的失败，反倒在道德层面成就了他的一世英名。同时福泽也批评了明治政府的短视：西乡是真正能够对全日本的武士、士族阶层产生绝对影响的政治人物，如果政府诚心诚意接纳他，能在内阁的上层给西乡一个相应的位置，那么日本的士族阶层有可能顺利完成他们向现代国家的转变，而不会以暗杀等极端手段发泄不满。福泽认为，西乡太性急了，要是不起兵而是以一个地方的实力派首领身份对政府形成有分寸的威慑，接下去就可以做一件非常重要的事，就是敦促日本政府开设国会。如果日本政府要接纳鹿儿岛这一派士族，而且这些士族背后有全国武士支持的话，那么他们所代表的政治势力一定要在开设国会这种新政治体制下才有可能得到安顿。对西乡来说，作为政治诉求，通过这样一种和平的方式也可以完成他对于现代政治的一些设计，不必急于动用武力。因此，福泽的判断是，西乡的学力太差。他应该更多地学习和思考，使他拥有更多的政治智慧。

这里有一个基本的历史事实值得关注。鹿儿岛在九州半岛最南端，西乡起兵之后，鹿儿岛的武士一路北上，沿途都有各个县的自由民权运动武装力量加入。19世纪70年代，日本开始出现了自由民权运动，它在民间不断扩展，到了1880年推动上层形成了要求开设国会的政治诉求，但它并没有诱发武装革命，尽管在一些地方发展得比较激烈，变成了武力的抗争，最后被镇压，但在其他的地方大多数以"我们要学习，我们要知道西方现在社会是什么样子，所以我们要读书"的形式出现，可以说它是一个伴随着知识上的自我教育而推进的来自民间的社会运动。政府高层围绕着开设国会的具体时期和形式等一直未能达成共识，引发了不少矛盾；但自由民权运动仍然有它特殊的意义，它催生了日本最早的政党政治。1881年自由民权派创立了自由党，1882年它的对手成立了立宪改进党，这些早期的党派均以在日本建立什么样的议会制度为目标，虽然它们最终都被绝对天皇制的政治体制所回收，但是，这确实是明治初期日本思想界的一笔重要遗产。

自由民权运动和西乡所代表的武士阶层的对抗之间，并没有多少共通性，但1877年西南战争爆发时，这两股力量是合流的。福泽谕吉在《丁丑公论》的后半部分对这个现象有一些分析，他指出，日本政府不成熟，因为不成熟才会用这么愚蠢的方式在自己内部培育了反对自己的力量；但自由民权运动也不成熟，因为不成熟才与西乡合流；西乡本人也不成熟，因为不成熟最后导致行动失败。怎么看待这一系列的不成熟？福泽谕吉认为，政府是需要另当别论的，因为它掌权，掌权的不成熟是不可原谅的；民间的这些不成熟，以它不成熟的状态蕴含了成熟的可能性，所以我们要在历史脉络中准确把握其当时的形态，而不要简单地由于它的不成熟就在价值观上否定它，或者由于个人情感而全面肯定它。福泽说，必须确认，在1877年这个时间点上，日本的政治是不成熟的。我认为福泽这个判断很重要，重要性在于，福泽几乎以直觉的方式指出了一个关键的问题：历史拥有多种可能性的时期恰恰是这种不成熟的混沌时期。对于思想史研究而言，这也是进入历史的最佳契机。

顺便提一句，自由民权运动不是由福泽谕吉主导的，它的思想领袖是中江兆民，甚至有日本人说日本的自由民权运动是由中江兆民翻译的半部《社会契约论》作为纲领的。民国的时候，中国人曾经把这半部用日本汉文翻译的《社会契约论》直接引进来，因为日本汉文完全使用汉字，所以不需要翻译。为什么是半部？中江兆民认为《社会契约论》只有前两章值得翻译，后两章不需要。不过这是另外的问题了，不在今天的话题之内。自由民权运动是否象征了日本社会后来的可能性，这是日本史学界和思想史家们一直在讨论的问题。目前从史料看，自由民权运动在开始的时候是主张民权的，而且有局部地区甚至提出"反天皇"的口号。但整体上看，在甲午战争前后，自由民权运动开始转向国权运动，而自由党一直是拥戴天皇的。这是非常遗憾的基本事实，但不能因此说日本没有过民众的主体性诉求和反抗要求。

在《丁丑公论》结尾处福泽谕吉有这样的一段话，他说"西乡乃天下之人物"，"日本虽然窄，国法虽然严，也不至于容不下一个人"；"日本不是一日之日本，国法不是万代之国法"。这个说法值得注意。"不是一日之日本"，是说今天的日本是这样，难保明天还是这样，它会变；"国法不是万代之国法"是指国法也要变，今天西乡被看作叛贼，将来也可能是英雄，"等待将来总有这个人物的用武之地，因此西乡的结局实在令人痛惜"。

概括地说，《丁丑公论》的基调是福泽谕吉的抵抗，他在文章开头讲过"抵抗之法不一而足，或以文或以武"，他是以文在抵抗。他抵抗的是什么呢？他抵抗的是日本当时对舆论的严酷管制，因为当时日本社会非常动荡，明治政府为了镇压民间暴动也为了镇压士族阶层的反抗，所以在言论上管得非常严格，于是所有人只能说西乡是叛贼。福泽写了这篇文章之后也决定压箱底，他怕发表出来他也就没命了，但是他认为必须写并且要留下去。福泽指出，日本政府如果觉得言论就能推翻它，证明它是何等虚弱。不过抵抗虽然是基调，却并不是文章的内容。这篇文章的精彩之处，在于它条分缕析地剖析了当时批判西乡的各种貌似正确的观点，揭示了其背后的认识论缺陷，同时，也给出了福泽自己对西南战争的分析。如果说明治维新以西南战争为结束点的话，那么至少可以说，它创造了一个不成熟的政府和一个不成熟的社会，蕴含了没能实现的可能性，却没有以明智的态度促成它的实现。福泽通过对西乡学力不足的分析，揭示了武人政治的内在缺陷，这也是他通过《文明论概略》等著述对社会启蒙并向政府输送政治人才的动力所在。

　　福泽谕吉自己也说，言论没有什么大不了的功能。他认为用言论去影响现实改变现实的方式不是直接的，因此直接针对现实的言论并没有多少现实意义；但是言论有另外的功能，就是它可以改变人们看问题的角度，特别是去除那些平时不被注意的思维惰性。因此，福泽要通过《文明论概略》《劝学篇》以及他的一系列论著，向日本社会注入一些不同的想法。今天我们读福泽谕吉，最吸引人的地方也仍然是他这些敏锐的想法和有创造力的分析，虽然明治日本的具体状况并不是我们在经验中体会过的，他针对的问题也是一时一地的，但是福泽谕吉那种突破思维惰性、打开新鲜视野的能力，对于我们建立有想象力的思维而言也是很有帮助的。

　　下面我们讨论《人穷志不短之说》。这一篇涉及的当事人，一位刚刚去世两年，另一位还在世，所以引起了很多非议。我简单地翻译一下开头一段的大意：立国这件事是私情不是公事。本来地球上的人类在各自所处的地域里，用自己的生产方式满足自己的衣食之需，如果还有多余或不足，和别人交换就可以满足了，并不需要国家。有了国家就有了边境，有了边境就有纷争，有了纷争人就自私了，就不会管邻国的人，只顾自己，所谓爱国只是爱自己的国而不爱别人的国。因此，立国就是私，真正的公道不是立国。可是问题在于，几千年以来人类以语言为媒介聚集起来，形成了大大小小的国家，国家形成后，忠君爱国这件事就不得不称之为美德。在理论上讲立国纯粹是人类私情,但是看现实就不得不承认,只要有了国家,"忠君爱国"就会被视为美德——理论上之私情变成了立国之公道。

这段话突出体现了福泽谕吉的思考方式:他先否定之后再谈其必要性,出发点是相对主义的。接下来有更复杂的分析,福泽说:爱国并非在任何情况下都是公道,只有在一种情况下爱国会变为公道,即这个国家处于衰势之时。好比你的父母得了不治之症,明知治不好却宁愿倾家荡产也要让他多活几天,想方设法地用尽所有的医疗手段;本来要是为父母着想,该让他安稳去世,不要让他承受更多医疗之苦;但儿女都不肯,总是存着侥幸之心,觉得万一坚持到底,说不定会出现转机。这是因为儿女对父母的情感让他们觉得必须尽到自己所有的力量,如果实在救不回来,才会认可这个现状,不留下遗憾。福泽说这是人之常情,因此立国之公道处于人之常情的状态时,我们就不得不说这是美德。到这个层面,爱国的含义又多了一层限定:当国家处于衰势时爱国忠君就变成了美德。

接下来话锋一转,福泽开始骂人了,骂的是胜海舟和榎本武扬,主要是针对胜海舟。他说胜海舟是幕府重臣,在西乡重兵围城之时,他不交一兵一卒就认输,美其名曰避免生灵涂炭,但为了一时的小利却丧失了万事之本,武士要以抵抗到最后一刻为美德,他说胜海舟一点都没有这个美德,还没有开打就进行谈判,提出保将军一条命的条件,对方接受条件就无血开城了。福泽认为他应该抵抗,还没有交手,怎么知道一定会败?但福泽这个说法是站不住脚的，因为后来据历史学家们考证，当时的幕府军已经军心涣散，而西乡隆盛的军队兵强马壮，幕府军是绝对打不过所谓的官军的，所以胜海舟的判断是对的。

福泽谕吉在做出这个判断后话锋一转说，当然避免生灵涂炭总是一件好事，所以即使胜海舟这一步走错了也还情有可原；但本来还有另一个机会，就是在无血开城后即便不切腹自杀也应该立刻下野，但胜海舟却被招安了，投到明治政府中去掌管海军，后来还成为海军元帅，这说明他是一个没有操守的人。因此福泽说，我们在这样的一上一下之间看到了，日本的精神传统中最重要的"人穷志不短"的精神丧失殆尽，为此胜海舟要负责任。榎本武扬本来在胜海舟投降后仍然抵抗，并且去北海道搞了个据点顽抗，可是后来连其部下都不肯投降的时候，他却投降了，投降后被立刻派往北海道担任总督开拓北海道，后来又历任外务大臣、文部大臣等，一直是明治政府的重臣，这也是明显的变节。

在做了这些批评之后，福泽谕吉开始讨论到底应该如何坚持"人穷志不短"精神，这个精神是否有意义，这才是本文的基本内容。福泽谕吉通过西乡隆盛看到了武士的基本品质，就是不管是成是败，一定要抗争到底。他说，事实上在世界上也有一些这样成功的先例，例如荷兰、比利时都是小国，如果它们不坚持自己一定要立国而投靠大国的话，会是很安逸的，但它们却一直坚持自己的主权国家地位，这实际上是人类的一种最重要的精神。对于日本来说，在从传统社会转入现代的时候，最重要的也是这种精神，有了这种精神才能在现代社会立足。

可是"人穷志不短"在现实当中并不总是有效和正确的。因此与《丁丑公论》切近具体事件的现实分析相对，《人穷志不短之说》与其说是意在对日本政治进行现实分析，毋宁说是在倡导一种民间风气，这种风气是他在进行道德启蒙和文明观启蒙时反复坚持的论点。

我们看一下福泽谕吉的两个重要的关键词，这两个词都是在《文明论概略》中提出来的。第一个词日语原文写作"惑溺"，我把它译成"积习难改"，意思是讲社会上有一些看不见摸不着却持续存在的习惯，这个习惯中文叫作"积习"，积习会在人们意识不到的时候对其发生制约。福泽说日本要想变成文明社会，老百姓必须摆脱积习，这个积习最主要的表现，就是第二个关键词，即"权力偏重"。这个词中文的语感不太顺，但也可以传达它的本义，我就没有特意翻译它。"权力偏重"的意思就是跟着强势走，通俗地说就是"随大流"或者"抱大腿"。这里的"权力"一词并不仅仅限于政治权力，它还包括比如社会舆论里面的主导趋势，小群体中占主导、优势地位的势力等。比如社会上的舆论一边倒就是一种权力偏重，人群之中有权威的人说"就这样吧"，大家尽管有不同意见也不愿意表达就叫权力偏重。这种权力偏重对福泽谕吉而言，是日本老百姓最顽固的有害积习，他认为必须要改变这个积习日本才有希望。这个希望是什么呢？并不是抽象的"个性解放"。如果我们孤立地理解福泽谕吉那个著名的命题：一身独立才有一国独立，很容易会想当然地把分析思路引导到一个抽象的现代性推论上去：破除权力偏重的积习，就要建立个人价值,通过个性解放完成社会改造。但是这并不是福泽谕吉的思路。他始终是在重建社会的意义上思考人的价值的,换言之,他的出发点并不是个人,而是个人组成的社会。他理想的社会思想形态,就是打破一元化的现实格局和思想格局,建立起各种各样交锋的习惯,就是说在思想上要有无数个西乡隆盛不断起兵,起兵之后通过各种各样的交锋、论战、博弈来促使这个社会在精神上充满活力,形成一个丰富的动态平衡局面。福泽谕吉一向认为思想上的自由不会妨碍现实的秩序,只会让现实变得更加丰富,这就是福泽意义上的"文明"状态。可以说,文明就是一种多元张力关系的总体平衡状态。

《文明论概略》的基本看法,通过上述两篇文章传递出来,这两篇文章就发生了内在联系。表面上看这是毫无关系的对三个人物的评价,事实上后世也有人认为他在正面地褒扬西乡隆盛,因为他个人有武士情结;他不喜欢胜海舟和榎本武扬,特别是讨厌胜海舟,所以是个人恩怨。从动机看,福泽确实不仅有个人恩怨,而且对明治政府还有所保留。福泽没有留过学,他几次短期出国考察都是在幕府末期,幕府提供了他外出欧美的条件,并给了他作为翻译雇员的优厚待遇,使他最初草创庆英义塾的事业有了资金支持,不能说他在情感上对幕府没有留恋,只不过他对幕府也一直保持着距离,在明治维新之后并没有以前朝遗民自居;在明治维新之后,武士阶层掀起了谋杀洋学者的风潮,福泽谕吉几次遇险,何况明治政府在掌政初期犯过不少幼稚的错误,并没有表现得比幕府更优越,很难说他对初期的新政府没有反感。但是《人穷志不短之说》写于1891年，这一时期福泽已经开始逐渐认同新政府的取向，并不是开倒车的保守派，他对于胜海舟、榎本武扬的指责也并不意味着对明治政府的否定；因此，仅仅从个人好恶出发解读这两篇文章是不准确的。应该说，福泽谕吉是以三个同时代人物作为媒介，用一种最彻底的方式推进了他在《文明论概略》里没有办法明确说出的那个有关国家正当性的关键问题，就是我刚才翻译的那几段悖论性的认识论讨论。那几段话的特点就在于，用否定的方式开篇，接着进行相对肯定的论述，这样复杂的论述方式是不适合进行启蒙的，但是只有这种复杂的方式才有可能改变使日本老百姓一度群魔乱舞的无所适从的局面。我们用机械的二元对立方式，并不能解释日本内部政权转移的利害及其结果。因此福泽谕吉留下的两篇重要文章，提示的是一种特定的思维方式，而它们内在的连接，恰恰是他在第二篇文章里讲的衰势状态下的坚持。福泽非常清楚，在任何情势之下，处于弱势的少数人的言论一定是不被看重的，这个权力偏重是人类共有的积习。所以处于弱势的人一定要进行彻底的抵抗，为了这个抵抗哪怕付出生灵涂炭的代价也是值得的。当然这是个比喻，福泽谕吉并不是个暴力主义者。我认为他希望强调的是，这个社会必须要有多重的相互对立的交锋，当这个交锋真正变成习惯的时候，这个社会就文明了。

这两篇原理性极强的在具体经验里讨论问题的文本，福泽在写它们的时候就想好了，这是留给后世人看的。所以他把当时不敢发表的想法都写出来了，我认为把这两篇文章和《文明论概略》以及《劝学篇》合起来读，才能理解真正的福泽谕吉。福泽谕吉所谓的现代化论述里面，包含了一些重要的原理性讨论。比如他认为，一个社会应该把"德"置于"智"之下，"智"在上"德"在下。不细读的人看到这个说法，会认为他在讲道德没有用，实际上福泽谕吉认为没有智慧的人的道德全都是伪道德。所以要想做一个有道德的人就要有智慧，在这个意义上来说，西乡隆盛就没有做到这一点，所以他失之于不学之罪，也就是说他的"智"在他的"德"之下。今天我们做思想史研究，其实不是要用思想史来直接改变现实，这是一种自我欺骗。如果我们认为我们直接讨论现实里面的某些困境，就是在尽自己的社会责任的话，我认为这是最大的失职。因为那些问题不是坐在这里能解决的问题，要到现实中去实地操作才有改变的可能。但是不能直接改变现实，也不意味着可以远离现实，不意味着可以忽视现实中那些最紧迫的课题。那么我们要怎么样讨论才是有价值的？福泽谕吉的方式是，把问题的完整性呈现出来，揭示表象背后的深层逻辑。这是一个悖论，越抽象的东西越直观，越具体的东西越需要理论想象力。今天我们要找到那种能激发我们理论想象力的文本非常不容易，我们看到的很多所谓的大家，包括西方理论传过来的一部分论述，其实都是相当直观的，因为它们不落地，只是在抽象层面重复再生产。我觉得新的时代课题就是我们怎么激活自己的理论想象力，福泽谕吉的这两个文本，提供了很多这方面的启示。

上述两篇文章还有一些后续的故事，非常有意思。《丁丑公论》反响很大，但是没有引起什么反对意见，因为到了1901年，西乡隆盛已然成为民族英雄。那个时候开始，西乡当时抗争的具体情境已经被历史过滤了，留下来的是以抽象的道德为内涵的抽象的抵抗姿态，在新的语境中赢得了社会一边倒的赞赏。尽管在内容上看，他其实是一个很危险的军国主义者，但他这个姿态让日本人感觉到明治政府失掉的最宝贵的精神内涵，是由西乡保存和传承的，因此《丁丑公论》没有受到任何批评。《人穷志不短之说》在1891年写完之后，福泽谕吉立刻寄给了胜海舟和榎本武扬，当时他们都在世，两个人各自回了非常有趣的一封信。胜海舟说，我做的事是我做的事，历史如何评价，你怎么评价，跟我没关系，你想怎么说就怎么说，我没意见，总而言之我相信，我的事后人会有评价。榎本武扬却是顾左右而言他，他说我现在很忙没时间看你这么长的东西，没有工夫给你写回信，以后再说吧。实际上这篇文章最核心部分批评的是胜海舟，最有争议的也是胜海舟，因为胜海舟的无血开城和后来他在明治政府里的作为，众口一词地得到了正面的评价，福泽的文章发表后自然有一些评论家出来为他鸣不平。其中有个评论家很有名，叫德富苏峰，他反驳福泽说，福泽谕吉你这个人有问题，你没有想过如果江户不是无血开城而是内乱，那个时候虎视眈眈的英美法等帝国主义国家就会渔翁得利，所以胜海舟立了大功，他没有让这个国家分裂，保全了国家的完整。福泽谕吉躺在床上口述了一封反驳信，他说，我并不反对国家的统一，但你的判断有误，据我所知那个时候江户即使打起来，英美都不会介入，英美那个时候最怕的是日本分裂。他后来举了具体的例子来说明这一点。因为福泽谕吉在幕府时期是翻译,不但熟读了当时所有公开的官方文献,而且作为翻译还参加了一些重要的会谈,知道一些不为外人道的机密信息。他做了一个判断,英美那个时候的政府意志,表面上看是由它们在日本的公使传达,但实际上它们的政府和公使在判断上并不一致,因此公使说的不算数,最后需要政府拍板;而那个时候英国和美国的政府最怕的是日本分裂,分裂的话它们的贸易就无法继续做了。过了几十年到了20世纪70年代,明治时期的英美文献被解禁公开,有日本历史学家做了大量的文献研究以后发现,福泽谕吉的判断是正确的,但是其实这一点不太重要。重要的是福泽谕吉还做了另外一个判断,是德富苏峰绝对不可能接受的判断。他说,不管是一国之内还是国与国之间,只要敌对了,那么关系就是敌我关系,没有什么区别。

这个判断如果不仔细琢磨,也就忽略过去了,但我们仔细想想,他做这样的判断有什么样的政治分析前景,这个问题就变得很有趣了。也就是说,即使是国与国关系紧张的时候,内部的敌我关系也仍然是敌我关系,即使一时被遮蔽,也难以因此消失。当他做这样的判断时,前提就是我们一开始引用的那段福泽的论述:立国不是公而是私,所以内部的敌我关系和外部的敌我关系,并没有太大的区别。这是很有颠覆性的政治现实主义,它的核心问题在于以什么为思考的前提。敌我关系不能用国际还是国内来切割,这说明有比国家更具有本源性的前提。对福泽来说,最重要的不是立国与否,而是是否有"人穷志不短"这种立人之本。不具备这种精神的时候，即使有了一个国家，这个国家也往往徒有其名。今天的日本不能说徒有其名，但恐怕也不能算是一个真正能够按照自己意志行使主权的独立国家。福泽谕吉在明治初期给出的警告，其实对今天的日本来说仍然有意义。对我们中国人来说，什么叫立国之本，对这个问题的思考，我认为也有启发。

最后我再谈一个与此相关的问题，福泽谕吉没有正面谈，但我认为是一个非常重要的问题。就是在福泽谕吉的这两篇文章中充满了对明治政府的质疑与批评，当然到了甲午战争之后，他不再批评了，这个变化曾被竹内好断言为福泽谕吉作为思想家生涯的结束。可是至少前期的福泽谕吉作为思想家，对明治政府是不满意的，这样一种批评的态度，到了战后被一些日本思想家和学者发展成为另一种看法，这个看法非常有意思。有一位马克思主义历史学家叫家永三郎，他说其实那个时候不搞明治维新就好了，要是直接由幕府实现现代化的话，日本的绝对天皇制度就不一定能够成功。战后对明治政府最大的质疑，就是明治政府在西乡隆盛起义失败之后迅速地完成了绝对主义国家体制的建立和维持，接着两场对外战争成为它资本原始积累的基本手段，而这种绝对主义的国家体制在形式上被称为天皇制国家，实际上天皇制国家的核心问题并不在于天皇家族的权威性，而在于这个体制本身把一切价值单一化、绝对化，用这样的方式来统治整个社会。虽然历史不允许假设，但是人们总不免设想，假如幕府在那时掌握了政权，那么在向现代国家转型的时候，情况会不会非常不同？因为幕府是把天皇架空，由将军执政，而且幕府一定会遇到各种各样的挑战，很可能形成幕府与几个强藩掌握执政权这样的对立结构，互相牵制的力学关系比较复杂，也许日本绝对主义的政治权力不会形成得那么顺利。因为当自由民权运动从民权运动变成国权运动之后，它对于绝对主义的政治体制就不可能形成威胁，反而被吸纳进由内阁主导的所谓议会体制里去了。没有制约的明治政府，最后一步步走向了战争的深渊，昭和的悲剧根源就在明治。

还有一种看法是竹内好的看法，他认为明治维新大于明治国家，也就是说这个维新里面包含了各种各样的可能性，要重新回到明治维新，是为了在里面发掘出可以对抗当今绝对主义天皇制的潜在能量。竹内好曾经倡导过在1968年举办明治维新百年纪念活动，后来因为这个活动被官方主导，并且在思路上与他的想法完全相悖，他声明放弃这个倡议并退出。

但是明治维新仍然是一个需要深入研究的思想课题。在此意义上，福泽谕吉的这两个文本提供了某些有效的思想资源。如果深入地分析这两个文本的话，可以发现福泽的论述一环扣一环，真正的问题都不在表象本身，而在于其背后对于权力偏重的抵抗和对于抵抗精神的呼唤。所以福泽谕吉所提倡的抵抗精神，远比这个词本身含量要丰富，它的历史内容也远比这个词本身要复杂，这是一个福泽本人没有完成的工作。他要建立一个多元化的，换句话说是反对一元化专制的社会，到了最后连他本人也没能够真正坚持这种多元的态度，但他毕竟给我们留下了一些思考方式。我今天给大家着重翻译的这几段，是最能体现他论述方式的部分。对我个人而言，研究这两个文本还能够从里面导出更多的分析视野和可能性，而这些视野和可能性对于我们今天中国知识界来说恰恰是陌生的，我非常愿意跟在座的各位分享今天的话题，是因为我认为这不仅仅是日本的问题。我就讲到这里，谢谢大家。

（本文在2018年于北京大学文研院的讲座整理稿基础上加工而成，未发表）

直视分断
——序《韩国的东亚论》

在我有限的韩国之行中，曾经有过两次接近"三八线"的经验。"三八线"自然无法让我这等寻常外国人涉足，说是"接近"，也并没有看到，我只不过在韩国友人的陪同下，远远地在允许人们抵达的极限之处想象一下那个把朝鲜半岛一分为二的人为界线而已。

然而比起那条分界线来，倒是这两次经验本身更吸引我。第一次参观了一个著名的建筑，是在韩国一侧边境修建的瞭望台。在瞭望台的顶端，我可以通过望远镜清楚地看到朝鲜一侧的"模范村"。整齐的房屋似乎无人居住，但是，据说每到节令，便有朝鲜民众在那边"演示"社会主义生活。不过，这种对峙比不上瞭望台中层的陈列室，那里更为真实。在这里有一个大沙盘，形象地展示了南北两个社会之间交换工业品、农产品以及其他生活用品的途径，那网络虽然算不上稠密，却也相当繁盛。这个沙盘打破了我关于南北对峙的干燥想象,在经验上丰富了南北间忽冷忽热的流动感:无论政治权力和资本的操控多么严酷,民众总是会在各种缝隙之间、在有限的条件之下经营自己的生活。

第二次参观的是距离"三八线"更近的地方,我本是去该地附近的出版城开会,抓住闲暇时间去了这个地方。这里不仅看不到"三八线",也看不到朝鲜的"模范村",在一片开阔地上建了一个瞭望塔,望出去也不过是林地和原野。这次参观与上次不同,让我印象深刻的是此地的观光化,大批旅游车把来自韩国各地的人以及慕名而来的外国人运抵此地,使它绝不亚于风景名胜地。一些上了年纪的韩国人,立在高处向北方眺望,想来是在惦念朝鲜的亲人吧;而更多的年轻人则饶有兴致地在瞭望塔周围明显带有游乐园色彩的各种设施里钻来钻去,看上去十分快乐。我在参观一处模拟战壕的时候遇到一位来自中国东北的朝鲜族姑娘,她在此当导游已经有些年头了,职业化地向我们叙述南北开战时的状况,努力动员我们去买相关景点的门票。我问她,在此地做这份工作有什么感受?她似乎很奇怪我为什么提出这个问题,答非所问地回了一句:韩国人对我挺好的。

仅仅签订了停战而不是终战协定的朝鲜半岛,恰如一个休眠火山,它至今也没有结束战争状态,随时可以不宣而战地"恢复"战争。建立在这个火山口上的韩国社会,也就形成了自己特有的生态景观。记得有一年,在韩国短期授课,正巧赶上了南北局势恶化,有些外国人纷纷撤离,很多中国留学生也在考虑回国暂时躲避。然而在距离"三八线"并不遥远的首尔街头,一眼望去，熙熙攘攘的韩国民众却丝毫没有惊慌之感。他们照常工作和生活，也照常娱乐和休闲。我看着韩国民众的从容，不禁心生疑问：他们如此笃定，难道仅仅是因为无处可逃吗？

一位学生家长回答了我的问题。她说：我们韩国自从1953年停战以来，一直就是这样的呀！要是一有风吹草动就想着逃，那还怎么生活？我们韩国人，一直活在战争的阴影里，已经习惯了。她叹了口气又说道：你能理解吗？我们韩国人真的不容易啊！

这些浮光掠影的经验，虽然还远不足以理解处于战争威胁常态化之中的韩国社会，却让我获得了理解白乐晴先生"分断体制"论述的途径。为数有限的韩国生活体验，让我对这位韩国思想家的思考发生了极大的兴趣。通过白乐晴先生所揭示的朝鲜半岛分断现实背后的机理，我理解了一个并不直观的悖论性问题，即世界资本主义对于全球的控制，正是通过制造各种意义上的分断完成的。与常识感觉相悖，资本的全球化，正是"分断"的全球化过程。在某种意义上，今日世界的战争作为政治手段中最后的一张牌，其目标已经悄然发生了转移。它服从于维持"分断"这个目标，只要"分断"这一动态平衡基本稳固，战争威胁的功能就有了微妙的扩展：与其说它的威胁在于它爆发的现实可能性，不如说更在于作为威吓的手段不断再生产。韩国的民众，最为切实地体会到了这种"家门口的硝烟"的苦涩，在抗议美军在韩国的军事部署的同时，他们也不得不面对日常生活中不断在白热化之前转化为动态平衡的新的"分断"。正如"三八线"附近经营的旅游景点所显示的那样，民众会把一切无法选择的条件转化为生活的一个部分，"分断"也是他们不得已而只能接受的生活方式。曾经的战争与难以预知的未来，伴随着几代人的生老病死、离散聚合，不断生产着韩国民众的历史感觉与现实关怀，也把种种难以言说的情绪刻印在他们的身体记忆与情感记忆之中。

韩国知识分子正是在这样的情境之中承担着言说的责任。大约正因为如此，他们才在面对半岛危机的时候不忘记"东亚"乃至"亚洲"。我相信，除了半岛的现实危机使得他们不可能关起门来之外，这也是因为他们没有忘记历史。朝鲜半岛自古就是一个与东亚密切相关的区域，特别是近代以来，它的荣辱兴衰也一直是东亚历史的一部分。中日甲午战争以半岛为媒介，日俄战争以半岛为症结，其后的日本对朝鲜半岛的殖民地占领，以及战后全世界建立战后格局时半岛上爆发的朝鲜战争，在在都暗示着它的命运与东亚命运的密不可分。而今天以"六方会谈"的结构存在于朝鲜半岛的国际政治力学关系，正显示着这个"分断"状态所汇集的国际政治内涵。南北分断，岂止是韩国与朝鲜的"内部问题"，它不仅是亚洲的问题，也是世界的问题。

本书的作者多是我有过交往的韩国学者，有我一向敬仰的师长，有我多年合作的朋友，当然，也有未曾谋面却感到可以相知的学人。在韩国，文学往往承担政治学的功能，提到韩国文学，我不免总是想起曹丕那霸气的说法："文章乃经国之大业，不朽之盛事。"直视"分断"，是几代韩国学人传承的思想责任，也是流淌在当今韩国文学中的历史水脉。他们的东亚论，有着异乎寻常的顽强生命力。我想,这与韩国社会处在东亚的周边,却缠绕了多重历史脉络的悖论特质有关:它是周边的,它又是核心的。延世大学教授白永瑞喜欢使用一对概念,一个是"双重周边视角",一个是"历史的核心现场"。在这两个概念之间,存在着特定的历史关联,而这关联恰恰通向了"东亚"。在动荡起伏的半岛局势面前,倾听来自这个处于东亚周边的核心现场的声音,也是我们无可回避的课题。

(本文为苑英奕、王浩银编译
《想象东亚:方法与实践——聚焦韩国"东亚论"二十年》
[生活·读书·新知三联书店,2020年]序言)

不平等世界中的冲绳原理

刚才发言者提出了一些重要的论题，比如说国家政治与民众参与的关系，在钓鱼岛问题上能否建立跨越国界的民众连带的问题，包括徐胜教授提出来的，如何从人权的角度去重新审视东亚地区的历史这样的问题，等等，都是值得深思的。在这个基础上，我想进一步把他们提出来的民众参与国际政治这样一个最基本的主题再往前推一步。因为毕竟我们聚集在这里要讨论的，还不仅仅是现实问题，我们的一个很重要的工作，是从现实中提炼出一些原理性要素。所以今天我不谈钓鱼岛，而是谈冲绳。而且我想要讨论的不是冲绳的现实问题，而是冲绳的原理。

刚才杨教授说了一个很有趣的观点：其实在钓鱼岛的问题上，我们应该是共同不开发，而不是共同开发。我想进一步推进一下这个问题。以我们目前这样的生活状态，共同不开发是否有可能实现？因为今天，无论是东北亚的哪个社会，每一个人都在越来越多地消耗各种能源。而资本市场实际上是在诱导我们不断地去消耗远远超过我们基本需求量的资源。所谓的消费社会，就是鼓励人们在超出自己基本需求的层面上扩大消费，用以拉动经济。所以我想推进一下杨教授的问题，假如我们真的希望在现实生活中实现共同不开发或是减少开发的目标，以此来避免冲突和战争，那么我们能够做的最重要的事情，就是牵制资本市场，换句话说，用改变我们消费行为的方式去牵制资本市场，才有可能牵制过度开发。当我们去讨论这样的问题时，其实就会遇到一个很困难的状况。今天在知识界的讨论里面，社会、民众和国家、政权之间的关系，事实上已经被高度简化了，我们很少有能力把这看上去是对立起来的二元关系结合起来，在现实互动的，甚至是共谋的关系中去寻找突破点。特别是知识分子，一边享受着高度消费的生活，一边批判资本主义，并不觉得有什么矛盾。很多观念，作为观念是正确的，但是落实到行动上很困难。所以看一个人说什么不重要，看他怎么做才是第一义的。在这个意义上，冲绳的一些思想实践，给我们提供了深入思考这些问题的重要媒介。

我想简单地谈三个问题。第一个问题是我们如何理解冲绳人对和平的愿望。大概在东北亚地区，现在离和平状态最远的地区是冲绳，可以说冲绳社会在今天，仍处在一个准战争的状态。这一点，我想等一下林教授会比我讲得更清楚，所以我不再花费时间去讨论这个问题。这样的状态里面，冲绳有一个非常有象征意义的场所。在冲绳本岛的最南端，有一个系满市，那里有一个和平祈念公园。这个公园基本上是一个墓园，里面用同样的样式、同样的规格打造了大量排列整齐的墓碑。所有的墓碑都是同样的颜色，按照国别和地域进行排列，上面刻着的死难者名字，除了有日本军人、日本民众与冲绳民众之外，还有美军战死者、中国台湾、朝鲜籍士兵等。这个公园建于20世纪90年代末期，当时冲绳的知事去美国华盛顿访问，看到了越战纪念碑，很受冲击。他说他要建一个不同的纪念碑来纪念"二战"末期发生在冲绳的这场惨烈的战争。因为华盛顿越战纪念碑仅仅纪念美军在越南战场上的战死者，但是冲绳和平祈念公园的纪念碑，真正平等地纪念了所有的战死者。冲绳社会对这种方式的通行解释是，冲绳人认为死者一律平等，罪恶是活人的责任，不能加在死者身上。其实在日本本土，笃信神道教的日本人也有这个说法，他们认为人只要死了，一律都是神。但是至少在日本官方的操作方式里，我们看不到这种信仰的落实。不要说敌国的受难者，就连内部的战死者也不是平等对待的。比如说靖国神社，它只供奉为天皇捐躯的死者，明治维新之后发动了西南战争的西乡隆盛就没有资格进入这个神社，因为西南战争被定义为背叛天皇的叛乱，他的塑像只能被安放在上野公园里。

当然，平等地纪念死者这件事情远不那么容易。每年到了8月份，为了纪念战争中的亡灵，在这个公园里会同时有冲绳民众和日本本土民众与日本自卫队士兵以及美国军人前来祭奠，这是很奇特的一道风景。他们各自祭奠的是自己的同胞，没有听说过美军士兵祭奠冲绳民众的事情。但是这个结构却把受害者与加害者放在了一起，让他们一起面对战争的残酷事实，面对过去的历史。其实还有更多复杂的面向。在中国台湾籍、朝鲜籍士兵的墓碑上，可以看到大块的空白。这是因为除了无法确认死者姓名之外，更有很多阵亡者的家属拒绝把自己亲人的名字刻在上面。日本在侵略东亚邻国的时候，从被它控制的朝鲜半岛和中国台湾征用了相当数量的青年充当炮灰，这些非日籍的"日本兵"被迫拿起枪参加侵略战争，他们有着更深刻的伤痛，而这种伤痛在他们的遗属中尤为深刻。

战争的伤痛对于中国人来说，是很难简单愈合的。我很熟悉的一种模式是中国每次反日游行都有破坏性的暴力行为发生。虽然近年来暴力性行为越来越受控制，民众的自制力越来越高，但破坏性行为还是时有发生。我一直在问冲绳的朋友，为什么他们直接面对着美国士兵的各种犯罪，从来没有冲绳人试图去破坏这个和平公园中的美军墓碑？当然，我得到了各种各样的回答，包括对这个公园的不以为然。因为时间关系，现在我不来谈这些回答。但一个基本事实可以肯定，所有冲绳人都对我提出这个问题的方式感到无法理解。在这个公园里，一直没有发生过破坏性的泄愤事件，因为冲绳人不这么感觉世界。我从里面受到了一个启示，在这样的和平祈念公园背后，隐藏了今天的冲绳民众对于和平的强烈愿望。这种和平的愿望不意味着他们已经和日本军国主义或美国侵略者和解，甚至也很难意味着他们跟刻在纪念碑上的那些战死的美国兵、日本兵和解。因为在冲绳还有其他的一些场所，例如佐喜真美术馆，就不断纪念冲绳战中死难的亡灵，控诉美军和日本军队的暴行。今天，那场战争还活在冲绳老人的心里，有些老人在战后过了半个世纪，一直保持沉默，但他们会因为一个很小的、能够引发与战争相关的身体性记忆的景物或者其他媒介，就突然精神崩溃。这样的情况在今天的冲绳仍是经常发生的。

在这种情况下，一个基本的问题需要我们去思考：我们如何理解和平？和平理念真实的内容是什么？什么样的和平才是现实的和可能的？就这一点而言，现在冲绳还存在着另外一个维度，非常有效地证明冲绳人和平理念的含量。我们都知道，冲绳现在正在进行对于美军基地迁移的抗争，已经坚持了二十几年了，但从来没有演化成暴力，他们一直都是用非暴力对抗的形式来阻止美军基地的迁移。因为只有非暴力的对抗才是合法的，警察找不到借口干涉。一次两次这样做还比较容易，能这样持久坚持下来的民众，背后的和平理念，我想和我们生活在大陆的中国人作为观念来使用的和平理念，其政治含量是相当不一样的。可以说今天世界上真正难以做到的，就是对和平真实的坚持与维护，因为坚持维护和平是一件比发动战争更困难的事情。这是我谈的第一个问题。

第二个问题，我想介绍冲绳一个非常有趣的思想文本。这是以宪法草案的形式书写的文本。它的作者川满信一，是冲绳一位著名的诗人。这个文本最初发表在1981年6月号的《新冲绳文学》杂志上。我们知道，1972年琉球政府的施政权由"二战"结束后一直掌控它的美国交给了日本，它改回了冲绳的名称，又成为日本的一个县。这件事情在冲绳社会引发很大的争议，到底琉球是否应该成为日本的一部分，对此冲绳社会内部有很多种不同意见。伴随着冲绳对日本的回归，日本本土的美军基地被不断迁移到冲绳，这也加剧了冲绳独立的意愿。在九年之后，《新冲绳文学》做了一个专辑，应该说是对九年以来冲绳思想界积累起来的关于冲绳独立问题大讨论的一个阶段性思考。这一期上发表了川满的这一篇题为《琉球共和社会宪法C私（试）案》的文本。C、私、试三个字在日语里同音，看这个标题就知道，这是一个思想者借助于宪法的形式表达的个人思考，它的意图并不在于制定一部民间宪法。

这个文本前面加了一段很难读的导读，里面也提到了我们中国。它说："因浦添（即过去琉球王朝的首都）而傲者因浦添而灭，恃首里而骄者因首里而亡。以金字塔为傲，则因金字塔而溃，因长城而骄，亦因长城而亡……"这是一个很长的排比句，后面的内容我就不一一介绍了。接下来是正文，一共有六章五十六条，采用很像宪法文本那种形式，但它的内容与我们熟悉的宪法恰恰是针锋相对的。因为这不是一部"国家"宪法，而是一部"琉球共和社会"的宪法。与此同一时间，同一杂志上也发表了另外一个宪法文本，是一个律师起草的，一部很现实主义的宪法。那部宪法最大限度地给现行的宪法思维注入了人的尊严、平等、权利、自由等观念，它被命名为琉球"共和国"宪法。而川满的这个文本不是一部国家宪法，这就意味着它推进问题的方向就不再是琉球独立。尽管从它的一些行文表述上看，琉球共和社会是要独立于日本国,但我们知道,所有的独立行为,一定必须与它所拒斥的对象处于同等的层面上,这个独立才是真实的。而《琉球共和社会宪法C私(试)案》一开头就否定了国家的合法性,它不但不承认任何形式的国家,而且也不承认任何形式的司法和警察军队,它强调所有的国家暴力都是非法的。它坚持,琉球共和社会统合的原理在于慈悲精神。这样一来,实际上这部所谓"宪法",从一开始就脱离了独立与否这种思考方式,它并不致力于建立一个新的国家。

由于这样的一种很特别的书写,这个文本一问世就受到了批评,加上川满信一是个诗人,他整个的论述确实不是严格按政治学操作的。当然,这部"宪法"在形式上也确实照顾到了宪法通常应该涵盖的基本面向。例如它提出要废除司法机构,但要建立一个自治体的公议机构,就是公众协商的机构。而且它说,我们不采用代议制,要实行直接民主。还有一些条款是一般宪法不会出现的,例如说城市的机能必须分散,以此为目标,必须改变生产流通与消费结构,等等。川满是希望用一个宪法的方式,让所有的民众能够意识到,一个社会的责任不仅仅在于影响或者牵制政府,而更在于依靠社会成员建立一种新的生产生活机制,只有这样,对政府施加的影响才能慢慢地具有实效。当然还有他对劳动权利与劳动环境条件的设定,对于家庭关系的设定,对于娱乐教育科研等各种各样社会生活方面,这个文本都有一些讨论。

关于这个特别的文本,有很多可以展开的分析,不过我现在没有时间做这件事。我想介绍一个基本状况:川满发表了这个文本之后，事实上给冲绳人出了一个难题，人们一时不知道怎么定位这部"宪法"。在整个社会都关注是回归还是独立的时候，一个最通俗的定位就是，川满的这个文本是一个乌托邦，因为它没有任何现实操作性。但是川满在一次会议上做了一个有趣的诠释，他说，宪法其实是一个有理念的东西，我们必须把理念法与实定法区分开来，我写的宪法是理念法，而且它是有现实效应的。不妨想一想，如果日本的每一个都、道、府、县都起草自己的宪法，那么日本国的宪法在思想上就不再具有那么强的约束性了。因此在我们都有一部自己宪法的基础上，也就不用那么花力气去保护宪法第九条了。当然川满的这个论述有一些跳跃，充满了诗人特有的想象，在某种程度上也回避了日本重新军备的紧迫现实问题；这也意味着这个文本并不具有直接解决这类现实问题的功能；按照通常的理解，这就是川满的"局限性"了。但是假如不满足于这种粗疏的归类，那么应该说《琉球共和社会宪法C私（试）案》履行了另外一种功能。它并不是一部宪法草案，它是一个思想文本，它面对的不是冲绳如何才能独立的问题，它从根本上质疑冲绳独立于日本还是冲绳回归日本这个前提。川满讨论的并不是琉球共和社会用怎样的形态建立独立于日本的机制，他讨论的是在极端不自由并充满歧视的日本国里，冲绳民众该如何建立自己的社会生活。这样的一种对宪法的理解，事实上已经突破了让琉球独立或回归日本的简单二元对立，提供了一种在现行的国家体制之内，建立另类社会生活维度的可能性，当然首先要建立的是另类思考的可能性。没有思考的行动是盲目的，虽然思考不能直接换算成行动，但是它不可或缺。

第三个问题，我想简单地谈一下我一直坚持的一个说法，就是"冲绳的原理大于冲绳"。我这样说有一系列的理由，其中有一个经验最让我感动。我去冲绳的时候，好几位知识分子对我说过同样一句话：假如为了冲绳独立，必须发动一场类似于科索沃战争那样的战争，我们宁愿放弃独立。所以现在在冲绳岛内，无论是社会活动家还是一般民众，很少有人坚持冲绳独立的说法，因为它不会受到多数人的支持。但放弃独立，不意味着就认同日本国各种各样不合理的歧视结构。冲绳社会一直没有放弃对日本政府的批判和相应的抗议。在这样一个困难的条件下，冲绳人对和平的坚持，后面有一个他们对整个地区的责任感在支撑。事实上，我们可以找到很多例子来证实冲绳人在反美的过程中，他们心里装的不仅仅是他们自身对于不公正待遇的悲愿，他们更多的考虑，是地区的和平，甚至是整个世界的和平。这是比较容易理解的"冲绳的原理大于冲绳"的第一重含义。

第二重含义稍微难理解一些。我认为现在冲绳的思想家与社会活动家，尽管他们中间有很多对立与纠葛，但他们一直在向我们传达一个相对一致的信息，那就是：冲绳的历史，非常不适宜用国民国家这样的一个框架来表述。琉球社会到今天都挣扎于不得不把自己塞进国民国家的框架中去这样一个艰难的困境。在这个困境中挣扎的琉球人，其实给我们暗示了整个东亚社会的原理。从这个意义上来说，我们可以在潜在的非直观的维度上，去思考"冲绳的原理大于冲绳"的问题。事实上我个人在和冲绳运动界人士的接触中,以及在我自己阅读的经验中去理解冲绳的时候,我想到的并不仅仅是冲绳。它让我更多地想到东亚地区的历史特征,因为在我们这个地区,包括台海关系,都不能简单地用一个国家框架就把复杂的历史消解掉。钓鱼岛问题更是这样,对于台湾是一样,对于大陆也是一样,对于日本和琉球都是一样,它不是一个简单地用国民国家主权框架就能有效处理的问题。当然,我必须要强调一点,那就是在今天的世界上,国民国家的主权是非常重要的。中国奋斗了大半个世纪,建立了主权国家,这一点对于东北亚格局的意义是极其重大的。在以美国为代表的世界霸权面前,不能简单地否定后发国家拥有国家主权的重要性,这当然是必要的。但是这仅仅是问题的起点而不是归结点。我们怎么去整理东北亚地区共同的原理?从这个意义上来说,我想冲绳的原理凝缩了整个东北亚前近代与近代的历史,甚至也凝缩了今天国际政治的关系,因为美国内在于日本,内在于冲绳,也内在于东北亚。在这样的一个结构当中,冲绳通过一个最复杂的形态向我们揭示了我们各自所处的历史境遇。而冲绳的思想者们,在他们生产的思想文本里面,其实已经提示了一些帮助我们突破简单的抽象二元对立,继续向前推进思想课题的媒介。因此在这个意义上,从地理位置上观察所谓边缘地区的岛屿,我觉得冲绳是一个最为复杂、最为成熟,提供了最多思想资源的场所。

我现在在尝试用另一种叙述来重新开掘所谓的边缘。我认为中心和边缘这一对概念,假如按照目前的思维惯性,只能表述历史当中的某些内容,但有可能遮蔽另外一些部分。历史过程中那些最丰富、聚集了最复杂要素的空间,其实往往不是中心,而是边缘。因此我们有没有可能在中心—边缘这一框架之外,找到另外一个视角,由于它的引入,重新激活中心—边缘这样的讨论中潜在的可能性?我个人把这个视角命名为历史过程中的关节点,我认为这些关节点往往就存在于权力结构的边缘地区。当我们有能力突破简单的对立图式,突破直观的悲情主义,正视历史过程的残酷与混沌的时候,我们才能理解历史过程中的关节点所具有的真实含义。

(本文为2013年在上海举办的亚际书院学术研讨会上的发言记录稿,未发表;收入本书时进行了文字修订,并补充了少量必要的背景知识)

克里俄的面孔

相传在希腊神话的缪斯九女神中,专司历史的克里俄最为腼腆。她总是云遮雾绕,轻易不露真容。在诸位缪斯女神中,克里俄最难被打动,也最容易被冒渎——当历史并不按照人们预言那样进展的时候,也正是克里俄惩罚冒渎者的时刻。

以《日本的士兵与农民》等名作为人所知的历史学家赫伯特·诺曼[1]曾怀着对历史女神的敬畏之情,写下一系列历史随笔。

---

1 赫伯特·诺曼(1909—1957),生于日本的加拿大籍外交官、历史学家。其父亲为加拿大传教士,赴日本传教后常年住在长野。诺曼从少年时代开始往返于加拿大与日本,成年后主要在加拿大和英国求学,毕业于剑桥大学,专攻历史学,后在哈佛大学获得博士学位。在求学期间,他对马克思列宁主义产生浓厚兴趣,与众多左翼人士建立了友谊。诺曼1938年开始参与太平洋国际学会(IPR)的工作,在30年代末作为加拿大外交官赴远东从事外交工作,经历了太平洋战争,在战后参与对日本的战后处理工作。由于50年代美国麦卡锡主义盛行,诺曼虽然并非共产党员,但因有参与过太平洋国际学会的工作等经历,遭受诽谤与迫害,最后导致他自杀身亡。

在这些随笔里,诺曼表述了自己的历史观:

> 勇敢的行动、军队的进攻与对抗、政治家的演说等等,这一切不知道为什么无法打动克里俄的心。能够使她感动的,是人民并不自觉到自身的尊严却以奉献的精神不懈地致力于创造文化财富的努力;是那些倾注全力捍卫人类之爱的传统的人;还有那些使得某些被忘却的自由得以苏生的人。人们对于克里俄所强加的最大冒渎,恐怕莫过于把历史变成一连串机械性且陈腐了的常套用语。例如,把某种传统或者制度贴上"封建的"标签然后将其归类为无价值的东西。当然,这样说并不意味着主张以迟钝的无批判态度崇拜过去。我想要说的是,需要对某种制度的性格从各种角度进行讨论,亦即应该理解该制度与其他的社会性变化相应,发生了怎样的变化;了解假如它曾经是不合时宜的却暗含了新的发展可能性,那么它对于那些迫于寻找对抗虐政武器的人们而言,有可能带来怎样巨大的有利条件?即使是从那些看似最不可靠的材料当中,具有锐利眼光与伦理勇气的人们也能够令人惊叹地汲取这样的条件。[1]

诺曼说,回顾历史可以观察到,那些惨痛的悲剧,往往是指

---

[1] 赫伯特·诺曼:《历史随想(一)——克里俄的面孔》,《赫伯特·诺曼全集》第四卷,岩波书店,1978年,第184—185页。

导者与民众无法判断时代变化的性质与方向而导致的。哪怕是那些人格高尚之人，哪怕是全力以赴地实行某些政策之人，由于他们无法理解各种力量之间的复杂关系，他们的努力也往往只能造成与主观愿望正相反的结果。正由于此，对于历史的准确把握，关乎当下的重要抉择。无论是政治家还是普通人，在现实当中进行的大大小小的决断，无一不需要对各种力量关系的把握能力。而准确地把握历史，则是培养这种判断力和理解力的唯一途径。诺曼因此断言，不具备历史感觉，即使拥有再多的历史知识，也不能算是有教养的人。而这个世界之所以没有那么好，实在是因为有教养的人太少了。

说实话，早年阅读诺曼的时候，因为对诺曼笔下的英国中世纪历史不够熟悉，除了克里俄给我留下深刻印象之外，我对他的这组随笔并没有多少共鸣。直到我自己在思想史研究中经历了摸索、挫折与迷惘之后，我才理解了诺曼敬畏历史女神的内在含义，也理解了他如此强调历史感觉重要性的理由。再后来，当我了解到诺曼波澜起伏的一生以及英年早逝的凄怆之时，他对克里俄的阐释突然变得沉重起来。在某种意义上，作为史学家，诺曼或许只不过道出了那些卓越的历史学家的共识，即使这一共识需要在各种史料中长期沉潜之后才能获得，并非人人都可以体会，诺曼的这些论述也并非他最值得赞叹之处；然而作为加拿大外交官并在"二战"结束后开始介入远东局势的诺曼，现实遭遇却使得他为这个共识注入了深重的底色：诺曼虽然直到生命的最后一刻都是现役外交官，他却饱受由美国中情局主导的长期监视与麦卡锡主义日渐升级时的无理审查，由此招致来自各个方面特别是舆论界的怀疑与诽谤。这种难以承受的个人经验融入他生命后期写作的《克里俄的面孔》时，对历史女神的敬畏就不单纯是学院里的历史学家所讨论的历史哲学问题了。诺曼以自己的生命给我们留下的精神遗产，是拥有锐利眼光与伦理勇气的历史学家直面历史的残酷与人们教养缺失时维护人类"爱的传统"与"被忘却的自由"的惊人努力。重要的不在于他忍受了怎样的精神磨难，而在于在历史写作之中，他并未直接投射自己的愤懑与冤屈，他超越了个人的坎坷与不幸，把这些个人的遭遇转化为分析虐政的洞察力，保持了历史学家致力于创造文化财富的胸怀与奉献精神。

当我写作《思想史中的日本与中国》的时候，并没有联想到诺曼以及他的《克里俄的面孔》；在成书之后，一个偶然的契机使我又一次捧起《赫伯特·诺曼全集》第四卷，这时我才突然产生了一个感觉：本书的写作，是在向诺曼这样的历史学家致敬。

按道理说，《思想史中的日本与中国》第一部《探寻历史的"基体"》，作为对沟口雄三中国思想史研究的认识论的讨论，无论在分析对象方面还是在问题意识方面，都与诺曼没有接触点。不仅如此，与诺曼旁征博引的史料分析不同，本书作为"研究之研究"，并不以史料为直接的出发点，它的目标在于对思想史认识论的推进。只不过，与通常在抽象层面展开的认识论讨论不同，本书提出的所有认识论问题，都只能借由中国思想史研究的个别经验分析才能展开；特别是沟口的研究所提供的"形而下之理"这一思路,它既是本书的研究对象,也是本书的研究动力与研究方向。

然而有一个最根本之处,使我相信本书可以与诺曼的历史视野相契合:诺曼坚信历史学就是研究人类社会如何变化的学问,对变化的敏感与对变化的深刻洞察,都不是依靠贴标签式的粗暴方式可以取代的。更何况对历史的理解永远只能在相互矛盾的认知中逐渐深化,并不存在终极性解释。这个基本认识使诺曼对任何固定化的观念都持质疑态度。这也正是我在沟口雄三的思想史研究中读出来的历史感觉。在处理史料之时,沟口坚持"以生命为本",因为只有活生生的生命,才是历史变化的载体。这里所说的"活生生的生命",绝不是直观意义上的个体生存形态,它意味着把人类精神生活中的苦恼与犹豫、人性的不确定状态等要素转化为透视历史脉动的视角,并通过这样的视角捕捉历史脉动的波长。因此它必须在经验的层面展开,以经验的形态呈现,却无法被经验回收。在这样的视野里,观念的面貌将焕然一新:它随着历史经验的变化而不断增减自身的内涵,并随着概念之间关系的变化而调整自身在思想结构中的定位。在这样的思维空间里,任何脱离变动着的经验而自足的抽象观念都没有立足之地。

曾经使我深感困惑的,是沟口《中国前近代思想的屈折与展开》何以把李卓吾作为上论的基本线索。沟口并没有把上论写成李卓吾的传记,亦即他并未如同传记写作那样,通过李卓吾的生平经历来概述他的思想历程。他只是在李卓吾的生命过程中提取了以"不容已"为核心的若干关键性情感体验,把这些体验置于他所在的时代思想中，深入地开掘其社会史意义。他为什么要这样书写思想史？直到我自己也通读了《焚书·续焚书》之后，才终于理解，恰恰是这部著作在体例上最"不合思想史规范"的上论中，浓缩了沟口一生中国思想史研究的基本认识论。

李卓吾在明末思想家中，是最难以凭借观念加以定位的。说他代表了中国思想中早熟的现代性，或者说他是明末反封建、张扬个性的思想家，都无法获得李卓吾著述的印证。以现代的通行观念套用李卓吾，无助于理解他和他的时代；沟口尝试着从李卓吾的情感体验入手，正是为了规避这些已经固化了的观念形态。不过，李卓吾的情感体验并不是对他生存经验的直观描述，而是以生命的形态讨论"形而下之理"。似乎早在500多年之前，李卓吾就意识到了后世通行的"形而上之理"的局限，终其一生在他的时代里辨析脱离生命经验的儒学教条与鲜活的儒家思想之间的区别，艰苦地寻找可以把穿衣吃饭这种日常"伦物"本身不加舍弃地转化为思想命题的工具。这个寻找把李卓吾导向了"于伦物上识真空"的境地，也使得沟口把"不立论"作为自己一生著述的基本方式。

本书的问题意识在于，何以沟口雄三要以生命经验本身的混沌性格作为进入中国前近代社会史的基本线索？他为什么不满足于仅仅使用已经被东方化的西方理论视角，不满足于岛田虔次等思想史大家把中国思想纳入西方化的世界解释框架的努力？不能不承认，在世界史的近代图景没有给中国留出位置的历史时期，岛田虔次的中国思想史研究，代表了来自东方的抗争。但是与此同时，岛田也为后来者留下了一个未完成的课题：越是试图证明中国存在西方式的近代要素，就越是要承认这种要素是碎片式的、不完整的。在这个思路的延长线上，中国走向近代之路，也就是西化之路，必然遭遇"挫折"——这也是岛田感到困惑之处：假如用西方近代的标准难以衡量中国历史的走向，如何从混沌中提炼它内在生命的轨迹？

诺曼曾经在《克里俄的面孔》中以亚历山大王挥刀斩断"所罗门王之结"为例，提出了一个令人深思的问题：以"快刀斩乱麻"的方式简洁地破解无法突破的难题，看上去似乎很有效果，但是这样做不仅有可能回避真正的问题，而且往往会使需要解决的问题更加难以解决。

克里俄不肯轻易展露真容，不正由于历史恰恰是无法简单破解的"所罗门王之结"吗？

曾经困扰着沟口的问题，至今仍然困扰着我们，困扰着中国社会。中国历史的演进，似乎今天仍面临无法全盘西化的"挫折"。然而无论是全盘肯定还是全盘否定，都无法解释一个基本的事实：尽管付出了巨大的代价，尽管面对各种棘手的困境，今天的中国却并未因此而衰败、没落。它的内在逻辑可能并不光鲜亮丽，却绝非以赞成和反对的姿态就能够简单处理。在中国历史解释方面，如何才能得见克里俄的真容？当我们过于习惯依靠"快刀斩乱麻"的是非曲直标准进行价值判断的时候，历史是否正和我们擦肩而过？

沟口在中国从前近代走向近代的这段"所罗门王之结"面

前，显示出巨大的耐心。他把李卓吾的生命体验作为思想史的基本认识论，重建了中国历史的逻辑。不过正如李卓吾以赤裸裸的私欲为核心的"童心"并非透明无邪的纯粹之物一样，这个逻辑结构并不具有伦理学意义上的劝善惩恶功能。沟口没有用黑白两色对中国历史下判断，他的长时段历史眼光直面历史特有的混沌性格。

诺曼曾经以自己的生命呼唤"人类的爱的传统"与"被忘却的自由"，它们同样并不透明。诺曼呼唤的，是在暴力与屈辱中挣扎的灵魂。他坚信，人类拥有这样的灵魂，才能够拥有历史，而人类拥有了历史，才能把自己从只受到肉体欲求支配的动物中区别出来。

沟口则在李卓吾凄怆的一生中找到了开启中国前近代思想之门的钥匙。打开这扇大门，中国历史呈现出如同黄河之水那般并不清澈却汹涌跌宕的波澜。沟口呼唤的，是直视历史长河、把混沌作为混沌对待的心力。正是这种心力，使得沟口在"赤手空拳"地感知中国历史的脉动之时，不仅拒绝了以西方理论快刀斩乱麻的诱惑，也拒绝了美化中国历史的诱惑。沟口思想史研究的意义并不仅仅在于他对中国历史逻辑提出了结构性假说，更重要的是，他在知识感觉上提供的线索，有助于我们改变自己对于世界的认知方式。他的"作为方法的中国"给我们留下的，正是从混沌的中国历史进入混沌的世界历史的线索。如同诺曼在他的系列随笔中揭示的那样，欧洲的历史演进同样是不能被若干固化的观念回收的混沌过程。所谓把西欧相对化，难道不同样需要拒绝快刀斩乱麻和美化历史的诱惑吗?诺曼以英国的历史变迁过程为例循循善诱地告诉我们:西欧的历史同样不能依靠概念进行切割,也同样不能理想化。[1]否则,无论是研究西欧还是东亚,无论是美化还是否定,在贴标签式的历史叙述面前,克里俄都不会展示她的容颜。

直面日本,诺曼作为外国人,写出了日本史研究的名著;直面中国,沟口作为外国人,留下了中国思想史研究的宝贵遗产。从这两位国籍不同的外国史学家身上,我学习到了如何谨慎地面对历史;他们使我意识到,准确地把握异国的语言与文化,对于外国研究者而言,确实具有比本国学者更多的困难。然而比这更为困难的,却是解开历史的"所罗门王之结"。当我阅读沟口的中国思想史著作时,深刻地感受到自己作为一个中国人并无任何

---

[1] 在《克里俄的面孔》中,诺曼举出众多例子证明,任何历史上形成的事物或者观念,都是不断变动的,对它们的望文生义是反历史的。例如针对人们通常把大宪章视为英国自由概念的基础,诺曼指出不仅大宪章本身在产生后经历了一系列修改以致在实行中并未实现初衷,而且13世纪使用的"自由"概念也只是指称贵族的特权,不包含人民的自由。人们通常把法体系和议会制度视为民主主义最重要形式的看法也受到了诺曼的质疑。回顾英国中世纪以来的历史,诺曼指出,诞生时具有积极意义的制度,在历史沿革中演变为保守之物的事例不胜枚举:"我们目击到,很多人相信自己拥有最先进或最民主的原则,并把它作为依靠;然而就在他们这样想的时候,他们所依赖的制度或传统,却早就改变了它本来的性格,对将来的发展构成干扰或者正在失掉意义。"诺曼反对对英国乃至西欧历史进行抽象的观念化整理,他认为同样的概念在不同历史阶段具有不同的含义,而所有的制度都不能脱离历史语境价值化。以黑白两色对大的政治斗争进行判断是危险的,新、旧事物也不能以善、恶笼统地切割定性。参见《历史随想(一)——克里俄的面孔》,《赫伯特·诺曼全集》第四卷,岩波书店,1978年,第186页。

先天的优势，而当我阅读诺曼的时候，则痛感历史学家恪守超越个人境遇的工作伦理是如何重要。世界史中的中国，对我而言仍然是一个巨大的"所罗门王之结"。其实日本近代以来一代代东洋学与中国学巨匠留下的学术传统，又何尝不同样是需要耐心探讨的迷宫呢？沟口在这样的传统中建构了他有关中国前近代历史结构的假说，这样的传统也滋养着日本知识人的世界史眼光。本书借助于沟口的思想史视野讨论中国，也借助于沟口的中国研究理解日本。真正的世界史眼光，不可能是本国中心的，也不可能是跨国旁观的，更不可能是高高在上的。在沟口坚持的"形而下之理"中，我遭遇到思想史中的"中国"与"日本"，更感受到了思想史中的"世界"。说到底，世界并不在遥远的彼岸，它就在我们身边。

（本文为作者《思想史中的日本与中国》[上海交通大学出版社，2017年]日文版第一部《探寻历史的"基体"》的序言，中文稿载《天涯》2021年第1期）

论争的时代

在思想世界里，论争永远不可避免，然而并不是任何时代都适合于论争。只有在那些面临紧迫危机、未来并不确定的时代里，只有在人们愿意为思想献身的情况下，论争才有可能摆脱意气用事的纠缠，获得沉实的生命。

我在现代日本思想史里与"昭和史论争"相遇，它使我领悟到了这一点。

"昭和史论争"是一场不断转移的思想界大讨论。它从文学与历史学之间围绕着"如何写人"的跨学科论争发展为史学界内部"如何写史"的论争，从如何评价战后马克思主义史学的社会启蒙功能发展到对于历史学以及社会科学工作伦理的讨论；从以《昭和史》为中心的显在争论发展到并不直接关涉这本著作的历史学与政治学认识论反思——这是一场极其饱满且影响深远的思想盛宴。应该说，在那个时期以及其后为日本思想与学术界开启了新视野，奠定了学术品质的史学与政治学学者，或多或少都曾从这场论争中受益，且或多或少都对这场论争有所贡献。由此，这场论争本身，也成为日本思想史上的一个"事件"。

"昭和史论争"发生在一个朴素却饱满的时代里。那时大众文化尚未占据主导地位，技术手段也并不发达。人们主要通过报纸、杂志和书籍阅读、沟通、传递信息，作者只能用纸和笔写作。那是一个在今天的电子化时代里难以想象的封闭、有限的现实世界。然而恰恰是在这样的环境里，战后日本的思想与学术却创造了一个难以企及的高峰时期。在虚拟世界尚未成形的时代里，想象可以插上翅膀；在相对有限的阅读范围内，可以探寻人类最基本的思考命题。《昭和史》问世之初，只是一本以马克思主义基本范畴反思20世纪日本侵略战争的简史，是"昭和史论争"赋予这本小书以超过它承载限度的历史含量，使它在日本思想史上获得了一个独特的位置。

作为后来者，我在搜集、整理和阅读有关这场论争的资料时，受到了一次特别的方法论训练。首先，我面对的问题是如何确定这场论争的边界。当我按照资料的字面内容，把论争范围确定为直接加入讨论的那些文本群时，我发现可以从中提炼的有价值的问题相对而言比较有限。这场论争最初发生在文学家与历史学家之间，是一场文学与历史学的对话和争论，焦点是历史学要不要写人、如何写人。然而在这个阶段，对话是错位的，论争是没有接触点的。论争的核心人物龟井胜一郎与远山茂树，不仅思想立场不同，工作方式也不同，他们对话的逻辑彼此并不相容。

然而当文学家与历史学家纷纷加入了讨论之后，核心人物提出的那些基本的问题逐渐开始扩展、变形、转化为新的问题。历史学要不要写人、如何写人的问题，渐渐被更为基本的史学工作伦理问题所取代，我惊奇地发现：一个成功的论争，原来具有如此饱满的精神能量。

于是，我在搜集和阅读资料的过程中形成了一种结构性感觉：这是一场具有同心圆结构的论争。它的核心部分由并不具有实质性接触点的文学与历史学的对话构成，在第一个层次中，论争是错位的；但是随着更多人加入讨论和争论，第二个层次形成了。这是一些明示或暗示了自己的问题意识与《昭和史》乃至这场论争相关的论文，它们提出了更多有价值的问题，也展示了更多原理性的思路。依靠这个同心圆结构向外扩展的两个层次，《昭和史》是否需要写人的问题转化为对于历史书写的原理与理论困境等更深入的讨论，就此，这场论争在思想界发生了更广泛的影响，使得这个同心圆结构拥有了第三个层次，即与论争话题并无直接关系却在事实上为论争增加了思想含量的讨论。

在确定论争的边界与基本结构的同时，需要斟酌的另一个方法论问题，是如何处理论争这种特定的形式。与座谈类文本不同，论争特有的争执性格，使得论争各方彼此之间的呼应关系、配合关系相对薄弱，双方对问题的强调难免以偏概全。在论争的核心区域，各执一词的倾向最为明显，发难者提出的问题在另一方的回应中被植入完全不同的脉络，于是问题被引向不同的方向，也随之被改变为性质不同的问题，这几乎是所有论争都必然具有的基本特征。在多数论争中，核心区域的对峙基本上不会走出各执一词的范围，无法造成不断向外扩展的同心圆，这样的论争对于研究者而言，缺少知识与思想的魅力。然而"昭和史论争"的情况很不一样，它具有三个层次的扩展性结构，这种结构弥补了核心部分的错位和对立，把错位和对立转化为丰富的问题群。随着同心圆的不断扩大，论争特有的对立形态逐渐淡化，问题的多面性与复杂性被推上前台，原本在核心区域并没有被涉及的问题意识开始呈现，并赋予论争以新的前景。我沿着这条延展的线索在这场论争庞大的文本群中阅读与选择，从最初的不知所措到后来的依稀感知到路径，最后终于获得了论争研究特有的收获感。尽管我的选择可能仅仅是这场论争中有限的一部分，然而我却从这有限的部分中得到了在阅读著作家的个人著述时无法获得的教益。

与思想史讨论思想家个人的著述不同的是，论争研究的讨论对象是论争的问题结构。就思想家研究而言，思想家的全部著述构成一个相对自足的观念世界，他所处的时代特征、他的论敌与盟友的论述，仅仅是他的思想背景。思想家本人的思维方式、人生经验，甚至是感觉方式，在对他著述的理解中都具有重要的意义。但是在论争结构中，参与到论争各个层次的作者仅仅是问题意识的载体，他们之所以作为被研究的对象，其主要的价值取决于他们提出的问题在论争结构中所处的位置。在此，每个人作为独立个体的著述活动不再具有自足性，它必须对整个论争结构开放；而思想家们的个性差异、知识感觉等，在这里也仅仅具有附带性的价值。

在这个意义上，在研究"昭和史论争"的时候，我不得不训练自己更具有结构性想象力的工作方式。其结果，当我在看似零散、各执一词的文本中逐渐摸索出一条向纵深演进的思想路径时，当我沿着这条路径不断前行并理解由各不相同却彼此相关的思想范畴构成的概念群的动态含义时，这个经验改变了我对思想史的常识性理解。

以往，思想史的主要研究内容基本上被设定在观念史、时代思潮史、思想家研究等方面，无论就哪一个方面而言，研究者都可以把问题设定在相对自足的范围内，并对研究对象的长项与短板进行相对确定的分析。但是在论争研究中，问题并不自足，它们只能是开放的，所有论点都需要在与其他不同的乃至对立的论点发生关联之后，才能获得意义；而在这种结构关系中，尽管有价值含量方面的差异，但没有什么论点是绝对正确的，也没有什么论点是毫无意义的。问题仅仅在于，各种相互纠缠的观点，在结构关系中究竟起到了何种作用，这个整体结构有可能提炼出什么问题。

在进入这种缠绕着各种论述的结构关系的过程中，我感受到了一个时代各种不同的思想脉络彼此交错的状况。在对思想家的著作进行研读的时候自不待言，即使是考察一个时代的不同思潮时，也很少能够产生这种短兵相接的"交错"之感。只有当论争把不同的思想脉络缠绕到一起的时候，通过"交错"而迸发出来的问题意识才有可能显现它的开放性与多面性。

在"昭和史论争"中被从多个侧面讨论的历史学认识论问题,正是这样一种开放的和多面的问题群。它的复杂性在于,由它引发的关于历史客观性的讨论,关于一般与特殊、偶然与必然等在书写实践中真实存在的问题,并不是可以一劳永逸地加以"解决"的,更不会随着时间流逝而"过时"。在某种意义上,每一代历史学家都以自己的方式重提这些问题,并以自己的方式转化这些问题。

20世纪50年代,日本的知识界经历了一个价值剧烈颠覆的时期。40年代后期美国占领军推动的短暂民主化格局给日本社会带来的解放感;50年代初期朝鲜战争与美国麦卡锡主义升级造成的思想混乱,日本单边和谈的战后处理方式和对冲绳主权的背叛,日美安保条约的缔结与日本重新军备化的危险;50年代中期斯大林批判以及波兰和匈牙利事件带来的进步阵营的困惑……这一切迅速变动的国际局势,都使得知识分子无法简单地选择自己的认同。在这样的思想与知识氛围中,以历史书写的形式追究战争责任的问题显得尤其沉重。

《昭和史》的写作,正是在这样的历史格局中试图承担起这个沉重的责任。在这本小书引发的论争中,尽管它无法左右其后的论争方向,却提供了一个基本的原点:历史学该如何承担历史责任?反过来,恰恰是借助于这场充实的论争,《昭和史》才在论争特有的结构中获得了生命力。可以观察到,对《昭和史》的大部分批评都伴随着对它表现出的担当精神的肯定,不仅马克思主义史学家,而且其他政治立场的学者也对《昭和史》的努力表示了尊重。同时，这种肯定并不妨碍学理上的交锋，在这场论争中最动人的，恰恰是批评的建设性与反批评的诚恳态度。尽管远山茂树并没有真正理解和接受对《昭和史》的那些最尖锐的批评，一直在争辩中坚持自己的基本立场，但是他始终保持了恳切和谦逊的姿态。即使是论争的始作俑者龟井胜一郎，他咄咄逼人的批评也并没有造成攻击性效果，无论是他本人，还是对他的引用者，都把关注点集中在对战争责任主体的追问上，集中在如何打造日本"近代"的问题上。即使在这场论争最为错位的核心地带，交锋也是学理性的。

50年代的巨大变局，重新塑造了人们对马克思主义唯物辩证法的理解。斯大林批判并没有在日本知识界造成对马克思主义的否定，例如丸山真男后来坦言，他在写作《斯大林批判中的政治逻辑》时，尝试着以内在于马克思主义的心情对苏共的政治认识论进行反思。例如在"昭和史论争"中，被不同立场的论者共享的一个重要的理论资源，是恩格斯的《路德维希·费尔巴哈和德国古典哲学的终结》。在很大程度上，美国的麦卡锡主义肆虐，使得那些信奉美式民主政治的自由主义左派丢掉了幻想，尤其是1957年4月的"都留证词"事件[1]和紧随其后发生的诺曼自杀事

---

[1] 在20世纪50年代美国麦卡锡主义升级的时候，美国参议院设置治安小委员会，传讯共产党人和左翼进步人士提供证词。日本经济史家都留重人因为30年代曾在哈佛大学留学，接触了很多激进知识分子，在1957年接受邀请赴哈佛大学期间，被参议院治安小委员会传讯，要求其提供与多人相关的证词，其中也包括他的好友、加拿大外交官赫伯特·诺曼。都留重人在证词中刻意保护了诺曼，但因为在他出席听证会之后不久诺曼自杀，在日本传媒的报道中都留证词一度被暗示为诺曼自杀的导火索，此事曾在日本思想界引发了不小的争论。

件,一下子拉近了麦卡锡主义的威胁与日本知识界的距离。对美国的失望即使并未使自由主义者因此认同社会主义,但是在理论界,"冷战"意识形态所鼓吹的二元对立简化政治观却受到了深刻质疑。马克思主义辩证法思维方式的意义,得以在这样的时刻被重新审视。同时,借助于斯大林批判这一契机,在马克思主义历史学家内部,如何克服思维方式上的教条主义,如何在历史解释中重建对于"历史规律"和"历史必然性"的理解,这些难题也在这个时期浮出水面。不能不说,这些问题被作为问题提出,且获得了一定程度的讨论,应该归功于"昭和史论争"的发生。在特殊的历史时刻,这场论争跨越了意识形态对立,使一批优秀的学者从各自不同的学科意识出发,借助于论争形式深化了史学研究中那些兼具强烈实践性与理论性的课题。

在"昭和史论争"的同心圆结构里,上原专禄和丸山真男的功能是比较特别的。他们显然都没有意愿参与这场论争,不打算对此正面发表自己的看法,但在事实上,他们的言论却与这场论争密切相关,并使这场论争变得更加厚重。上原专禄由于编辑的策划出席了以此为话题的座谈与对谈,但是他并没有按照主持人的意图沿着历史学如何写人的思路发言。他在不同的场合坚持讨论的,是更为根本性的工作伦理问题——历史学是否需要写人并不是关键问题,关键问题是历史学并没有能力承担直接介入现实政治的责任。在这样的情况下,历史学应该承担的工作,是在世界史格局中为具体的历史事实"定位"。上原这个说法把问题拉开去,为论争打开了一个新的视野;而这个"定位"的思路,包含了他终身为之奋斗的建构世界史的基本理念，同时，也包含了他对当时日本史学界基本工作方式的质疑。通观上原参与同时代其他讨论时的发言，可以体会到，这位具有深厚德国中世史造诣的学界泰斗，在史学现实功能的问题上有极其精微深入的原理性思考，他在"昭和史论争"中提出的问题虽然没有得到其他人的呼应，却为我们留下了一些明确的线索，有助于理解和继承他的世界史视野和他在史学研究中的相对化思路。

丸山真男对这场论争没有表态，显然他不打算介入。但是几乎同时，他发表了长篇论文，对1956年发生的斯大林批判从认识论上进行了分析。在这篇论文中，丸山提出了整体化判断在进行政治分析时的不利之处，并且转化了"人"在政治学分析中的含义，对于状况分析的原理性意义进行了具体阐释。他的这些分析，对于《昭和史》的缺陷具有明显的提示功能。远山茂树在1957年写作了丸山真男的书评，他虽然并不接受丸山的认识论，但是显示了他想要对话的诚意。以这种特别的方式，丸山在事实上与这场论争发生了关联。

可以说，《昭和史》与"昭和史论争"是两个相互关联却并不重合的思想史研究对象，后者并不能够被回收到前者中去。事实上，如果把研究视角确定在论争延展的结构方面，那么可以说，当《昭和史》引出了最初的批评意见之后，它就逐渐地从讨论的中心地带退出，不再扮演主角。这当然并不影响《昭和史》本身的价值，它仅仅意味着，对《昭和史》的研究与对"昭和史论争"的研究并不能相互取代，两者的内涵并不相同。

50年代是日本思想界多舛的十年，也是日本思想史丰收的十年。活跃在这个时期的日本知识分子，以"昭和史论争"为契机，集中地提出了有关历史学工作伦理的各种基本问题。它们并不仅仅是"日本的"问题，也不仅仅是"马克思主义史学"的问题。无论是在理论上还是在实践上，这些基本问题至今仍然不曾获得圆满的解决，它们因此仍然活着，仍然使我们困惑，仍然召唤我们钻研与询问。

（本文为作者《思想史中的日本与中国》[上海交通大学出版社，2017年]日文版第二部《历史与人》的序言，中文稿载《天涯》2021年第1期）

为什么要寻找亚洲
——《寻找亚洲：创造另一种认识世界的方式》新书沙龙讲演

我非常喜欢中间美术馆。尽管这里只是一个美术馆，但是我觉得它的含量很大。我们知道，美术离现实生活的直观形式是比较远的，因为把现实直接搬上舞台或者布置在展厅里，是没法看的。它必须要变形，通过想象，创造新的形式，从而跟我们的现实生活经验建立断裂式的连接，这样观众才会觉得没白来。我喜欢这儿的氛围，我一直觉得思想史也得这么做。所谓"也得这么做"，就是说，思想史要讨论的问题其实并不是我们平时在报纸、广播、网络上看到的那些现实问题，它们也需要变形；思想史并不直接处理现实问题，不负责给现实问题开药方，但是一定要具备对现实问题的关怀，然后通过另外的方式呈现出来。

因此思想史的讨论和现实的关系也像艺术和现实的关系一样，是一个断裂式的连接关系。我寻找亚洲，其实也是在做这样一个断裂式的思考和寻找。我在上海有一个多年以前的学生，现在已经是老师了，她在网上买了这本书，两天以前，给我发了微信，写了一段她的读后感。她说："我觉得读这本书就像进了一个充满了荆棘的森林一样，里边全是扎手的、绊脚的、看上去很麻烦的一些植物。我感受到在亚洲森林里充满了各式各样没有办法简单解决的问题。"我觉得她说得非常好，就回了她一句，说我现在也还在里面挣扎。她回应说，老师我看出来了。

这是我真实的处境，也是这本书的书名想要传递给大家的讯息。亚洲在哪儿？其实我还在找，我相信我们大家都一起在找。

这本书在很大程度上是我和编辑范新先生"合作"的产物。所谓"合作"，并不是他跟我一起写，而是他把我在写作过程当中不太自觉的那些思路，通过他的选篇以及对各章排序的方式反馈给我。这样才形成今天的这本书，这个成书过程其实是我最初没有设想过的形态。这件事对我来说，是很奇妙的一次经历。这本书里的论文，有的收进过别的书里，有的发表在一些杂志上就没有再理会，实际上一直是被我自己很零散地抛在各个地方的一些文字。我追着各种问题走，或者说被各种问题追着走，写了就放下了。所以在这个意义上来说，这是我与编辑"合作"的产物。但是这个过程促使我又重新回过头来想，尽管写作的过程并没有事先设计，但是从结果上看，它初步地完成了一件事情，就是把"亚洲"视为一个需要讨论的问题，而不是既定的前提。我为什么要做这样一件事？在做这件事情的过程当中，我经历了什么样的变化？回答这个问题，是一个自我审视的机会，这倒是很有意义的。

2018年在清华大学讲座，我曾经触碰到这个问题。90年代中期的时候，我在《读书》上写过三篇关于东京大学出版会七卷本论文集《从亚洲出发思考》的书评。这三篇书评的题目是三个问号：第一篇叫《亚洲意味着什么》，第二篇叫《在历史中寻找什么》，第三篇叫《普遍性的载体是什么》。我必须老老实实地承认，书评写完，我就把它们忘了。为什么？因为这三个问题，在90年代中期对我来说，基本上是空的。这三个问题是我当时真实的感觉，是被这一套日文论文集激发出来的问题意识。但是除了感觉之外，没有什么内容，我并不具备相应的知识积累，所以它们是空的。写完书评之后，这件事情我就放下了，我没有觉得自己会沿着这三个问号继续往前走。后来我做了一些具体的经验研究，涉及不同的方面，但是走到今天回过头来一看，我却仍然还在这三个问号里面，不过这三个问号在我这儿都有内容了，它们变成了实实在在可以展开的，而且相互之间有密切关系的问题结构。但是所有这一切都不是我预先设计好了的——并不是我想好了三个题目，然后想办法搜集资料去论证它们，不是这样一个过程；也不是我在90年代中期给自己规定了，这辈子我就要做这件事儿。

那么它是怎么形成的？其实我自己也说不出来，这一点倒是我很想跟年轻朋友们共享的：不管你们将来是不是做学术研究，我觉得对人生来说，有一些基本问题可能是在我们没有准备、没有想好的时候就形成了。只要我们肯面对它，那么有一天你会发现这些问题有可能规定了你的一生。就我的经历而言，最初没有内容的这些问题走到后来有了内容，内容帮助我写出了书，发表了各种各样的说法，但是其实这些都不重要，重要的仍然是问题本身，对我来说那些问题永远是一些感觉。我把这些感觉用理论的形式，用思想史个案研究的形式，甚至用随笔的形式呈现出来，那是第二义的。

交代完这样一个前提之后，我想先回应一下刚才主持人提出来的问题。他说，从严复开始，到梁启超，再到"五四"以后的几代学人，我们中国知识分子一直在共享和传承一个最基本的问题，就是从鸦片战争开始，我们不再是世界中心了，不但不是世界中心，我们被人打得晕头转向，还不知道自己是怎么输的。这种情况下想要再次崛起，没有别的办法，只能从比我们强的对手那儿学东西。这个逻辑不光是近代以来中国的逻辑，其实也是日本和朝鲜半岛的逻辑。所以我们说"中学为体，西学为用"，日本人说"和魂洋才"，说的都是差不多的意思。但问题是，一旦在学起来之后，我们的焦虑，我们面对的各种各样的现实困境，就使得体用本末倒置了。倒置之后，"用"变成了"体"。那么"体"去了哪儿？不知道。

我相信在座从大学里来的年轻朋友们一定会有疑问：是不是用西方理论的框架，用来自西方的概念来解释我们的问题，这条路走到头了？是不是我们这样做从开始就错了？在这些问题上，我个人一直觉得要把它们讲清楚非常非常困难。困难在哪儿呢？从我开始讨论亚洲，就一直被人误解，有人说孙老师在对抗西方。我说我不是在对抗西方，我在对抗的是西方霸权和西方式霸权。西方霸权来自实体的西方，不仅来自现实里的西方政治经济势力，也来自西方文化意识形态。西方式霸权内在于我们内部，那是我们亚洲人生产出来的，属于第三世界精英借助西方强势所经营的霸权。这个霸权跟来自西方的霸权是相互配合的。我冒险说一个政治不太正确的说法，其实我们的批判知识分子在某种意义上也和西方的批判知识分子形成了这样的一个共谋关系。当然这个说法要加注解。因为西方批判知识分子在西方内部的功能是必须肯定的，在今天的全球化格局中，需要这样在西方内部破坏霸权根基的批评者。而我们内部和他们对应的西方式批判知识分子做的，也是重要的有价值的工作。可是当这样的工作形成了一种不可置疑的政治正确姿态的时候，就有产生霸权的嫌疑了。

可能有朋友有疑问了：你不是在自相矛盾吗？有价值的东西怎么能成为霸权呢？我想从这儿开始介绍一下我讨论问题的方式。我从来不在二元对立的意义上讨论问题，也基本上不在实体思维的意义上讨论问题。请大家注意，我说的是实体思维，不是实体概念。其实我是使用很多实体概念的，而且亚洲本身必须首先是一个实体概念，所以我不是后现代主义者。但是在我们破除二元对立思维的时候，首先要破除掉的是那种实体化的思维。我们说西方理论被用来解释我们自己的问题的时候似是而非，这和西方理论有没有价值是两回事。换言之，我们不能把西方"打包"，而是要在拆解之后对其进行机能性的认识。于是，和我们不能把自己的历史与社会"打包"一样，我们会发现，那个"打了包"的西方，其实是不存在的。

很多人说，现在不借助于西方理论，我们没法表述，但是借助于它，我们又感觉到了一种困境。这个问题不能到这儿为止？我们得继续追问，为什么会这样？实际上，如果我们观察一下，就会发现，从晚清开始一直到现在，好几代中国知识分子传承西方理论的方式有一个基本特征，不仅中国，整个东亚，或者大而化之地说，恐怕亚洲大部分地区都有的，就是：西方理论在进入我们语境的时候，它立刻完成了两个偷换。第一个偷换是它被高度抽象化。我们亚洲知识分子往往比西方知识分子更理论、更抽象地表述问题。如果你们写硕士论文、博士论文，里边没有抽象理论的话，也许大部分人的导师会说，你这个东西不行，没有理论高度。理论高度是什么？是一些抽象的、我们自己也未必懂的概念。抽象当然是有用的，可是这么用就用错了地方，理论不应该只是一些概念。当然西方学院里也有很多同样的简化操作，但是真正有理论素养的人，在自己语境里边使用理论的时候，用法是不一样的。理论命题帮助他们展开对经验的认知，帮助他们创造新的认识可能性，而不是把经验回收到抽象命题中去。因此在他们的论述中，一个命题会引出另一个命题，引导他们一步一步走下去，最后可能离最初的命题很远了。这个问题接下来我还会讨论。在那之前我要讲第二个偷换。第二个偷换就是，西方的理论是活的，包括抽象概念在内，都是有生命的。为什么？在它自己的语境里边，多抽象的理论都面向具体的经验性问题开放。而进入我们的语境以后，很不幸，它没法对我们的现实经验开放，我们的现实问题跟它对接不上。于是在西方的社会文化土壤里有根基的那些花朵到了我们的语境里边，就像被从土里拔出来，变成了插花，当然活不了多久。换句话说，第二个偷换就是，活的有生命的理论变成了静态的，只有一些固定观念、硬性框架的说法。于是很多经验不可能获得精准的轮廓，只能似是而非地被塞进某一个理论框架里去。我相信我们绝大部分人现在都在这个情境之中，就不需要举例子了。当然同时要强调一点，就是我们的学人中有真正的理论家，他们思考理论问题的时候，拒绝这两个偷换。因此，这些学者共有一个特点，就是他们有理论思维能力，无论使用来自哪里的理论工具，都不会被工具绑架。

这个知识状况当然并不是中国独有的，50年代战后日本的史学界也在讨论这个问题。当时日本的知识界跟我们一样，大多数人也都在套用西方的理论，不仅套用自由主义理论，也套用马克思主义理论。于是那些理论就变成了大棒。比如说我们今天讲普遍性，普遍性真是个好用的大棒，只要别人说的话，你插不上嘴，你就一棒子砸下去，说你说的虽然挺有意思，可那是个别的案例，没有普遍性，于是对方基本上就被你砸死了。在这种情况下，日本的一些知识分子是怎么反思的？我这里举历史学家的反思为例。历史学最有影响的理论来自德国，德国的史学理论是最抽象的，出了一批非常难读的大家。但是德国的史学史有自己的社会土壤，因此那些理论和社会生活不可分割。但是这个东西移植到日本之后，就变成了日本产的西方式史学。日本的史学家挪用西方史学的观念来套自己的本土经验，生产出日本的史学研究。有一位著名的史学家叫上原专禄，他说：我们就拿这样的史学去和英国、德国的史学家搞合作研究，这样的研究没有意义。

为什么呢？一边的史学研究有社会土壤，对社会经验开放，而另一边的没有社会土壤，史学游离于社会生活。这个分析直到今天还活着。日本现在有学人在重新开掘上原当年提出的这些问题，试图继承上原关于世界史的思考。上原这个分析同样适用于我们。我们自己的社会土壤到底是什么？我们虽然没有西方理论的社会土壤，但是我们不是没有社会土壤，我们的社会土壤有可能培育出什么样的植物？什么样的森林？我相信这不是一个依靠论证可以解决的问题，它首先是一个现实的政治力学关系问题。历史走到今天，这个问题不用谁来论证，它已经摆在我们面前了。

我们今天面对的一个基本的知识状况就是，开始有更多的人关心亚洲。我相信20年前如果在中间美术馆用这个主题来搞一次讨论的话，基本上没有人来。事实上大约在20年前，我写前面提到的那三篇书评的时候，韩国来过一个学者访问团，他们造访三联书店的《读书》编辑部，要求和中国学者讨论一下亚洲。《读书》当时组织了一个会，出席者都是研究西方的，主办方跟我说，现在还只有你一个人研究亚洲，这部分你谈吧。现在的情况完全不同了，现在比我更有能力解释亚洲或者亚洲某一个区域的学者多得多。不需要谁动员，这是历史的要求。

可是今天摆在我们面前的是另外一个问题。以大家今天的知识状况，能有效地讨论亚洲吗？大家不要以为我是在强调不能使用西方的分析工具，这不是问题的关键所在。西方的概念是可以用的，但是不能像我刚才讲的经过双重的偷换以后那样用。西方的概念，如果要用的话，我们先把它相对化，把它变成一个区域的、历史的、风土的产物之后，才有可能知道它通过什么样的环节、什么样的转换后，有可能被我们共享。但是今天我们中间只有少数西方理论的专家是严格按照程序这样操作的，多数人并不遵守这样的程序。所以这部分工作不但需要继续做，而且需要深入地去做。在把西方区域化的同时，我们就有可能把自己相对化。我有的时候会听到一些批评，说你老是谈亚洲不谈中国，你什么意思？你是不是想把中国给搞没了？我说你放心，中国没有那么脆弱，就算我想把它搞没它也没不了。因为除了说话和写字之外，我没有任何现实功能。实际上我要做的工作只是去掉伪问题，生产真问题，并且尽可能地让这些真问题能够生长，能够有效地帮我们分析现实里出现的各种现象，这也是为什么我们在学术研究当中拒绝直观性讨论的原因。回到刚才我说的问题上来，我们要把西方的理论相对化然后通过这样的相对化，把自己相对化。相对化的目标不是把中国搞没了，而是让中国有效地在人类历史当中找到它的位置。亚洲不会允许中国来代表，中国只是亚洲里的一部分。尽管我们知道在很大程度上，亚洲多样的民族文化内在于中国。不仅如此，樊锦诗先生曾经援引季羡林先生的话说，中国、印度、希腊、伊斯兰四大文化体系，在世界上只有一个汇聚点，就是敦煌以及新疆地区。那么，中国是不是可以等于亚洲？我觉得研究内在于中国的亚洲元素是一个真问题，很有价值，但是这种研究的意义不在于证明中国等于亚洲，而是为了更准确地理解亚洲。我在书里专门讨论过这个问题，在这里就不展开讨论了。实际上如果我们没有这个意识的话，就有可能跟美国一样掉进自我中心的陷阱。今天在网络上有很多所谓的爱国青年都在说要取代美国，说中国过去一直没有受到公正的对待，现在强大了，登上历史舞台了，要取代美国。其实这不是爱国，这是害国。就现实而言，任何一个想当中心的国家，在世界格局当中，最后一定会给自己找来很多麻烦；就学理而言，想当中心就意味着谋求霸权。中国政府有一个口号是非常重要的，如果它可以付诸实施的话，我觉得这是中国将来最有前途的发展方向，就是合作共赢。合作共赢是我以亚洲原理为契机所讨论的普遍性的一种表达方式，这是不同于既定普遍性理解的新的普遍性，它绝不是打人的棒子，只是使各种各样的特殊性之间建立平等、相互理解关系的媒介。

我试图追求的这种新的普遍性，在我们今天的学术训练里可能只会被看作经验研究的结论，或者被视为良好的愿望，很难被作为原理思考。为什么呢？因为经过了两度偷换的西方理论里潜在的西方中心论仍然左右着知识界的想象力，在这种知识氛围里，只承认一种普遍性，就是今天通行的抽象整合的同质化想象，换句话说，就是认为普遍性涵盖面大，是事物的共通属性。这个世界上不存在这样的事物，人们能够看到的事物都是特殊的，但我们却不重视特殊性。为了制造普遍性，就要对可视的特殊事物进行抽象，抽象出相对比较空洞的范畴，再把它反过来应用到各种特殊事物的解释中去。抽象的范畴通常没有具体内容，所以分析能力不够，为了增强分析能力，于是就出现了不自觉的偷换。我们今天谈到民主，大家说这是普遍价值，但实际上往往具体想象的是美式民主。民主有很多种，为什么只有美式民主是普遍的？其实理由也很简单，西方的历史就是自我中心的历史，它要求这个世界一定要有他者，但是同时要求他者一定不能有自己的逻辑，一定要在"我"这个世界的边缘存在，而且不可以取代"我"这个中心，可是他者又必须消费"我"这个中心提供的所有产品，包括物质的和精神的。这种一元性感觉构成了西方理论根基很重要的一部分，比如最典型的就是黑格尔的历史哲学。在黑格尔那里，历史的中心甚至都不可以在法国、英国，只能在德国，只能是日耳曼民族所代表的最优秀的文化。黑格尔之后，西方理论界也在不断调整。不过我们需要注意的是，这种调整主要是以解构而不是建构的方式展开的。当我们讨论亚洲原理的时候，我们无法仅仅满足于批判，我们迫切地需要生产另外一种思考、感觉、认识世界的方式。这本书的副标题也是范新给我加上去的，我很感谢他把我摸索的问题点明了。我想进一步强调，另一种认识世界的方式必须是理论性的，而不能只是经验分析。但是我不知道大家会不会把这个说法回收到我们已经熟悉的经过两度偷换之后高度简化的所谓西方理论里面去，我希望不要这样做。理论未必都必须是西方那种抽象的形式，但是理论一定要有穿透经验的能量。可以说在中国学界，除了少数真正有研究的专家之外，大部分人消费的西方理论，是山寨产品，是冒牌货。如果我们真的要应用西方理论，就要从原典开始下功夫，这样至少可以知道西方理论没那么简单，不是能够依靠几个关键词随便套的东西。

在这种情况下，亚洲可不可以有自己的理论？需要不需要有自己的理论？我的回答，两个问题都是肯定的，我们需要有自己的理论，而且必须有自己的理论。为什么？因为我们的历史风土，没有办法用西方理论来有效解释。如果按照西方的视角来观察亚洲，我们看到的永远是混乱和落后。用西方的价值标准去衡量，它也确实是混乱和落后的，但问题是世界上是不是只有西方式的标准？比如中国文化里边有一个很特殊的状态，就是老百姓喜欢自行其是，可以说中国人在社会生活方面比西方人更自由。为什么？因为中国人不像西方人那么讲究外在秩序。大概有人立刻会纠正我说，错了，中国人不自由。中国人现实中的自由只是放任和不负责任，不伴随权利与义务的区分，是政治不成熟的表现，所以不是真正的自由，而且这种一盘散沙式的自由会构成专制的基础。但是我要说，虽然中国人在很多方面确实没有西方式的自由，但是中国人也有很多西方人没有的自由。比如中国人往往按照自己心目中的标准行事，对法律法规不那么看重，这当然带来很多负面的结果，但是它也有正面的作用，比如汶川地震的时候很多人自发地赶赴灾区救援，以至于通往灾区的道路被堵塞，这种情况在西方法制社会里很难想象。

我们不妨换一种眼光来看中国社会的内在逻辑。从过去到现在，中国社会有另外一种动能在推动，这个动能用市民社会理论去解释有些隔靴搔痒，因此我们必须自己来生产与这一历史风土相适合的理论。这个理论当然可以是抽象的，但是我个人认为在目前这个阶段，可能更应该生产一些"形而下之理"。关于"形而下之理"我已经写了很多，由于时间关系就不讨论了。理论可不可以用具体的方式呈现？用经验性的一次性状态呈现？这是我目前还在挣扎着通过的一个荆棘之丛。这条路还没有走到尽头，我还要继续挣扎着往前走。假如在一次性经验里进行理论性思考，就意味着不可以使用抽象的方式，得出来的各种结论当然也不能套用，所以对于常规博士论文的写作，这种操作大概没有多少帮助。但是这种操作可以帮助我们在面对现实的时候有所发现。我希望它成为一种新的理论形态，能够有效地解释我们的历史与社会，只是某些环节还需要再进一步推进，才能够最终完成。这个过程我现在才刚刚开始。

为什么要从原理开始讨论亚洲？这个理由很简单，因为亚洲是一个在西方理论的意义上绝对不可能成立的范畴。亚洲的无法整合和它的文化多样性是亚洲论述的起点，而近代以来西方的内在化也使得它无法以自足的状态独立存在。这些特征使亚洲无论如何不可能成为西方式的论述单位。那么，假如我们要把亚洲作为论述对象的话，必须具备相应的原理性条件。也许有人会质疑说，为什么一定要把亚洲作为论述单位呢？现在不是全球化了吗？我想说的是，今天的全球化仍然是西方资本主导的，它推动的主流认知方式遮蔽了产生其他世界认识的可能性。亚洲的历史与现实，有可能打造新的认识世界的方式，问题是我们是否愿意努力去推动这个工作，即从原理性的思考做起。

另外还要补充最后一点，就是亚洲作为一个地理范畴的意义。我在讨论亚洲原理的时候，刻意地把亚洲的实体性纳入原理性讨论里来。通常亚洲在被作为符号使用的时候，其地理属性容易被忽略。我为什么要强调地理属性？我们知道，所有的地理空间都不一样。我在书里引用了美国地理学家的一些研究成果，他们发现在地理学里谋求多个对象同质性的研究，学术质量是最差的，因为它只能论述大家都知道的抽象观念；越是有质量的研究，就越是要处理特殊对象。亚洲这个范畴如果要具备主体性，一定包含历史地理学的层面,这个理由不需要论证。那么它和符号、理念、思想怎么结合?我目前找到的一个结合点是和辻哲郎的《风土》提供的一个线索,虽然还没有推进到位。"风土"既不是客观的自然环境,也不是主观的人类精神。当我们说一个地方的人文风土的时候,我们想说什么?人的个性、社会的习俗和自然的风土环境,它们是结合在一起的。比如重庆人吃辣,是因为那个地区湿气太重;但是一旦吃辣成了习惯,重庆人对饮食的判断就很难离开辣味了。这里有风土,也有人文,它们纠缠在一起。当我们这样讨论问题的时候,还不仅在于无法脱离具体语境认识问题,最大功效在于没有办法直接挪用它。这样在思想史上就有意义了。竹内好的《作为方法的亚洲》和沟口雄三的《作为方法的中国》传入中国之后,现在很多人都在使用"作为方法"的说法:"作为方法的北京""作为方法的电影""作为方法的中间美术馆"……但是一旦作为方法以后就有一个危险:如果什么都能作为方法的话,它具体的上下文就不重要了。但我们强调亚洲的地理风土时,强调的是语境的不可替换、不可挪用。只有在这种情况下,才能进入真正意义上的特殊状态,才能有所发现。今天我们看到太多的学术操作是没有风土性的,因此也没有上下文。我们说中国宋代就有现代性萌芽,而且大家越说越觉得是这么回事,可是真的进入了宋代的历史风土,只要进入历史语境,你就会发现现代性那些要素在宋代就算有,第一,它是别的东西;第二,它也不那么重要。那么什么叫面对自己的历史?我们面对的就是这样的语境,而语境一定是风土性的。

在这个意义上来说,我觉得亚洲是最好的一个对象。有人问过我，你寻找亚洲原理，为什么不寻找非洲原理？为什么不寻找拉美原理？这个问题可以从两个方面回答。一个方面是，我们不可能"全面地"论述问题，即使我寻找了非洲原理和拉美原理，还是有人会质疑说那你为什么不寻找大洋洲的太平洋群岛的原理？诸如此类的质疑可以无止境地操作下去，结果可能是消解掉所有的问题。其实我相信非洲和拉美一定也有人在讨论类似的问题，只是他们可能用别的方式讨论。另一个方面是，寻找亚洲原理只是以亚洲作为媒介，并不是用排他性的方式把亚洲与非洲和拉美对立起来。何况西亚的阿拉伯世界与北非乃至南欧一直是一个有机整体，亚洲没有严格意义上的自足性，这种情况也对我们的认识论提出了严峻的挑战。其实我谈亚洲原理并不意味着我有能力研究亚洲整个区域，作为实体性对象，亚洲涵盖的多样性远远超过了我的有限能力。但是对我来说，在我有限的了解里，可以下一个粗略的判断，就是像亚洲这么"不齐"的多样化在世界上是绝无仅有的。我们现在要找的"不齐之齐"，不是求同存异，是让"异"本身成为主体，让它能够开放。在这个意义上，亚洲是最好的媒介。这样的想法，迄今为止基本上是经验性的，而大家往往认为经验不重要。所以在原理意义上，我们难道不需要进行一次彻底的革命吗？

（本文为2019年10月在中间美术馆举行的新书沙龙上的讲演，曾收入中间美术馆编《中国作为问题》第一辑［2020年］，收入本书时略有改动）

第三辑

在历史中思考

理论和实践的辩证关系

首先我要祝贺台湾社会研究学会成立。我个人非常期待这个学会的成立，它将是一个新的起点，期待它在台湾知识界带来新的可能性。而且我也还很期待它会成为我们大陆知识界的一个榜样。

接下来我要向大家道歉，我没有来得及给大会提交发言提纲，没有提交的理由当然是因为来不及，但是真实的理由是，关于理论与实践的关系，到今天我还没有勇气、没有信心把它作为文字写出来。所以我在今天这个场合谈到的问题，事实上是我还在摸索，还在苦恼，还在困惑的一些问题。我想有一个基本的状况，已经不太需要我们再确认了，那就是今天全世界的学术都很腐败。其中一个最典型的例子就是围绕着所谓的CSSCI（中文社会科学引文索引）发生的一系列不正当操作。刚才已经有发言者谈到，台湾也被它搞得苦不堪言。

可是我们在批判这个现象的同时，可能会忽略另外一个更可怕也更重要的现实——这样的学术腐败，为什么有了这么多的批判，我们却没办法改变它，甚至有时候为了年轻人的生存不得不向它妥协？我想，这里面存在一个并非意识形态斗争可以掌控的恶性循环。这个学术腐败真正的根源在于，世界各地的学院已经变成了一个产业，而学术则变成一种商品。当这个结构形成的时候，我们仅仅靠思想、意识形态的批判，甚至是某一些比较激烈的对抗，是很难改变现有知识格局的。我觉得这是一个最基本的状况。而且，学术生产变成一种产业之后，就有了"国计民生"的问题。我们知道学院必须养活一个庞大的人群，他们必须依靠制造产品来吃饭。实际上今天所谓的"知识分子"，在很多情况下已经不再是知识分子，只不过是生产一些能够被贩卖的商品的工匠。当然，工匠并不是个贬义词，我们知道好的工匠、敬业的工匠是非常了不起的，他的产品是有灵魂的；但是，并非所有从事生产的人都能够成为这样的工匠，或者我们还需要另一个词汇，就是"匠人"。滥竽充数的匠人永远比优秀的工匠要多，这是一个不争的事实。在不同的文化里面，我们可以观察到一个很有意思的现象，就是：在工匠传统比较发达的那些国家，比如说德国和日本，它的学院里工匠的生产也非常精密，即使是那些并不优秀的匠人，也会尽可能地把知识产品打磨得比较精细。像大陆这样一个工匠传统不发达的地方，知识界的工匠产品往往是粗制滥造的。这也是一个基本的状况，于是我们的问题就来了。

这个问题就是，理论在这样一个大的环境里面，它如何被生产？我们可以看到和资本全球化的基本模式几乎完全一致的现象，就是后发国家的匠人在引进和贩卖发达国家的工匠或者匠人的产品。而且，对于那些还没有使学术变成商品的时代里的思想文化遗产，今天的处理方式也是一样的。我觉得我们可以尝试着读一下韦伯的《学术与政治》。在那两个文本里边讨论的问题，和我们今天学术工匠化的解读之间存在着多大的差距，这个差距恐怕都不太需要分析就可以看得出来。理论在韦伯那里具有很强的内在张力，但是到了匠人式阅读的阶段，它的形骸还在，内在张力却消失了。

于是我们看到的一个现象是工匠化的理论生产，把本来是精神产品而不是商业产品的知识文化遗产，重新打造成可以贩卖的商品，并在此基础上继续生产可供消费的知识产品。今天的大众传媒力量非常强大，它在学院这个需要"沉下去"的领域里制造明星和粉丝。学术能不能被广泛消费，变成了一个潜在的衡量标准。学界有一些很丑恶的行为，背后的逻辑就是这个商业化逻辑。比如所谓"引用率"在学术评价体系中的重要性，使得很多人用相互引用的方式证明自己的产品被消费，从而获得物质上的利益。在这样的情况下，我们甚至不太能有效地判断什么样的知识生产方式可以保住自己的底线，如何生产理论也已经不是一个有着自明前提的问题了。

因此，在这种状况下，最容易发生的一个反动，就是对抗它。对抗什么呢？是对抗生产和消费理论的环境，还是对抗理论本身？很遗憾的是，关于这个问题学界基本没有达成共识，没有为了共识而进行建设性的争论。结果，理论本身与理论所处的知识环境就被混为一谈了。理论本身的正当性和必要性在强烈的危机意识中被搁置乃至消解，人们觉得突破这种知识状况的最好方式就是呼吁实践。学院必须要向现实开放，开放需要媒介，最主要的媒介就是社会实践。可是，问题又来了，是不是一旦投身到现实当中去，我们这些学院的知识分子就有可能真的找到一种途径，使知识可以回复到有生命有张力的状态呢？

我在北京曾经和从事实践的学者有过一些与此相关的对话。他们当中有人是做社会学的，做很多的田野调查。我的一位朋友跟我讲，你们这些不参与实践的人有责任给我们提供处理资料的工具。我们搞了大量的访谈数据，但是这种访谈越搞越觉得搞不完，因为有无数可以访谈的人我们都还没有去做。于是我们不知道到什么时候能够停下来处理这些访谈资料，而且也不知道要用什么方式去处理。这样，我们就只好不停地访谈下去，把资料留给下一代去处理。

这是一些社会学学者的疑惑。还有一些不在学院工作的朋友，做NGO（非政府组织）的，或者是志愿者，他们有时候来找我说，我们做了一些实际的工作之后有一个最大的困惑，就是我们不知道下一步要往哪儿走，你们这些学院知识分子有责任跟我们讨论这样的问题。

我觉得这类情况背后，暗含了一个很古老的问题。阿多诺讲过一句话，他说实践是一个理论命题，这句话道出了关键的玄机。没有理论想象力的实践是盲目的，所以在这个意义上来说，我们也许该重新思考一下，是否可以直观地把理论跟实践分开并且对立起来。我想说的是，把理论跟实践区分开来并且用后者去纠正前者的局限，或者用前者去推进后者的深入，这个操作并不能在直观层面上进行。不能理解为这是两个实体性领域之间的互助。我们常常听到对某位学者的定位，说他是搞理论的，或者说某位学者是"实践派"。我觉得这样的分类法需要加上许多注解才是有意义的，否则，就只不过是一种逃避的托词。我个人认为理论和实践的关系是辩证的关系，而不是一个简单的二元对立，或者是相互配合的关系，它们必须是一体的，不能截然分开。因为一个没有实践视野的理论工作者，他的理论可能是没有生命力的；而一个只有实践却没有理论洞察力的实践者，他的实践会是盲目的，而且会失去方向。

接下来的一个问题是，在一个这样的状况里面，我们怎么生产理论，怎么去进行实践？我个人没有参与具体的社会运动。虽然我自觉地和做社会运动的朋友尽可能地保持比较密切的联系，但是我真正的用意是希望推动学院里面的运动，或者说我希望在学院里通过实践视野去找回理论鲜活的生命，让理论从作为商品被消费的状况里面解脱出来。

前些年，我曾经做过一个很初步的实验。我和一些年轻学人一起阅读几本西方理论的经典著作，在仔细地阅读了文本之后，我建议大家把所有文本里面的结论全部忘掉，甚至也不依靠它所提供的关键词，看看我们还能剩下什么。这个做法当然仅仅是一个实验，我并没有把它作为可以推广的方式在这里进行宣传的意思。我只是希望指出一个往往被人们忽略的问题：今天在学院里，理论被理解为西方理论的结论或者是立场，所以假如想要在理论上有所创新，只要发明一些新概念好像就可以了。而这样的一种思维方式不仅仅在学院匠人的群体里面不断再生产，而且我认为相当一部分批判知识分子，甚至是实践知识分子也在复制这个模式。当我们要使用理论的时候，我们期待的往往是一个能够提供安全感的前提或者是到达点。如果把这个前提和到达点去掉，我们将要面对一个非常危险的状况——就是我们必须赤手空拳地面对远远复杂于理论、复杂于实践的现实。所以，我曾经跟北京的年轻朋友们尝试进行这样一个实验，想要看看理论究竟可以给我们什么。这个尝试非常艰难。可是做了这个实验之后，我们得到一个很大的收获，发现不管是东方的理论，还是西方的理论，学院里面理论生产中的经典，它的灵魂其实是非常纠结不清的，没办法用逻辑简单地穷尽。换句话说，今天我们对理论的理解，实际上理解的仅仅只是理论的表层含义，甚至仅仅是它作为观念的结论。理论虽然抽象，但是其实它们在诞生与传承的时候，都有非常具体的针对性，有它们得以产生的土壤。去掉这些因素，单纯地将其作为概念来抽象地理解，理论不但变得似是而非，而且往往因此失掉了生命力。

我需要补充说明一个问题，就是我并不反对在理论学习中掌握理论的观念。但是如何把握观念，却是一个需要仔细斟酌的问题。比较常见的情况是，很多人把关键的概念抽象地塞进自己的知识库存中去，并不顾及这些观念都有自己的特定脉络和特定状况；然后，在需要的时候，就会把它直接用于解释一些貌似相关的材料，并且也不顾及那些材料自身的语境。我们对于普遍性的理解，往往就是这样脱离状况的一般性抽象，而这种理解常常诱使我们把自己面对的状况作为材料生硬地塞到流行的理论框架中去。其实任何抽象都是从具体的状况中生发出来的，抽象概念应用到其他状况中去的时候，必须经过一个理论思维的转换，转换的结果，往往使得概念的内涵发生变化，我愿意说这是一个理论概念再生的过程。但是我们今天所谓的理论感觉是相当直观的，几乎不存在这样的转换与再生的过程，我们可以观察到大量套用理论结论的现象，它的问题就在于缺乏理论思维的洞察力。

　　同样，没有洞察力的实践是盲目的实践。我们知道现实的状况千变万化，任何实践者都不可能先知先觉。而且，实践最大的特征在于，实践者要受到不同力学关系的制约。这就是说，你不可能单纯按照自己的想法去推动实际的操作，你的合作者，相关的各种社会关系，甚至你的敌对者，都会按照自己的主体意志影响你的实践结果，而更大的制约力，就是社会的、集团的、国家的等等个体无法掌控的力量。这一切都决定了，实践者不可能依靠直观的判断去行动，他要具备对不可视的各种要素进行综合把握的洞察力，而且要具备随着状况变化不断进行调整的整体方向感。毫无疑问，这就是一种理论思维的能力。

就是在这一意义上，我们可以说，理论和实践是必须互相结合在一起的。

那么接下来的一个问题是，理论和实践，如果我们说它们是结合的，那么会有一个怎样的结合？这个结合不是一种简单的互相套用的话，它们的关系是怎样的呢？我觉得这是理论和实践辩证的另一个层面：事实上理论和实践还是必须要在机能上分开。因为它们各自有不同的工作目标，但是这个分离必须经由一个媒介才能完成，这个媒介就是现实。

在今天的学院工匠化的理论生产里面，现实多数是被伪造的，而且在很多情况下，甚至连这个伪造的程序都不需要。可是当理论真的面对现实开放的时候，那么它会面对一个非常大的困境：这就是理论永远要小于现实。因为现实里包含的相互冲突、互相纠结，没办法扯得清的那些部分，一定会被理论生产在提炼问题的时候遗漏在问题之外。那么这样的理论，对于参与现实的实践者来说，它不可能具有直接的指导功能，这个状况是理论的宿命，所以歌德才说理论是灰色的。我宁愿认为，理论对实践的指导功能在于它提供一种理论的想象力。换句话说，当实践者进入一个实践过程的时候，如果他没有理论想象力，就很难判断他眼前看到的那个直观表象的真实结构是什么？它发展的可能性是什么？他自己如何才能够通过实践取得最有效的结果，把现实的变化尽量地推向他所期待的方向？

对于实践者来说，在面对现实时候，他的任务不仅仅在于他要有想象力，或者他的目标并不在于想象力。实践者的目标在于他要真实地介入现实并且取得尽可能接近自己想要获得的那种结果，因此他需要直接介入现实。而当理论面对现实开放的时候，它的介入方式是间接的、断裂的，不会直接与现实关联。我们常说理论不能就事论事，道理就在这里。

可是有一个宿命，对于实践来说和理论是一样的，就是实践也远远地小于现实。这个小于现实的原因跟理论小于现实的原因是不一样的。就是说，现实永远包含了无数个实践者的参与。因此任何一方面的实践者想去涵盖现实，想去左右现实，那都几乎是不可能的。不要说我们这些知识分子，就是最有权力、最能够动用各种有效力量的当权者，他的实践也小于现实。因此对于这样的一个现实，我们作为不可能去完全左右它的实践者，要怎样有效地介入？如何通过自己的介入，使现实尽可能朝自己希望的那个方向发展，让今天还不可能的事情在明天或者后天变得可能？我想这是实践者在面对大于自己的现实时的一个具体课题，而要完成这样一个课题就需要实践者的理论想象力。

今天在学院的学术环境里面，理论出现了状况，实践出现了危机。其实后面还隐藏了一个更深层的问题，就是我们的现实观也必须要重新被检讨。我们今天讨论的现实在很大程度上依赖于我们的情报源，它在很大程度上来自传媒。这也是一个最基本的宿命，即无论我们如何参与现实，任何一个个体在今天这样的世界上能够直接接触到的现实都是非常有限的。传媒给我们的现实当然是第二手的，但是问题不在于信息来自第一手还是第二手，而在于它经过了怎样的筛选和预处理。我们不需要证明就可以理解，今天的传媒给我们提供的信息是"丰饶而贫瘠"的。我们每天可以接触到各种貌似新鲜的事件，但是海量的信息却是从很有限的一些认知模板中被压制成型的。时间久了，太阳之下无新事，旧瓶装新酒，都是一个味道。而且传媒的一个强大逻辑就是：它要不断地物化被它打磨成型后的既定事实，把它装扮成唯一的现实，从而遮蔽现实的流动性和可塑性。这种逻辑并不是传媒独有的，到目前为止，占主流的知识生产基本上也是这么理解现实的。甚至很不幸的是，包括批判理论的生产在某种程度上，也和这样的一种传媒逻辑有共谋的关系。如果说批判理论的生产，它是在反对传媒逻辑的意义上被生产的话，那么事实上这种反对基本上是无效的，它的现实观也受制于这样一个所谓"既定现实"的逻辑。

如何才能够拥有真正富有弹性的现实观，能够面对复杂的、我们无法左右的现实状况，这可能是今后理论工作者和实践工作者的共同课题。尽管在今天的学院学术里面进行这样的理论生产，思考空间是非常小的，但是我觉得至少在这里有了这样一个台湾社会研究学会，还有众多的朋友；今天还有大陆的朋友来参与这里的讨论，我觉得这个空间只能靠我们一点一点努力，一点一点打造。我说了上面这些话，只是希望提示一个问题：哪怕我们身在实践中，哪怕我们致力于打造新的、有生命力的理论，我们事实上仍然生存在一个知识产业化、知识商品化的学院环境里面，并不能说批判的立场能够保证我们不和这个环境共谋。所以尽管我这样说好像有一点残酷，但是这也是我随时自戒的最根本的方式——就是说，我们事实上没有任何道德优先权，也没有任何保险，我们随时可能被那样一个大的知识生产的产业所收编。因此如何保证，或者是如何坚持在自己和这个产业之间保持一个距离，我觉得这可能是我们目前面对的理论生产和实践的一个最根本的课题。在这样的问题上，理论和实践是同一的。

（本文初稿为2010年在台北世新大学举办的"返景入深林：理论与实践研讨会暨台湾社会研究学会成立大会"上的发言。发言整理稿曾经发表于《台湾社会研究季刊》2010年12月第80期，本文在此基础上又进行了一些补充修改）

哲学的日常性

第一次去日本的时候，是20世纪80年代末。有位日本友人送了一本书给我，书名《竹内好：一种方法的传记》。作者是鹤见俊辅。

那个时候我对日本很无知，对日本现代思想也不得其门而入。滞留期间，我借阅了竹内好的著作，总觉得是隔雾看花。鹤见的这本竹内好传给我提供了一些线索，但自己的程度有限，看得到字面，看不透纸背。当然，对鹤见这位特立独行的作者，也没有产生更多的关注。

与思想人物遭遇，需要契机。

后来，我经历了各种挫折，在精神上慢慢成长起来，不期然的契机促使我接近了鹤见俊辅。记得大概是20世纪90年代末期，我在日本做博士论文，整天泡在图书馆里翻阅战后日本的大小杂志。有一天读到一篇发表于1957年的论文《自由主义者的试金石》，作者是鹤见俊辅。这篇论文说的是美国的麦卡锡主义如何迫害进步知识分子的事情，处理了当时轰动一时的日本教授都留重人出席参议院听证会的事件，尖锐地分析了日本传媒在报道此事时暴露的问题，对当事人都留重人，进行了分寸得当却不失严厉的分析，并从中提炼出自由主义者如何在现实政治中选择盟友，实用主义与逻辑实证主义的学理在现实中面临何种陷阱等问题。

这篇论文给我留下深刻印象，可能与当时中国的思想状况有关。那时正值"左派"与自由派论战之际，我一直无法理解自由主义为什么会被简化成一些符号，并且捆绑在美国的战车上。在种种困惑中，鹤见的论文帮我打开了眼界，我才体会到，需要撇开皮相的对立，审视历史过程中活的思想。

鹤见讨论了麦卡锡主义在现实中的运作机制，用具体事例指出，美国具有一种奇特的性质：它是民主主义的，同时也是法西斯主义的。记得我读到这段话的时候，感觉受到很大的冲击。通常我们习惯于把民主和法西斯对立起来，并且把这种对立绝对化；然而这种民主与法西斯共存的特征，却一直是美国社会的基本结构，由于"冷战"意识形态的干扰，特别是"冷战"结构解体之后"冷战"意识形态的单极化趋势，使得这个基本事实竟然很少被思想界讨论。美国政治与社会生活的某些侧面被孤立起来神圣化，甚至变成了判断事物的潜在标准。直到2020年新冠病毒在全球肆虐，美国政府撕下各种伪装，露出霸道真相，鹤见这个发表于大半个世纪之前的断言才真的有可能进入我们的感知系统：我们今天终于有可能理解，民主主义并不必然通向公理，它需要配合多种要素，才有可能转化为正面价值，并且需要在历史过程中不断重新打造，否则，它将会名存实亡；民主的抽象化与直接价值化，往往会遮蔽它有可能成为法西斯主义帮凶的基本事实。

鹤见的这篇论文在60年代被日本知识界评选为"创造了战后日本的代表性论文"之一，可见它在当时的影响力。鹤见说自己是自由主义者，说自己是实用主义者和逻辑实证主义者。他从这样的政治与学理的立场出发，在麦卡锡主义旋风席卷美国并波及世界的时刻，指出了一个耐人寻味的事实：自由主义不可能找到直接对应的现实政治形态，所以自由主义者既可以与资本主义结盟，也可以与社会主义结盟；在不同的社会背景下，自由主义受到的压力不同。例如在资本主义社会中与共产党人结盟的自由主义者，需要照顾到处于比自己更不利状况中的盟友，不能只是独善其身。麦卡锡主义时期的美国，就把这个考验推到了自由主义者面前。鹤见说，在他分析的个案中，可以观察到自由主义与实用主义以及逻辑实证主义在现实政治中所面临的陷阱——这些在学理的世界中试图面对现实中最棘手问题的思想流派，在遭遇到麦卡锡主义操纵的流氓政治时，却没有施展拳脚的余地。鹤见深感作为真正的自由主义者，需要对这些问题进行反思。

我读完了这篇论文之后一直有一个冲动，就是把它介绍给中国的读者，但是却一直无法完成这个工作。毕竟这篇论文背后有一块难啃的硬骨头，那就是鹤见在少年和青年时代所受到的实用主义和逻辑实证主义训练。而我对这个很"硬核"的部分实在缺少知识准备,对这篇论文中那些省略了来龙去脉的断语只能望洋兴叹。于是这事情就一直搁置到了今年,直到新冠肺炎疫情给了我更充裕的时间,我才得以阅读鹤见对他早年求学的回忆以及他对美国哲学的介绍和讨论,并完成了三联中读的音频课程"思想巨变中的日本"。这个课程虽然介绍了六位思想家并且从不同角度讨论了战后日本的思想课题,但其实灵感就来源于鹤见的这篇论文,可以说,它是这个长达36节的课程的核心。以这样的形式把鹤见介绍给中文读者,虽然说不上深入,但也算是初步了却一桩心事。

在完成了博士论文《竹内好的悖论》并且出版了日文版之后,我不期然有幸遇到了鹤见俊辅本尊。记得那是21世纪最初十年里的某一天,在一个关于竹内好的学术研讨会上,鹤见先生出席并做了报告。那真是一次非常难忘的经历。鹤见在报告中谈及竹内好在1943年初发表的那篇政治不正确的《大东亚战争与吾等的决意》,这样解释道:竹内好是个自毁之人,他也试图通过支持日本国家继续推进战争,让日本国家走向溃灭,这个期待是包含在他的目标设定之中的。要是换个通俗易懂的说法,鹤见想说的是:竹内好有自杀倾向,所以他希望日本国家也自杀。

记得当时我很难接受这个新鲜的说法。竹内好对生死的看法固然与鲁迅有相通之处,即他从年轻的时候就学会了"向死而生",然而说他有自杀倾向,总觉得有些夸张。直到又过了很久,我从鹤见本人的著述中看到他谈到自己从小就有抑郁症,总是计划自杀,甚至说他一辈子都考虑自杀,并且无法理解怎么有人一辈子都没有过自杀念头的时候,才意识到他对竹内好这篇宣言的解释里包含了一些他的自我投射。不过,与鹤见并没有被抑郁症压垮这个基本事实相关,他对这种精神疾患的体验并没有在医学意义上以及他个人经历中了结,在鹤见一生不时提起自杀的方式中可以清楚地观察到,它已经被转化为更为深广的文化要素了。在鹤见所经历的剧烈变动的时代里,与其说这些要素是象征性的,不如说它们是哲学性的。

鹤见俊辅是一位接受过严格训练的哲学家。他留学哈佛的时候,正是实用主义哲学的巅峰时代,哈佛大学作为实用主义哲学的发祥地,这时聚集了一批优秀的哲学家,而受到纳粹法西斯的迫害逃亡到美国的维也纳学派逻辑实证主义哲学家们,又进一步充实了这个阵容。鹤见在刚刚进入大学的时期就有幸直接跟随大师学习,在大师云集的环境里养成自己的思考习惯,这是至关重要的。但是这还不是唯一的条件。鹤见从小养成的离经叛道的习惯,帮他把从大师那里获得的训练转化成自己的精神营养。

鹤见从哲学大师那里获得的,并不仅仅是一些概念和推论。他以自己独特的敏锐,发现了在实用主义哲学与逻辑实证主义背后所隐藏的对于现实的巨大关切。产生于对南北战争反思的实用主义,在德国纳粹的迫害之下流亡到美国的逻辑实证主义,它们都把思考的根基设定在战争之下的"日常",都把对于形而上问题的思索与人的现实行为结合起来考虑。鹤见俊辅引用实用主义哲学家的话说:"八卦"和哲学是从同一个日常生活的素材中产生的，它们之间的不同只在于，处理相同的素材时视野的深浅程度不同。对日常生活的哲学性关注，让鹤见并不回避泛滥成灾的"八卦"，他的著述，往往从"八卦"中打捞出日常生活的素材，把它转化为哲学。

正是在这样的"日常"当中，与竹内好同样经历了日本对外侵略战争的鹤见俊辅，思考着"自杀"的含义。它已经超过了个人结束自己生命的范畴，成为一种文化选择的可能性。我由此联想到竹内好在日本战败时的心理状态：他希望日本不接受战败，于是导致美军登陆日本，在日本内部产生主战派和主和派，政权分裂，人口减半，军队失去统帅，革命席卷全国。竹内好憧憬着通过这种"自杀式"的革命重新缔造新的日本，以此为契机实现共和制。这位连骑马行军、搬运器材都无法完成的不合格士兵，居然幻想着自己将要参加哪一部分的游击队才能参与这个历史大任。沿着竹内好的这个思路回溯他在太平洋战争爆发之后的兴奋，我意识到鹤见俊辅的"竹内好日本自杀论"并非空穴来风：日本自杀，其实就是彻底地进行推翻天皇制的革命。

还是在那次竹内好研讨会上，我亲身体验到了鹤见俊辅为人的大度。那时候我刚刚出版了《竹内好的悖论》，里面不经意地提到了鹤见，甚至对他略有微词。在近年来对鹤见逐步加深了理解之后，我渐渐感觉到自己早年对鹤见的判断是皮相的、不准确的。不过在那次会议休息的时候，我还没有来得及意识到这些。我跟鹤见打招呼并且自我介绍，不想他劈头拿出了我的这本书，里面还夹了大大小小的标签。看来老先生是细读了这本书，我大感意外，不禁有些汗颜。但是鹤见似乎并不介意我对他的评价，他甚至还在发言的时候拿出这本书引用了几段。后来又过了几年，我们还做过一次关于竹内好的对谈，在讨论相关问题的时候，他也对我在书中提出的论点做出自己的回应。鹤见这种坦荡的态度给我留下深刻的印象。这是一位学界前辈对后进的宽容，不过它的意义还不止于人格的宽厚，这是一种重要的思想品质，让我对他一路走过来的那个时代的思想有了更深刻的理解。

在鹤见俊辅那一代经历过战争的知识分子里，这种不计较他人对自己评价的大度，保证了他们在论战时有能力通过激烈交锋保持问题的思想含量，而不会陷入个人恩怨。与鹤见一样，竹内好也具有这样的品质。或许正因为如此，他们才能犀利而有说服力地对同时代思想状况进行批评乃至发起论战，却并没有因此影响思想界的文化生态。

鹤见在《自由主义的试金石》里中肯地批评了都留重人，他的批评也是很"实用主义"的。实用主义开创了"人需要在错误中成长"的视野，不信任未经质疑的完美主义，鹤见把这种认识论称之为"错误主义"。他对都留在听证会前后所做的错误判断进行分析，特别是指出了都留并没有在作证时如同他保护自由主义者诺曼那样保护美国共产党员，这些批评是切中肯綮的。同时，鹤见强调说，自己对都留的批评有一个前提，那就是都留所犯的错误，自己也有可能会犯。当时日本传媒对都留出席听证会进行了铺天盖地的指责，鹤见认为批评者让自己立于道德高位，对被批评者进行居高临下的审判，这是不可容忍的。但是鹤见并没有因此无条件地替都留辩护，也没有避重就轻地简化都留的错误。相反，通过都留的这个错误，鹤见找到了反省自由主义的契机。正因为他与都留是多年的朋友，这种坦荡的批评姿态赢得了学界的尊重，更赢得了都留本人的认可。几年之后，当鹤见主导的《思想的科学》遇到危机的时候，正是都留重人首先出手援助。

说起来，鹤见俊辅与竹内好似乎属于比较相近的类型，他们一生都没有建立自己的"学派"，都拒绝"追随者"，都不适应大学这种学术体制，以至于竹内好在安保运动中一劳永逸地辞职，鹤见则以同样的抗议姿态先后从东京工业大学和同志社大学辞职。

与鹤见在大学里的不适应相对，他在体制外却发挥着巨大的能量。从50年代创办《思想的科学》研究会，组织"转向研究"这一大型的合作项目，到60年代安保运动时参与"无声之声会"，再到支持反对越战的组织"越平联"的活动，以及保护反战的美国越战逃兵，还有今天中国人都有所耳闻的"九条之会"，鹤见俊辅都是关键人物。他的低调，他的坚持，他的包容与亲和力，使他获得了广泛的信任。

说实话，对我而言，鹤见俊辅至今也不是一位容易把握的思想人物。这当然首先是因为我缺少相应的实用主义与逻辑实证主义哲学修养，对鹤见的行为逻辑无法进行深层解读；但是更重要的是，鹤见是不按常规出牌的哲学家，所以他对美国哲学以及哲学这个学科领域的理解不同于学院派的一般理解，他更关注那些通常被学者们一笔带过的要素。

鹤见的一个关键词是"日常"。有一段小小的逸事，说明了他使用这个词汇进行思想生产的方式在日本思想界的影响。60年代，他的一本文集结集出版的时候，曾就书名的设定征求丸山真男的意见。鹤见自己想定的书名是《日本思想的可能性》，丸山觉得不好，建议他改为《日常性思想的可能性》，并且说：日常性思想这个范畴，还是我从你那里学到的啊！

我曾经在2011年秋季赴京都大学讲学，寄宿的京大国际会馆离鹤见宅邸不远。抵达之后我给鹤见先生发出了明信片，希望能够在逗留期间见到他。鹤见回了一张很亲切的明信片，说他正在找一家合适的餐馆。几年前我曾经在东京与老先生共进午餐，他居然还记得我当时随口说的"不喜欢日本的中华料理"，在明信片里特意注明他不会选择中华料理店。但是，不想他几乎立刻就病倒入院，我再也没有机会见到这位可亲可敬的前辈了。

鹤见重视日常，并不能简单地等同于注重生活，这是一种哲学态度。他在大学期间倾注了大量精力攻读实用主义创始人皮尔士的著作，并且受到了很深刻的影响。皮尔士从小受到数学家父亲的特殊训练，不仅掌握了众多自然科学领域的知识，更在感觉上受到了精细的培养。他被训练识别声音、颜色、气味、滋味等感官产物的细微差别，据说他可以准确地辨别香水的气味，也长于品酒。这种对微妙事物的感知能力，在皮尔士转向哲学思考之时起到了巨大的作用。他注重哲学假说与现实事物之间通过"试验"建立关系的必要性，他追问信仰不被质疑的暧昧粗杂状态，并且坚决摒弃绝对化的终极价值,这些努力与他敏锐的感受力都有直接关系。用鹤见的话说:自古以来几百亿的人各自从生活中体验着自我的经验、物的经验、实在的经验,要想从这些已经被磨平了棱角的经验中提取出新的真理,没有超乎常人的感觉怎么能行呢?所以鹤见认为,哲学教育一直试图脱离对感觉的锤炼,这是个错误。

鹤见先生曾经送给我几本他的书,其中有一本是作家黑川创主导的系列访谈,书名为《偶然地出生到这个世界上》。话题的重点是鹤见俊辅在1950年出版的《美国哲学》。这本书由世界评论社初版时只印了2000本,而且其后不久出版社就倒闭了,鹤见没有得到稿酬,只得到一些书。但是在其后的50年里,这本书被不同的出版社不断再版,在黑川组织访谈鹤见的2006年,这本书已经卖出了55000—56000册了。在日本战后为数众多的美国哲学研究里,这本《美国哲学》独树一帜,它从几位实用主义哲学家的人生谈起,简洁却深入地介绍了实用主义的主要观点以及结构,特别是结合实用主义哲学的认识论特征,切近现实地讨论了它在改变思维方式上的可能性。鹤见在这本并不厚的著作里树立了一个榜样,那就是把人与思想结合起来认识,从具体状况出发,挖掘出俗语的哲学性——这是个相当困难的课题。黑川以这本书作为话题,组织了由不同领域的知识人和文化人参与的访谈,堪称独具慧眼。在前后四次的访谈中,黑川统领全局,不断以提问的方式整理问题,他扎实的学风与广泛的兴趣都给我留下了很深的印象。

现在，中文世界又得到了黑川创多年在鹤见身边工作之后倾情书写的鹤见俊辅传记。这是一本不可多得的作品，对理解鹤见的精神世界有着重要的意义。鹤见的一生，特别是他战后在日本思想界的经历，有了这部传记，才能够看得清楚。作者黑川创有着文学创作经验和理论工作能力，加上他对传主的熟悉，在理解鹤见俊辅精神世界的时候，是一位不可多得的合适人选。由于黑川也是鹤见创办的《思想的科学》研究会的成员，这个研究会以及杂志《思想的科学》的一波三折，在这部传记里得到了相当充分的介绍，这是十分珍贵的史料线索。我阅读了这部传记，获得了不小的收获，从思想史的视角来阅读，可以设身处地地体验这本书所提供的关于战后日本社会知识活动的很多具体状况，这些状况令人信服地揭示了鹤见之为鹤见的秘密——他属于一个剧烈转变的时代，他给我们提供了进入那个时代的一把特定的钥匙。我相信，即使是不研究日本，甚至是不从事学术文化事业的读者，也可以从黑川的这部著作中获益。

（本文为黑川创著《鹤见俊辅传》中文版序，原载《读书》2021年第1期）

加藤周一的"局外人精神"

说来惭愧,我对加藤周一这位独特的战后日本知识分子一直缺少兴趣。最早接触到的是他的"交杂文化"论,没有让我找到感觉,后来读了他的《日本文学史序说》,也没有太多心得。于是我便没有动力再去找加藤的其他著述阅读,他在我的知识库存里,轮廓一直是模糊的、片断的。

2019年我接到立命馆大学加藤周一研究中心的邀请,要在加藤周一生辰百年的纪念研讨会上做一个演讲。我整理了一下手头资料,打算好歹完成这个"命题作文"。

我几乎没有对日本文学做过正面讨论,说是整理手头资料,也不过是在日本思想史大家的文集和对谈中寻找加藤的踪迹而已——日本战后盛行对谈,我手头几位思想人物的对谈录里加藤都有出场,竹内好还在自己的评论中专门讨论过加藤;此外,我还有一本他在丸山真男的支持下担纲主编的《翻译的思想》,以及一本他与丸山真男关于这本书的对谈录。在书架上搜寻了一阵之后，我惊奇地发现，加藤其实一直隐身于我的书架，只不过我的兴趣一直在思想史领域，所以竟然熟视无睹地任凭他在书架上沉睡。因为没有时间与精力从全面搜集资料做起，我决定就在自家有限的资料范围内做一点文章。并非加藤研究专家的我，明智地确定了一个我力所能及的题目：对谈中的加藤周一。我给自己留了条后路：万一我实在走不下去，至少与加藤对谈的人物会援手救我，对于他们，我倒是下过一些功夫——竹内好、丸山真男、上原专禄、久野收……

对谈是个好形式。它不同于论文，话题不必完全沿着逻辑线索展开；对谈人相互配合或唇枪舌剑的时候，一来一往，有如戏剧上演。日本的五六十年代是对谈的黄金时代，几乎没有哪个名家没有做过对谈。我基本上是以观剧的心情阅读那些精彩的对谈，对谈者在我眼前鲜活起来，举手投足，都有味道。

一连串的文本读下来，我发现加藤是个非常高超的对谈者，难怪他出版了5本对谈录。他知识很渊博，可以分寸得当地与同时代那些重要的思想人物和学界泰斗对话，并在起承转合间适度地引发新的问题；他喜欢辩论，所以并不随意附和对方看法；当他试图坚持己见时，会百折不挠地从各个角度推进问题，直到对方表示认同为止。但是比起这些对谈技巧来，更重要的是，他似乎被五六十年代的日本知识界作为西欧文化的权威阐释者，对谈里他被派定的角色，主要是援引西欧的文学艺术实例以及欧洲生活经验来推进问题。甚至对欧洲学术思想精髓有深刻造诣的上原专禄、丸山真男，也同样在对谈中为他确定了这个定位。按说战后赴西欧特别是赴法国留学的日本学人为数众多，加藤却似乎在其中独领风骚。这是为什么？

我从书架上取出《翻译的思想》，试图在其中找到答案。这是岩波书店大型资料丛书《日本近代思想大系》中的一本，收录了明治时期从欧美翻译过来的政治、法律、文化各个领域的代表性文本的全文或节选，并收录了部分明治译者关于翻译的心得和意见，以及关于翻译的争论。译文不仅配有原文、细致的注释，而且还有对所选译文的研究性解说，特别是出自加藤手笔的长篇导读《明治初期的翻译——为什么翻译·翻译什么·如何翻译》，这一切不仅显示了加藤知识的广博与学问眼光的精准，而且显示了他的思想功力。

但是我寻找的那个问题，在这部文集以及其后他与丸山真男的对谈单行本里并没有得到线索。正在我不得不决定外出搜集资料的时候，活字文化工作室策划、北京出版社出版的《羊之歌：我的回想》寄到了我手上。感谢翁家慧女士的出色翻译，我在合适的时机里与这本自传相遇，它打开一扇门，让我窥见了加藤的内心世界，连带着提供了我解释自己疑问的有效线索。

《羊之歌》出版于加藤的盛年，是他在北美的教学生活尚未结束，在日本引发"加藤热"的时期写作的。但是这本书里并没有情境中人的种种矫情，反倒有着某种与他当时年龄并不相称的洒脱。这种洒脱很难形诸语言，无论是加藤自己还是研究他的学者，往往倾向于用"旁观"来形容，亦即拉开距离地观照同时代的各种人物、事件和现象，也拉开距离地看自己；有日本学人说，这本书并不能直接视为加藤的自传，他不过是把自己的人生经历也作为创作的材料，基本写实却不惮虚构地创作了一部作品。这么说没错，但不能解释《羊之歌》独特的基调：这本纪实性的虚构作品，几乎避开了对书中的大部分事物进行价值判断，却又细致地分析了书中的事物。

《羊之歌》开篇描写的是加藤的外祖父，一个明治时期资本家的公子；他曾沉浸于日本开国后奢靡时尚的享乐生活，游历过意大利，痴迷于歌剧、男女与锦衣玉食。甲午战争后虽参军却似乎并没有真正奔赴前线，只是远赴澳大利亚为陆军采购战马；"一战"时他已退役，转而经商并发了大财，随后又失掉大部分财产。晚年虽潦倒却一直保持花花公子的放荡本色，靠变卖家产也要西装革履并继续交往女朋友。

而对于加藤的祖父，一个家境殷实却后继无人的乡村地主，加藤的描写却有些草率。他只是描写了祖父为了取悦于他而杀鸡，并用刚断气的鸡跟他游戏以至于他大哭的场景，就再也不谈这位祖父了。这恐怕不仅是因为他与同住东京的外祖父过往更多，而很少有机会接近乡下的祖父，也是因为外祖父身上有一些要素，与日后加藤的人生经验有着更直接的关系。这些要素，就是对艺术的享受能力，对生活中各种微妙事物的欣赏能力。可以说，外祖父身上的这些潜在的品质，通过加藤母亲的日常行为，"遗传"给了加藤。

然而加藤的父系同样有着强大的基因。父亲是个耿直敬业却门庭冷落的开业医生，也是《万叶集》的热心读者，这似乎为日后加藤的精神轨道规定了基本轮廓：他在欣赏生活与艺术之美的同时，又在这些情感中注入了冷静的分析与求实精神。当少年加藤在父亲的书房里阅读《万叶集》并享受着西窗外的晚霞时，他身上微妙地混合了明治之后日本文化的两种基本元素：务实的乡村共同体趣味和模仿西欧时尚的好奇心。

不过比起这些基本元素来，更值得注意的是这些元素在加藤身上如何形成他的独特个性。《羊之歌》的特别之处，在于所有的描写与叙述都是不动声色的。最突出的表达是他描写在祖父家里旁观红白喜事宴会时的感受："我是一个局外人，也许会永远过着局外人的生活。但这也并不意味着我和农村之间的关系是淡薄的。"

对于加藤而言，这个"局外人"的身份意味着他与他所生活的环境以及所处的时代之间保持一定的距离。这个距离并非是置身事外，相反，他在场、参与、热情融入，却同时观察、抽离、冷静分析。似乎加藤总是同时拥有两副眼光，同时置身事内与事外。值得注意的是，这个被加藤成人后回溯至童年的"局外人"眼光，伴随了他的一生。应该说，加藤周一之为加藤周一，正在于他拥有这种独特眼光。这种眼光似乎使加藤获得了免疫力：他虽带有某种精神贵族气息，却并未沉迷于其中。

《羊之歌》是加藤对于自己生命过程的解释。正因为如此，它并不是一般意义上的自传，也不能简单地视为虚构性创作。贯穿全书的分析性基调，不但面向加藤生命过程中的人与事件，也面向他自身。但是，这种解释并不是我们所习惯的"无情地解剖别人"和"无情地解剖自己"。在不加掩饰的解剖背后，还有一层对于这种解剖的解释。

上小学之前，加藤只在幼儿园待过一小段时间就退学了，他与世隔绝，在家里长大。即使上小学之后，由于上的是公立小学，中产阶级的孩子不多，因此加藤的求学生活也仍然没有使他融进周围的环境。在成年之前，他生活在社会里，但与这个社会没有交流，他对社会的理解是通过书籍形成的。父亲书房里的书以医学和自然科学为主，文学类图书只有《万叶集》和对此书的注释著作；母亲的古琴弹奏是体弱多病的加藤在病床上的唯一慰藉，它陶冶了幼年加藤的性情。加藤的"局外人"感觉，形成了他对世界的最初认识："在我看来，世界的存在不是为了被改变，而是为了被解释。"

加藤分析说，由于父亲诊所业务不多，于是有空闲在家里以幻灭的心情指点江山；这使得幼年的他也形成了迥异于一般孩童的精神程序："我不是先有人生梦想，之后逐渐开始幻灭，而是一开始就带着幻灭，然后逐渐地才有了梦想的样子。"

假如加藤没有从中学开始改读有竞争力的名校并且顺利考入东京第一高等学校，他是否可能一生都仅仅在幻灭中度过并且会形成何种幻灭方式，将成为一个真实的问题。然而他进入了一高。我猜想，"逐渐地才有了梦想"的阶段，就从这时开始。

一高可以说是东京帝国大学的预备校。这里集结了特立独行的教师，云集了来自各地的"秀才"，有自己独特的校园文化。

应该说，明治维新之后作为思想潜流的日本式自由主义，在一高发育出很特别的形态。学生们有机会跟名师上课，却必须自己准备好基础知识，否则完全听不懂；上课不允许缺席，但老师对于点名时缺席的学生由同学替答却视而不见；学生生活中奉行形式上的民主主义与事实上的官僚统治，大讲平等的一高优等生们俯视自己以外的芸芸众生，以"被选中的人"自命。加藤写道："在集体生活中我学会了如何自我保护，但我绝不学习如何为集体献身。——拒绝为集体献身，把这个理念正当化，才是我为之献身的事业。"

加藤上初中的时候，正值日本发动"九一八"事变，到他初中毕业那年，日本国内发生了"二二六"事件。而卢沟桥事变与太平洋战争，则伴随着他从考入一高到进入东京帝国大学医学部的求学生涯。加藤的青春伴随着祖国的对外侵略战争，他拒绝"为集体献身"的态度，由此获得了政治性。"这个社会越来越疯狂，就像滚下山坡的车子，已经完全失去了控制，而我就在一旁看着，看它停下来的时候会摔成啥样。"对加藤而言，国家与社会是他无法改变的，但是这不能阻止他进行"解释"。他认为超越国家的唯一方式，就是去理解它，也就是通过解释获得对于国家的理性自觉。《羊之歌》记录了他在战争时期对于时事的评价，他知道自己无力改变这一切，所以他的评价与改变现实并无关系，而且也与他的实际生活并不相关。事实上，在战事不断升级的过程中，只要有机会，加藤就会去观看传统的歌舞伎和现代话剧，耽读日本与欧洲的文艺作品。这些他少年时代养成的兴趣，在黑暗的时代里,塑造了后来的加藤周一。

加藤幸运地没有接到征兵令,但身边的同学一个个被送往战场,只有一个因病生还;加藤最不能接受的,是自己的好友中西死在了太平洋战争中,甚至在好友的被迫死亡和自己的侥幸生存这一对比中感到了某种愧疚。作为医生,加藤无法忍受希望活下去的中西鲜活的生命被剥夺这件事情,而在中西的赴死中,他看到了个人无法反抗的时代悲剧:"他自愿赴死,绝非因'受骗'而选择了死。权力终于不能再骗到他,于是就用了物理上的力量,强行将他送往死地。"这事情对加藤而言是具体的、形而下的,与反对侵略战争相关,却不是同一件事。加藤始终在具体事物的层面思考重大问题。在战争日益升级的年头,加藤反感于街头日常生活中的"国民精神总动员":女性不能烫发,学生不能读外文书,标语口号,统一制服,对他人私生活的干涉,英雄崇拜与"日本人"意识……加藤说:"我不是因为要批判军国主义,才讨厌这些东西。而是因为我本来就讨厌这些东西,所以才要去批判军国主义。"战后他也保持了同样的态度。例如他听说越战中越南有25万孩子死伤,不由得义愤填膺;他对自己的心情做了这样一个甄别:"搬出这样那样的理由,告诉人们必须去关注遥远国度的孩子——我想说的不是这个意思。我想说的不过就是,我很关心这些孩子——这是一个事实,也是我的一个出发点,或者说,至少我打算把它作为一个出发点。"

是从事医学让加藤养成了尊重事实的习惯,还是尊重事实的习惯使他选择了医学,这个问题也许不必追问。或许正因为生命是一次性的，一次性具体事物对于追求永恒的人类来说才是不可取代的；而具体的事物，总有不会被"永恒"（学者们更爱用"普遍"来指称它）抽象穷尽的要素，那些要素才是独特的。加藤关注这些要素，并尝试着用可以解释的方式解释它们。他本人清楚地意识到，这与先有了某种立场再评价经验事实具有不同的性质。

加藤对崇拜天皇的父亲是这样评价的："很多狂热的爱国主义者，他们大概是因为不爱自己的邻居，所以才去爱自己的国家。"这个严厉的判断提供了另一个观察"立场"的视角：假如"立场"与日常生活脱节，那么它再冠冕堂皇也可能是虚假的。

加藤也许代表了战争时期的某一类日本知识分子。他们与时代保持距离，坚守自己的善恶判断，虽然这并不意味着他们必然以批判性态度对待现实；他们观察失控的国家，依靠直觉评估局势，并不跟随主流意识形态唱和，也不以对抗它为己任；他们以知识为业，为知识注入思想含量，但是并不扮演精神领袖的角色。这类人的社会功能比精神领袖的功能更难理解，不仅因为他们并不引领社会热点问题，而且更因为他们很容易被思路狭隘的人认为是逃避现实的书斋知识分子。事实上，逃避现实与作为"局外人"密切关注现实在表象上十分相似，却指向完全不同的方向。加藤作为后一种人，触及了广泛存在的"普通人精神生活"，他自身始终保持了某种"贵族气"，却丝毫没有"英雄精神"与"领袖气概"。加藤以"局外人"的身份为战后日本思想界增添了一抹特别的色彩，他通过自己的行动，向日本社会注入了"普通人如何在精神上开国"的信息。

加藤在东京大学求学期间一直旁听法国文学课程,并广泛阅读以法国文学为主的西欧文学作品。在此期间,他与作家野间宏等人结成了文学团体,开始了文学创作。战后他以半公费的方式赴巴黎留学,学的是医学课程,却把精力大半用于游历欧洲各地的城市和乡村,他把这种以最少的开支最大限度地探访欧洲文化遗迹的方式称为"穷游"。他通过穷游大量游览免费的中世纪教堂等建筑,也是音乐厅和歌剧院的常客。他与当地不同领域、不同政治色彩的知识分子交朋友,融入当地的社会精神生活,并经历了他一生中最浪漫的一次恋爱。在游历欧洲期间,他为日本带来了一次思想冲击——这期间他开始讨论日本文化的交杂性格,"交杂文化"成为日后思想界的一个关键词。日本文化不具有单纯的同质性,它是不断融合各种外来文化的产物,在经历了战败的日本社会,这个视野堪称是一剂破除日本国粹主义的猛药。不仅如此,加藤还挑战了无条件崇拜西欧特别是崇拜法国文化的社会氛围。1955年他回国伊始就与竹内好发表对谈,特别指出,崇拜法国是一种因为不了解法国而产生的虚幻感觉,重要的是要了解真实的法国。自己就是到了法国之后才了解自己在日本的想象是完全脱离现实的,甚至自己在日本时对法国文学的阅读也是不准确的。

1957年,加藤与历史学泰斗上原专禄对谈的时候,提出了一个有趣的看法:如果只是去巴黎的大学留学,那么与不去法国留在日本学习也未必有多大的差别。应该去巴黎留学,而不是去巴黎大学留学。换言之，留学是为了在精神上深入欧洲社会，而不是为了学习知识。

上原曾经在20年代留学欧洲并在德国中世史研究方面做出令德国本土史学家改变论述的成果。战后，他不再考证德国中世纪历史，转而推动日本史学的建设。他对战后日本史学最大的批评，在于史学研究游离于社会生活，因此学院学术不具备社会基础。他在对谈中指出：欧洲史学与历史哲学的学者，深深浸淫于社会历史的现实，他们的学术有社会根基；而日本的史学并没有获得支撑它的社会基础。在此情况下，日本史学家与德国或英国史学家联合起来进行合作研究，是不会有意义的。对于加藤提出的"留学巴黎"，上原表现出浓厚兴趣。在史学家需要在社会生活中获取精神营养这一点上，他与加藤是一致的。他进一步追问道：为什么不是留学开罗或者是德里，而是巴黎？

加藤的回答今天看来政治不太正确。他说虽然他不否认去开罗或德里也有其他的意义，但是他说的留学必须去巴黎，因为去巴黎乃至欧洲才能获得浸透了文化传统的历史感觉，这种感觉依靠学习知识是无法获取的。

上原接受并推进了加藤的看法。他指出，日本的史学其实仅仅是"西方史学"，让人们意识到这一点很困难，所以留学巴黎与揭示日本史学这种没有社会根基的西化性格具有相同的意义。

上原一生的一个重要的课题，是把欧洲的史学相对化。根据小岛洁的研究，上原是通过彻底进入欧洲史学传统实现这个相对化的。加藤并不是史学家，他沉潜欧洲社会文化的游历却引导他把欧洲相对化了。他一生约有三分之一的时间生活在西欧和北美,以几种欧洲语言感觉、思考和工作,这种经历固然让他获得了欧洲趣味并乐在其中,却没有让他成为"假洋鬼子",不仅如此,还使他获得了客观分析日本、中国乃至东亚的能力;他成为被日本思想界认可的欧洲权威阐释者,秘密也在这里。可以说,《翻译的思想》准确地反映了加藤这一特色。

不过,比起加藤的"开国意识"来,他更重要的思想功能在于《羊之歌》传达出的那种不被任何意识形态回收的"局外人"精神。这是一种生活态度,更是一种思想态度。正是这种态度,使加藤在日本战后思想界处于一个不可取代的位置。

准确地意识到这一点并把它思想化的,是竹内好。

1949年,当有的日共产党员文学家反感于加藤的"洋气"而把他和他的文学同伴称为"小法国人"的时候,竹内好先后两次撰文提出不同意见。当时加藤尚未赴法留学,但是已经开始文学创作并写作法国文学评论。

1948年竹内好发表了《何谓近代》,他在文中以激烈的态度抨击了日本的"优等生"文化。而翌年写作的《一种挑战》和《关于教养主义》,却对他称之为"优等生"的加藤给以热情的肯定:"他认为,为了研究外国文学,自己先要深入进去,成为自己的研究对象。并且他断言这就是日本文学的传统。……我认为,这几乎是独创性的。"

竹内好欣赏的也许并不是加藤的这个选择,而是他做这个选择时的彻底性。当加藤断言这种彻底的"外国化"才是日本文学的传统时,竹内好看到了一种因为"彻底性"而破除了虚假二元对立的革命性。事实上,加藤在赴法留学之前有一个观点,认为如果试图彻底地实现西欧式近代化,走到头就将回到国粹主义。这个观点在游历欧洲期间被他自己放弃,他开始讨论日本文化的交杂性。但是竹内好仍然高度评价加藤这个思路,并断言秀才加藤与钝才的自己,虽然前进的方向相反,指向的目标却是相同的。

钝才竹内好,尽管在身体感觉上反感于秀才加藤周一的欧式教养,却敏锐地觉察到加藤的"局外人"精神在战后思想中的重要功能。1958年他为加藤的《政治与文学》所写的书评,明确地提到了这一点。

> 初期的加藤氏有些炫耀学养的味道,我也曾经对此表示过反感。但是外游之后,他比原来大气了好多倍,教养化为他人格的一部分,不再是那种令人反感的游离于本人的卖弄对象了。我觉得,他恐怕是战后留学西洋唯一成功的例子。
>
> 比起我和我周围的同伴,这位著者真的是从意识形态的束缚和禁忌中得到了解放。我认为他提供了一个范本:如果良识在日本本土化,应该就是这种方式吧。就这一点而言,我确实自愧不如。不过在那些还被意识形态束缚的人眼里,加藤的这一特色也许有温吞水之嫌吧。

"局外人"加藤周一,何曾在大时代里旁观!竹内好捕捉到了一个微妙却重要的思想特征，即加藤周一以与时代保持距离的方式最大限度地摆脱了受制于意识形态的可能，以真实的生活态度发现世界。《羊之歌》确实是一壶醇厚的"温吞水"，对于仅仅执着于观念性政治正确的知识分子，它具有温和却有效的解毒功能。竹内好慧眼独具，把加藤在《羊之歌》中反复强调的"不是先有批判态度才讨厌，而是先讨厌了才批判"的甄别提升为思想史的重要课题：思想要区别于观念化的意识形态，从生活出发的精神体验将是重新发现世界的最佳入口；只有在这种时刻，思想才有创造性可言。

（原载《读书》2020年第3期）

从拉斯基到陈映真
——我们如何启动既有的思想资源

大家好,我得先向大家坦白两个小秘密。

第一,恐怕这次与会者里面,读陈映真读得最少、对陈映真最不了解的人就是我。两年之前光兴跟我说,在筹划这样一个会,希望我能来参加,而且希望我能够给个报告。但是这两年我正焦头烂额地缠在我自己研究课题的一堆材料里面。我简单地交代一下这个课题:一个是战后日本思想界对中国革命的想象;第二个是日本民众史研究中与认识论相关的一些基本问题;第三个就是关于冲绳的民众运动及其持续性的对抗如何原理化的问题。每个课题都非常难做,我陷在里边就不可自拔。而我也知道陈映真是一个非常"不现成"的作家。所谓"不现成"是指,有一些作家,你可以依靠某些既定的框架,或者是模式、思路,在一定程度上把握他;但是对陈映真是无法使用这种把握方式的。我知道他的思考空间、政论空间和他文学虚构的空间之间,有非常密切的重合关系,所以我个人不倾向于把它们分成几个独立的部分来看,但是它们之间又有非常明显的差异。如果我要给个讨论的话,我必须要有更多的时间才能正面地面对这个问题,但我觉得我没有办法找到那么多时间,不太可能。同时,陈映真不是一个可以离开历史来抽象地讨论的作家,所以我还必须要补台湾光复以后整个这段历史的课程,后来我回复说,能做这件事的大概只有我们的"贺大哥"——贺照田了,我做不了。另外还因为有晓明和薛毅,他们这次都来加盟,所以我觉得我可以偷懒。我说:"我可不可以告假?"后来光兴说:"那行,你可以不做报告,那你最后讲一讲。"我刚才坐在这个位置上,才意识到这是一个非常"阴险"的建议,在大家讲完之后再发言,就必须对大家的讨论有所回应,这个任务其实更重。但是现在拒绝已经来不及了!所以我现在如坐针毡,觉得像没有温课就上了考场的学生,这个处境很"凶险"。这是我的第一个小秘密。

第二,我其实已经有十几年不读小说也不评论小说了,虽然我供职的地方叫文学研究所,但我一直在"挂羊头卖狗肉"。我做的是日本政治思想史研究,不读小说不是因为不喜欢,而是因为没有精力,因为做日本政治思想史,有太多的功课要补,有太多的历史资料要读。现在面对陈映真这样一个作家,确实感觉有双重的紧张,但是光兴刚才跟我说:"没关系,你就放开了讲。"所以我就决定试一下,放开了讲,讲得不好那就请大家多包涵。

我在这儿很认真地听了两天会,当然来之前也把能读到的论文都读了一遍,我觉得非常有收获;大家提出来太多的问题,这些问题里面，又隐含了很多没有被明确的问题。有一些问题是我可以认可、认同的，有一些问题是我觉得需要讨论，或者需要质疑的；而所有的这些问题全搅在一起，我不自信我能把它们完全整理清楚，所以我放弃给大家的发言做整理这样一个思路。我想从自己的感觉出发谈两个问题：第一个问题是，作为一个试图面对、继承陈映真思想和文学成就的后来者，如果要是放肆一点地说，那就是我们应该怎么去理解他的政治、他的政治感觉、他的政治观念、他的政治理想？

第二个问题是，怎么去理解陈映真的文学世界？进一步说，怎么理解他的文学创作和我们今天思想生产的关系？特别就我来说，我刚才交代了，我已经很少读小说了，但是陈映真的小说我还是读了一部分。作为小说家的陈映真，提出了一些根本性的问题，这就跟我们今天哪怕不研究小说的人也发生了关联。理解陈映真的文学世界，跟我们对今天思想生产的自觉有关。

所以我想完全作为个人的感想，向大家汇报一下这两天的收获。

我想先谈第一个问题。先东施效颦模仿一下光兴，我也来进行一个挑衅性的发言。这两天大家都把陈映真和鲁迅放在一起讨论，而且这也是这个会的基本设计，我想这个设计是有道理的，但是我想离开这个设计，把陈映真跟另外一个政治学家放在一起讨论。我认为他们在某种意义上，也有很密切的相关性，这个政治学家是英国的拉斯基（Harold J. Laski，1893—1950）。在座当中可能较年长的各位读过，但年轻人大概不一定读过。现在大陆年轻的学生基本上是不太知道拉斯基的，因为从50年代开始，拉斯基对苏俄表示了无保留的好感，所以大陆从50年代后期开始，就将拉斯基视为一个为修正主义鸣锣开道的人，是对拉斯基保持距离的，他的论点或中译著作多是放在内部参考书籍里面的。

我想简单地介绍一下拉斯基，他是一个非常有意思的英国政治学家。在年轻的时候，一直到20世纪20年代前半期，他都是一个多元国家论者；也就是说，他认为国家不应该只有一个政府，但他跟无政府主义不一样，他是"多政府主义者"（这是政治学里边的一个流派，我们不讲它）；但他骨子里，是一个古典自由主义者，他笃信的信条是自由和平等。我认为今天讨论自由主义或者自由主义的理念，正面来谈的时候，我们其实过度地关注自由，而过少地关注平等，但实际上，法国大革命留下的遗产恰恰是自由、平等这双重的价值；一个认真的自由主义者一定要面对现实里的悖论：一个社会如果自由了，它就不可能平等，因此这自由一定是相对有限的一群人的自由，它以多数人的不自由为代价。即使是全体成员都自由了，由于人和人的禀赋与后天条件不同，还是不会真的平等，于是就仍然还有一部分人剥夺另一部分人自由的问题。拉斯基早年是一个古典自由主义者，他认为自由主义的理念是有可能通向现实社会的，但是在他去美国哈佛大学教书的时候，遇到一些现实的事件。他发现，像美国这样的一个号称最民主、最尊重人权的国家，实际上尊重的仍然是少数人的权利。渐渐地，他从20年代末期开始一直到30年代以后，就变成了一个社会主义者——信仰马克思主义的社会主义者——他的特点，不仅在理论上具有马克思主义观察世界的方式和思维，同时又伴随具体的政治实践。

这个政治实践主要是他成为英国工党的领袖人物，而且在1950年为了让英国工党竞选能够成功，他可以说是累死在演讲台上。拉斯基一共只活了五十几岁，却留下四十多本政治学的著作；里面集中地讨论国家、法律、公平、正义、自由和平等。在他早期的著作里面，留下了很多学理上的讨论，而他后期的讨论及表述，实际上是十分意识形态化的，具体地说，就是他反复强调一个信念：世界上唯一能够使自由和平等同时实现的社会形态，就是社会主义，而真正实现了这个理想的就是苏联。据说他后期的著作基本上是在组织工党政治活动之余口述的，由秘书记录整理出来就拿去出版了。所以可以理解这些书为什么不太具有学理性格。

如果我们只在这个层面上理解拉斯基的话，那么拉斯基受到的冷遇就是理所当然的。但是有意思的是，问题没有那么简单。拉斯基在30年代写过一本书叫《现代革命的考察》（*Reflections on the Revolution of our Time*）[1]，这本书是他专门以苏俄为研究对象，历史性地去讨论苏俄政权成立以后（包括斯大林时期）为什么会有这么多的暴力和镇压？拉斯基的基本看法是，苏联在建立自己新的主权国家之后，所要完成的一件事就是实现现代化，可是这个现代化对于一个落后的、没有资源的、经历战争的，而且国内

---

[1] Harold J.Laski, *Reflections on the Revolution of our Time*, George Allen & Unwin Ltd., 1943.

百姓的教育素养低下的国家来说，它面对两个选择：第一个选择是，让自己成为各种意义上的殖民地，依靠西方的资本主义国家来实现现代化；第二则是自己独立地完成工业化的过程，为了这个它只能够在内部进行资本原始积累。用拉斯基的话说，在欧洲需要300年的时间来完成，在美国要用100年的时间来做准备，但在苏联却只有30年的时间；拉斯基说，在这样的情况下，苏联就难免变成一个依靠内部暴力完成建立现代主权的国家。

在进行这个论述的同时，从20世纪30年代以来，拉斯基其实一直在进行对斯大林的批判，这个批判并不妨碍他肯定苏联的社会主义，于是这整个论述成为一个非常有意思的整体结构，而这个结构的内部深层包含的是一个今天仍在面对的悖论：我们要不要现代化？我们要不要用独立的方式去实现现代化？如果你说我们要，那么在这个前提下发生的暴力过程，我们究竟应该如何对待？拉斯基也不例外，他认为暴力的过程即使可以被历史化，却不能被正当化，所以他在分析的同时批判。可是这样整个的分析结构，由于拉斯基后来现实的活动太多，没时间进行更深入的学术生产，通常通过口述，由秘书打字整理，一本书就这样出来了。那些东西确实很粗糙，于是导致全世界学政治学的人，没有几个愿意读他后期的东西（很多人说到拉斯基，认为读到1927、1928年前后就算了，后面的就不必读了）。可是，问题在于如果拉斯基被遗忘了，那么也许我们今天可以说，这样一种模式在政治思想里面失去了它的意义。但问题很有趣的是，我在丸山真男那里发现了重新启动拉斯基这一部分资源的努力。可以说丸山真男的论述，使得拉斯基重新获得了政治思想史的意义。

大家知道丸山真男可以说是百分之百信奉自由主义的政治思想史家[1]，对整个共产主义意识形态和社会主义的实践，他是一直严格地保持距离。但是在20世纪40年代末50年代初，他连续写了两篇关于拉斯基的论文，主要是讨论《现代革命的考察》里面，拉斯基对于俄国革命之后的社会主义过程，所谓的"现代化的非西方模式"的论述。在这种分析方式里面，丸山真男非常敏锐地察觉到所谓的"社会主义和资本主义的对立"，只是一种表象，而不是根本性的问题；根本性的问题是，其实社会主义和资本主义是同一的，它们都面对着要现代化的问题。尤其是欧洲的资本主义，它先走了一步，有了殖民地的积累，所以它可以用看上去比较体面的方式现代化；那么后发国家，我们一直在讨论的第三世界国家，没有这样的可能性，但要追求的东西却是一样的。

还有一个最麻烦的问题，就是国家的独立。作为一个不得已而为之的选择，它仍然有正当性。丸山真男试图将拉斯基所抛出来的这些问题进一步深化，即使政治学的理论都回避这些问题，他还是敏锐地看到，自由主义理论在面对现实的时候，可以讨论自由、民主，却不能同时讨论"自由和平等"。在写完这两篇论文之后，丸山真男呼吁，如果我们是真正的自由主义者，就要面对这样的现实，让我们对于社会主义的历史实践，表示

---

[1] 丸山真男（1914—1996），日本著名政治思想史家，在战后日本思想界具有重要影响力。作为自由民主主义的知识分子，代表作有《现代政治的思想與行動》（未来社，1964年）等。

宽容的态度。

这样的立场，让丸山真男后来写了一篇非常有意思的政治学论文。这篇论文实际上是50年代初期日本知识分子跨学科组织"和平问题谈话会"时发表的一篇宣言的前两章，也是它的理论部分，这篇宣言的标题叫作《三谈关于和平》[1]，里面非常重要的部分是关于"冷战"的分析。我们这两天的讨论，很多讨论也涉及"冷战"，我觉得这个问题还要回过头来看一下。

在"冷战"从1946、1947年前后开始形成它的结构时，当时的人是怎么讨论"冷战"的呢？其实在这个时期，先在英国，接下来在美国出现了"冷战"（Cold War）、"铁幕"（Iron Curtain）这样的词语的时候，"冷战"并不具备如我们现在想象的这么容易辨识的轮廓，当时的轮廓是非常模糊的。在1948年，联合国教科文组织在法国组织了一个由多国学者进行的讨论，由于有东欧的学者参与，这个讨论被视为跨越了"铁幕"，代表了两大阵营的思想。这个讨论提出了一个核心观点：世界上有两种民主，一种是以资本主义国家为代表的，就是西欧和美国为代表的自由主义、民主主义；另一种则是以苏联国家主义为代表的，体现了民众诉求的民主主义。当时是把这两种社会制度同时作为"民主主义"来讨论的。为什么？因为这两种社会的对立面，在当时都是法西斯主义。丸山真男刚好是在1952年的时候执笔写《三谈关于

---

[1] 《三談关于和平》第一、二章，载《世界》1950年12月号；见《丸山真男集》第五卷，岩波书店，1995年。

和平》第一、二章,他说"冷战"至少要从三个结构来认识。第一个结构是"冷战意识形态",这也是我们今天所熟悉的那一套关于专制和自由的话语,在这个层面上,资本主义和社会主义是势不两立的。第二个结构是"现实的冷战","冷战"实际上是美国和苏联两个国家在意识形态和现实利益上的冲突,确实在一段时间内会处于一个高度紧张的状态,但是如果"冷战"继续深入的话,这两个国家在体制上将会越来越接近。那是因为,苏联如果为了能长时期"冷战",必须要有足够的物质财富,如此才有足够的社会力量支撑,所以内部需要不断地调整、放开,也就是说它要更民主化;而美国如果要长时期地进行"冷战",必须进行高度的政治动员,所以将会集权化,于是两种社会体制将会接近。第三个结构是"冷战的中间地带",所谓的"中间地带"包括中国、印度和亚洲的其他国家,丸山真男认为中间地带其实和美国、苏联之间的关系是不确定的,不管它们的社会形态如何,它随时可能发生不同的组合,而且这些国家本身未必愿意将自己牢牢地绑在美国和苏联的战车上。

对不起,我讲这些好像有点离陈映真太远,但是我之所以讲丸山真男的分析,是为了要显示这样一个思想程序的链条,因为丸山真男能做这样的分析,当然和当时日本与战后整个世界的认知格局有直接的关系,而背后一个很重要的理论资源恰恰是拉斯基,是拉斯基给了这样的一个模式之后,暗示了事实上社会主义和资本主义的对立,不是我们想象中的那样重要,更根本的对立存在于另一个层面。所以在这个意义上,拉斯基说:我认为没有第三条路可以选，如果只能选一个的话，我选社会主义。拉斯基很幸运，在50年代初就去世了，他没有看到后来，如果看到后来，他要如何修正自己的论述，我无法想象。但至少我觉得拉斯基的遗产让我们可以意识到，今天对于"冷战"、对于社会主义的想象，其实是相当肤浅、相当表面，而且相当意识形态化的。这是我援引刚才的一个部分所要谈的问题。

这也引申出一个很重要的问题，怎么看第三世界那些比较小的国家？相对来说，在现代的国际政治格局里面，比较弱小的独立性和主体性——我不敢很确定地说，因为我对陈映真读得太有限，没有资格做断言，我只是推测——这有可能是陈映真一直在思考的问题。今天白永瑞也在场，我很愿意把朝鲜拿出来作为一个例子来说明。朝鲜是个一直在顽强保护自己的、维护自己主体性的国家，不排除它在一些紧急关头利用一下俄罗斯，或者是中国，甚至是美国；它用这样独立的方式来完成现代化的或者是完成它的主权国家的努力，其实我们是可以看得到的。我想有很多这样的个案。

我想把话题引回陈映真。陈映真对大陆的态度，今天的发言一路听下来，我特别受启发的一个问题是：对陈映真来说，中国大陆到底是什么？我觉得他真正关心的其实是台湾。大陆确实是他理想的一个载体，或者是一个乌托邦的媒介。贺照田今天说了一句挺有意思的话：陈映真最后没有把大陆整个八九十年代之后的那段历史历史化。为什么他没有把它历史化？我觉得，他可能真正要做的是把台湾历史化。因为陈映真只是不想把台湾变成一个封闭的、用"台独"的方式来建立认同的社会。我花那么多时间来谈拉斯基，是因为我对陈映真没有多少判断力，但有没有可能从这个方向，去读陈映真那么多的政论文本？并且从这个方向上建立他的政论文本和创作作品之间的关系？他的政治关怀到底是什么？是像拉斯基那样的关怀？如果是的话，他会认为人类大概只有这几条路可以走；那么如果是社会主义的话，他就会把他的热情倾注到大陆的社会主义实践上。这有没有可能成为一种思路？不知道，也许接下来我自己读的时候，可能会找到不同的感觉。但是，我认为作为整体、作为一个结构去读陈映真的政治关怀，我最关心的是，陈映真对政治的讨论是道德的、心理的、文化的，还是政治的？

我曾经有机会跟一位日本的社会运动家交谈，我问他："你们搞运动的时候是怎么做？"他说："搞运动的时候一定要设立一个明确的对立面，我们一定要二元对立！二元对立的原则是：A对非A，我们绝不做A对B的事；这样我们出手才能打得准。"我觉得运动圈一定要二元对立，这样是可以搞运动的；可是知识生产如果也用A和非A的方式来做，可能有一天连我们自己都可能觉得太没意思了。结果只是在"你是对""你是错""你的立场在哪边"，只是这样在这个圈子里面走的话，那也就要面对刚才主持人提的那个很重要的问题："左翼思想怎么介入现实？"这个问题现在没有时间，也不太可能把它展开来讨论，但我觉得这是一个非常重要的问题，因为我们总是有一个错觉，觉得我们说的这些话有可能明天变成一个推动社会现实的力量。我自己是做了思想史几年之后，才明白这是自欺欺人的错觉，因为历史不是那样运作的。这是一个我要补充的。

还有一个要补充的就是，在这个会上，听了那么多过来人在谈陈映真文学作品给他们带来的感动，这其实是非常重要的一个讯息：文学作品的功能，是给一个历史时代的氛围塑形。所有人会感动是因为你自己感觉到了，可是你没有办法表述；文学家用文学的方式，给了它一个相对可以辨析的轮廓，人们才可能把模糊不清的情绪整理出来，这是文学不可取代的功能。所以刚才发言的第二个同学讲了很有意思的要求：你要写我们！她为什么不说由她自己写她自己，却要陈映真来写她？是因为陈映真在利用文学的方式，给这个社会的某一些心态、感觉、精神"塑形"。读这样的文学的时候，我一直在进行反思（我很赞成刚才光兴说的，觉得自己也是有问题的）：我们有没有这样塑形的能力？是不是像施淑老师刚才批评的那样：文学批评是理论的重灾区？其实现在所有的学科都是重灾区，我们想一下，如果把那些英美学者的理论丢掉，我们还有什么？那个时候，我们得重新想了，是不是有能力自己给自己的同时代来"塑形"？我想，这理应不是陈映真的工作了，我们每个人都逃避不了这个责任。

（本文是在中国台湾召开的有关陈映真的
学术讨论会上的发言，未发表）

乡建的历史

《中国乡村建设百年图录》(以下简称《图录》)是一本非常厚重的书,这是因为它把中国百年乡村变革的历史所暗含的好几条非常重要的脉络包括在内,并且主要以照片的形式有所呈现。限于篇幅,我只想初步讨论其中一条脉络,就是中国从晚清开始一直持续到现在的建国运动。对我而言,这是最富有启发性的一条思考线索。

这本书大致地看,可以说是总结了三代乡建的经验。或者说,它简约地呈现了乡村建设的三个阶段。虽然我把它分为三个阶段,但是在历史过程中这三个阶段并不是自然时间上的线性连接,即不是一个结束另一个开始,而是相互重合但又有着某种阶段性格特征。这本书里有一个部分,题目叫作"有实无名的乡建",也就是说,这个部分记述了没有以"乡村建设"为口号,但是却真实地推动了乡村建设的基本事实。

这部分一开头就展示了孙中山秘书黄展云的照片，还有孙中山给他的亲笔信。黄展云亲赴乡村调查，并致力于推动乡村的教育和实业，孙中山对此十分肯定；这让我联想起孙中山在《三民主义》的讲演里谈"民族主义"的那个部分。在某种意义上，孙中山所说的民族主义，其实说的就是乡建。在当时，中国不是一个现代意义上的国民国家，它是由一盘散沙状态的民众整合起来的很松散的政治体。而且在辛亥革命之后，军阀的割据局面很难扭转。一盘散沙的民众被各自为政的军阀分割，很难形成有机整体，现代国家缺少基础。有意思的是，孙中山并没有把一切责任都推到军阀身上，他看到了乡村作为现代社会的基础，它本身的先天不足。孙中山说，我们要怎么把一盘散沙凝聚成为坚固的整体呢？他认为，"五四运动"提出的民主、自由等口号，特别是打倒封建礼教的激进姿态，并不符合当时的国情。孙中山对中国乡村的宗族寄予了正面的期待。他说中国人本来并没有国家意识，但是他们肯为了宗族而付出一切，包括自己的生命。宗族如果扩大了，就会变成民族。我们用这种自然的方式打造中国这个国家，和西方用人为的方式制造一个强权的国家是不一样的。

中国的宗族社会诉诸血缘、地缘关系，虽然孙中山希望这种关系可以直接扩大为四万万人的纽带，但是这个设想显然并不现实。乡村社会需要改造才能完成建国大业，这就是为什么当时的革命家们关注乡村而且试图改造乡村的原因。清末的一批有识之士，他们多数本人就是乡绅。仅仅从近代意义上定位的话，可以说这是第一代乡建人。清末中国社会的乡村结构还没有被破坏，它的主体是士绅，士绅里边当然有劣绅也有良绅，他们组织起范围有限的自治组织，是中国从明代中期以后一直持续了300年的、已经发育得非常成熟的社会基本结构。第一代乡建人面对的课题是，怎么动员起乡村的绅士阶层来主导社会的转型，把由一盘散沙的无数个小的经济互助共同体组合成大的多民族国家。在这个过程中，来自西方的议会制度等都被转化为乡绅的合作机制，但是它们并没有来得及形成国家范围的秩序，内忧外患的战乱以及兴建地方工业对传统社会生产方式的冲击等，都是很大的难题。孙中山英年早逝，"三民主义"提出的这个建立现代国家的课题，它是通过什么被传承，又是怎么被传承的？在这个意义上，我觉得这本《图录》提示了非常有价值的一条线索，就是通过乡建过程中教育、组织等各种努力，把中国传统社会转化为现代国家。

如果说清末民初的士绅阶层属于第一代乡建人，那么民国时期的晏阳初、梁漱溟等大致属于第二代乡建人。与第一代不同，他们已经没有前者所具有的那个天然优势了。由于战乱及其他种种原因，传统社会的结构发生了很大的变化，自生的机制被破坏了。因此这一阶段的乡建，不得不具有某种外来性。但是第二代乡建并不仅仅是外部输入的乡村重建，它包含了对于宗族社会在解体过程中所残存的某些可能性的抢救。梁钦宁先生讲到他祖父梁漱溟关于"铁钩帮豆腐"的比喻。那个豆腐是什么？我觉得并不是农民本身，而是乡村社会的基本运作机制。这种运作机制在今天仍然存在，但是已经不完整了，只是一些残存的要素。这些要素确实有妨碍乡村良性发展的一面，但是也有造成乡村凝聚力的重要功能,这也正是梁漱溟一直执着的基本问题。

《图录》里面有一些很有深意的命名,意指各个不同时期的乡建运动。如果说"有实无名的乡建"是一种建国运动,那么随着中华人民共和国的成立,"没有乡建派的乡建"则推进和转化了这个课题。经过了"没有乡建派的乡建",也就是国家意志的全面介入之后,实际上第一代乡建人所面对的传统社会的组织结构,基本上在形式上被瓦解了。可是真实的问题是,它在内容和功能上是否真的也被瓦解掉了?这是我们必须面对的最基本的中国问题。因为套用所有西方理论都没有办法解释今天的乡村生活为什么会是那样一种形态。今天的大规模城市化改造,使得乡里空间"进城"了。城市的机制和城市生活的基本逻辑,要结合乡里空间的基本逻辑来认识。现在的乡建开始转型为国家行为,是国家所提倡的主流意识形态。《图录》对此也有很有趣的展示,虽然这种展示并不是刻意的。与前面的乡建历史相比,到了1949年后的乡建这部分,黑白照片变成了彩色的——开会的照片里,各级领导也往往会出席,自发的乡村建设开始更多地增加了"自上而下"的要素。准确地说,这是一种民间与政府相互合作的建国方式。到了今天,核心的问题仍然是"铁钩"和"豆腐"的关系如何解决,准确地说,就是"铁钩"是否能够变成托盘,从而托起"豆腐"的问题。无论是政府行为还是民间行为,对待乡村里现存的运作逻辑或者体现了这种逻辑的某些事物,都需要采取谨慎的态度。

我与《图录》的两位主编虽然没有近距离地合作过,但是很早就关注温铁军的著述,也应潘家恩的邀请参加过他组织的活动。我一直没有把乡建仅仅视为乡村建设,而是视其为理解中国历史走向的重要一环。他们对于中国农村问题的思考,产生了这本《图录》。这本书勾勒的百年乡建的剪影,提供了历史性地理解中国建国运动的重要线索。

(本文为2018年9月在北京大学举办的《中国乡村建设百年图录》出版纪念会上的发言录音整理稿,曾发表于《中华读书报》2018年10月31日《文化周刊》专栏)

对话渠岩
——序《限界的目光》

一

认识渠岩还不到半年,跟这位特立独行的艺术家缺少交流的机会,而且我又是艺术的门外汉,按说没有资格为他的书作序。不过当渠岩跟我说希望能给他即将在商务印书馆出版的文集《限界的目光》写篇小序,而且仅仅提供了书稿的目录时,我立刻就答应了。

这么做是有理由的。

人与人之间的理解,并不总是以了解为前提;反过来说,即使了解一个人的全部经历,却未必一定能理解他。试图理解一个人,需要有发自内心的冲动,通常这冲动源于好奇心,那些无法激起好奇心的人和事情,即使再熟稔,也难以让人产生理解的欲望。

渠岩，是一位初次见面就激发出我强烈好奇心的人。第一次见到他时，我只知道他是一位当代著名的艺术家，曾经在中国80年代的艺术新潮中领衔；但在当年的风云人物纷纷坐稳交椅接轨世界时，他却开始先后埋头于山西的许村和广东的顺德，致力于改造被废弃的旧宅，并以此为基点审慎地介入当地的乡村重建事业。这个有些奇特的做法让我对他和他的团队产生了浓厚的兴趣，并且带着一团疑问造访了他在顺德青田村营造的现场。

佛山市顺德区，在珠江三角洲是比较富裕的地区。早年这里曾经是一片汪洋，一代代顺德人围海造田，发展出桑基鱼塘的生产样式，把顺德打造成盛产丝绸也养鱼种稻的富饶乡村。这里曾经有过传奇般的"自梳女"群体，在妇女尚需依附于男性的年代里，她们终身不嫁，结伴而居；这次来顺德我才知道，除掉其他的原因之外，终身不嫁主要是因为她们可以通过缫丝织锦在经济上自立。据说，这些"自梳女"还通过向东南亚发展而造就了自己的经济实力，她们不仅能养活自己，还曾经在经济上支持了乡里家族的公共事业。

如今桑基鱼塘良性循环的生产样式已经凋敝，再无人养蚕种桑，鱼塘倒是还照样兴盛依旧——顺德人可以不养蚕，却不能不吃鱼。对吃食的严格要求，使这里的菜肴远近闻名，不知是真是假，相传全世界的广东菜厨师都来自顺德。央视拍过纪录片《寻味顺德》，吊足了全国吃货们的胃口，不过，令我叫绝的却还不仅仅是顺德菜的美味，而是顺德厨师们脑洞大开的烹调方式。可以说，只有你想不到的，没有他们做不到的。不但常规的食材被烹调成别出心裁的花样，就连那些通常并非用来做菜的水果、牛奶也变成了一道道令人瞠目的菜肴。难得的是，这里的每一个餐馆无论大小，都有自己独特的菜品，而且这些各有专利的味道绝对不会与其他餐馆雷同。在这块真正拥有"沧海桑田"历史的土地上，百姓与生俱来地不缺少想象力。或许，顺德的菜肴，正浓缩了顺德人巨大的创造潜能。

渠岩似乎并不是自己选择了顺德，在广东工业大学艺术设计学院作为特聘教授执教的他，曾经在太行山脚下的许村建起过闻名遐迩的国际艺术村，或许正是这段经历，使得他受命去顺德又一次实践乡村重建的理念。顺德给了渠岩一个释放自己想象力的合适空间，因为这是一个孕育着想象力也需要激活想象力的场域。

跟其他乡村一样，距离广州城并不遥远的顺德，如今也面临着青壮年劳动力外流的局面。这个原本四通八达的水乡区域，历史上就一直保持着高度的流动状态。村口残破的碉楼，大小河涌旁随处可见的社稷之神祭坛，在在都讲述着经河道上陆的外来水上人与当地人的龃龉和融合。上岸了，自然谋求落脚生根，那些有幸融入当地社会的外来人，也跟本地人一样，建起了家庙。没有能够落脚的水上人，则继续他们漂泊的水上生活。

顺德乡村的一道风景就是散在于村庄里的大小祠堂，有的光鲜亮丽，有的破旧不堪，有的充实饱满，有的空空荡荡。但是，无论是哪种家庙，其实都给各自的族人们提供着归属感。我们赶上了一场当地人的婚礼仪式，其中一个环节就在平时空洞无物的小祠堂里进行。老妈妈们在这里烧香摆供,向祖先报告喜庆之事,祈求祖先的庇佑。那一瞬间,原本空洞无物的房子突然生动起来,这个充满欢乐的空间里洋溢着活着的传统。

这是个规模很小的空旷的祠堂,据说只是某个家族里面一个分支的家庙;除了朴素简单的祖先牌位之外,只有墙上贴着的若干写了祝福祈愿内容的红纸,表明族人们并没有忘记他们的家族和祖先,不过似乎平时也并没有人来这里打理;后来几天里我参观了若干经营有方的大型宗祠,尽览其中陈列着的各种什物乃至说明,然而我却仍然无法忘怀这个空空如也的小祠堂。大概是因为在我短暂的顺德之行中,只有这里提供了唯一一次机遇,削尽冗繁地让我目睹了宗祠在族人生活中的意义;大概也是因为,这个小祠堂让我更深切地体会了隔壁渠岩工作室的内在含义。

二

渠岩的工作室紧邻这个小宗祠,原本是一栋被村里人废弃的老房子。随着城市化的迅速推进,这种老房子被看成是落后的建筑,已经进城的年轻一代不再回乡常住,留下的乡亲们也希望住到更"现代化"的房子里。我在不止一个村庄里看到了被废弃的老房子,甚至还有被废弃了的家族祠堂,那显然是进城的人们置之不顾的"过去",它比那些被博物馆化了的祠堂更鲜活地展现着乡村生活面对的巨大变更,以及它带来的破坏性。

老房子都雕梁画栋,即使破败了,仍然可以在废墟上发现有花纹的瓦当。渠岩珍惜废墟边缘的历史，他要以自己的微薄之力保留住它。

渠岩的工作室外观上仍然是老房子的模样，只是，他稍微增加了窗户的数量，便于自然采光。二楼的会议室有很高的人字形顶棚，采用的是老房子原有的木梁结构，甚至挑大梁的，仍然是原来的木材。墙壁是老房子的青砖砌成，并没有粉刷和过度装修。简单实用的会议室功能齐全，却全无雕饰，宛如乡亲们在自己家里挪走了起居室的餐桌和碗柜，换上了会议室的桌椅。几台传统的吊扇徐徐转动，在头顶上送来清凉。似乎这里并不总是需要开启立式空调机，因为窗外颇具规模的荷花池，就是一个天然的降温装置。

在这个返璞归真的工作室一隅，我发现了一个小小的茶室。与楼上会议室的不加修饰相对照，一楼这个小房间却精细到了极致。这是渠岩与他的艺术家朋友们喝茶谈天的地方，有很多"多余"的陈设，有着明显的"私人风格"。两面墙上开放的搁架里摆放着各种精心挑选来的茶具，装饰的功能明显大于实用功能，另一面则装饰着渠岩本人的画作。屋子很小，原木板材制成的茶桌占据了大部分空间。从光滑的墙壁，到造型典雅的纸质吊灯罩，每一个细节都经过了打磨，却装修得非常节制。这个很局促的空间，似乎浓缩了渠岩"诗意地栖居"的理念，它与楼上删繁就简的宽敞会议室，以极大的反差合成了一个立体的结构。

我又参观了渠岩另外两处工作室。其中一处还在建设中，另外一处则以咖啡厅和作为宿舍的房间为主要设计。因为是老房子改造，空间都很有限，渠岩团队的设计师们蜷曲在咖啡厅二楼的一个小阁楼里，正挥汗如雨地在电脑上谋划着。这些设计简单却不简陋，朴素却不普通，是典型的艺术家创作。另一处改建中的老房子，现在看不出模样，但是有一个渠岩很是自豪的设计已经基本成形——过于高挑的屋顶之下加盖了一个隔层，作为卧室，是个安静的去处。紧挨着正在改建中的老房子，有一株几百年树龄的老树，因为工程的缘故，老树下面原来积累下来的香火现在不太旺盛。渠岩说，改建完成之后，他会立刻恢复村里人在这树下进香的空间。华南乡村里，对于老树有崇拜的习惯，有老树就会有人不断在树下燃香祭拜。老树有人祭拜，老房子乃至祠堂却在破败，渠岩进入的，正是这样的现实。

我听说渠岩和他的团队曾经在山西的许村从捡垃圾开始，逐渐地获得了乡亲们的信任，最终才完成了被当地人认可的老房子改造工程。这个艰难的经验显示，介入乡村重建，对于艺术家来说，面临着多重考验。改革开放以来，中国的乡村在政策的起起落落之中不断地重整，从村落的整体搬迁，到让农民放弃传统居住形式"上楼"，各地的不同状况造就了花样百出却又千篇一律的结局——中国农村的老房子不断凋敝破败，新起的房子则放弃了老房子的样式，毁掉了传统的格局。

新农村的建设，在很多地方是喜忧参半的。比较容易辨认的，是长官意志在不同地区不同程度的"毁坏性建设"：原有的老旧房屋被轻易破坏，新盖的房子不尊重当地的原有习俗，多数追求外观上的城市化和整齐划一。我虽然没有直接调查，却间接地听到和读到很多这方面的信息，地方官员对于文化遗产的保护和新农村的建设，服务于一种急功近利的目的；大拆大建，毁掉破旧的真文物，造出仿古的假文物，这做法不仅在乡村，在北京也一度盛行。

然而这种来自官员的干扰还仅仅是表象。最难以辨认的，是乡村生活的主体，即乡亲们的愿望。随着40年来的改革开放，乡村这一中国社会最重要的场域逐渐淡出了国人的视野。"农民"转变为"农民工"，乡村转变为老人与留守儿童的栖身地。在这个巨大的社会变动中，乡村生活的逻辑随着大量农村壮劳力的迁移直观地融入了中国的大小城镇；而外出的年轻人逢年过节的回乡探家，则把曾经外在于乡村的城镇文化一起"卷回"了乡村。即使只是皮毛，我们也随处可见这种"卷回"。与缺少个性的政府安置房相对，我曾经在沿海若干发达地区的乡村看到由个人兴建的罗马式拱廊建筑，通常只有发达了的成功人士才有能力回乡建起这种突兀的房子，它们总使我联想起散在于北京城区与郊区的那些洋泾浜度假村。有一次上海的朋友带我去崇明岛，我看到在传统的矮小破旧的老屋旁边，盖起了排场洋气的新房；朋友告诉我，这些房子多数是空的，盖房的人在上海打工，他们的父母却宁可住在原来的老屋里也不愿住进新房，只不过是定期进去清扫一下而已。

中国巨大的地区差异，当然并不能一概而论。西南西北大山里的孩子们还为温饱和失学而苦的时候，东部沿海地区乡村的城市化进程仅仅是改革开放的一个侧面而已。渠岩在许村和青田的实验，介入的或许只是中国的某一类乡村，而即使如此，我相信，他面对日趋凋敝的老屋时，乡亲们也并没有显示给他一致的态度。渠岩痛惜老屋的文化行将消亡，而乡亲们却有各个不同的感觉和想法。

完全没有机会听渠岩讲述他与乡亲们沟通的经历，只是听他只言片语地说过两句话：我们在许村是从捡垃圾开始的，有时候我真不知道应该做什么——是搞新农村建设，还是搞艺术的介入？

三

对话渠岩的欲望，就是从他这两句话具体地生发出来的。作为渠岩的同代人，我经历过上山下乡，在村子里劳动和生活过。那段岁月给我的精神营养，直到今天还帮助我理解"何谓中国"这个根本性的问题，也时刻提醒我，农民们从来不需要我们这些学院知识分子启蒙，也没有兴趣对我们进行"再教育"。

渠岩和他的团队在许村捡垃圾，其真正的含义大概并不仅止于向乡亲们显示诚意。这个看上去与当代艺术并无瓜葛的行为，虽然最终让村民们接受了他们，却也同时让渠岩站在了岔路口上。改善村里的居住环境，丰富村民们的精神生活，需要的不是说教，也不是一场当代艺术的个展，而是切实而持续的日常行动；当渠岩尝试这么去做的时候，他将面对一个潜在的选择：是作为当代艺术的创造者参与乡村重建，还是作为志愿者参与乡村重建?

可惜认识渠岩太晚,此前完全不知道许村,而渠岩在本书中关于许村的篇章,我也尚未有机会阅读,所以我只能凭借猜测推断他的选择;而且,同样凭借猜测,我觉得他虽然做出了作为当代艺术的创造者参与乡村重建的选择,也仍然会有些无法释怀的不舍吧。渠岩接触到的乡村,并不是贫穷无助的那一类地方,但是也积累了重重的困境和明显的问题。作为试图直面现实的艺术家,渠岩首先需要忘记自己的艺术家身份,否则,他将无法进入这个中国改革的第一现场。

带领团队成员的渠岩这么做了。我推测,开始捡垃圾之时,他的目标是明确和简单的:向乡亲们表示自己的诚意,告诉他们,自己这一群人并不是到村里"镀金"的,他们真心地想为村里做些事。然而随着行动的展开乃至获得成功,当渠岩和他的团队被乡亲们接受之后,他们则会被期待解决更多的问题。渠岩是否意识到了,只有当自己在感觉上也渐渐向村里人靠拢时,这份期待的沉重才使他力不从心?

这也许正是现代知识分子的宿命。尽管很多富有责任感的知识分子力图为民众代言,然而毕竟乡绅主导乡村的时代一去不返了。作为乡村中他者的渠岩,不可能如同当年黄宾虹那样以乡绅的身份主导乡村事物,然而他却在融入乡村生活的过程中,体感了乡村生活的温度。那温度并非是恒定的,如同人的体温一样,乡村也会发烧,也会发冷。我相信,这温度的波动一定会使渠岩纠结,会使他有时产生放弃艺术直接投身现实,从而仅仅成为一名志愿者的冲动；也正是在这样的时刻，渠岩不得不面对一个容不得浪漫情怀插足的现实困境：自己究竟可以做什么？我相信，只要身处巨变的现实，他今天就仍然有纠结与困惑，但是作为一位以当代艺术为志业的艺术家，他必须自觉地拥有边界意识，在乡村重建过程中尽量为乡亲们留下那些只有艺术家才能留下的痕迹。

中国的乡村，是这些年里受到冲击最大的第一现场，也是最充分地反映出改革开放得失利弊的一面镜子。即使农村经历了深刻的"去农业化"，即使农村正在变成城镇，我们也无法忘记一个基本的事实：中华文明是在几千年农耕、游牧、渔猎文化的基础上杂糅而成的，它并不妨碍现代化，但是它需要用转化传统的方式完成自己的现代化进程。在现代化被简单地等同于城市化的今天，在西方化被简单地等同于理想模式的集体无意识中，性急的现代化进程正在挖掉我们脚下的文化根基，让我们无家可归。

这也正是渠岩这类艺术家的使命。他们的责任并不在于在实践中直接为民生疾苦代言，其实这种代言也不是他们的长项；但是，艺术家的敏感与创造力，却使得他们在感知了乡村的体温之后找到了最有效的形式。渠岩曾经也创造过抽象的装置艺术，大概现在他也并未放弃这类表现形式，但是，他显然把最主要的精力放在了老屋改造这种看似"实用"的形式创造上，这是因为，今天乡村重建过程中的一个最令人痛心却往往被人轻视的环节，正在于原有村落形式的逐渐消亡。对于艺术家而言，形式永远伴随着意味，形式的消亡直接暗示着社会生活中某些意味被谋杀。在不知不觉之中，形式的粗糙乃至缺失会使我们不再拥有精神生活的能力，人就如此变成行尸走肉。乡村生活中老屋和祠堂的凋敝，并不仅仅意味着建筑学的问题，那是一种生活方式被简单放弃的象征。当我在渠岩工作室隔壁观摩了老妈妈们在空荡荡的小祠堂里上香摆供的时候，我不仅知道了村庄还没有丧失精神生活，而且了解了，这种精神生活需要它特定的空间与形式，并不能随意被取代。

或许，当代艺术正是在渠岩这类艺术家的实践中，为我们展示出这些不能被随意取代的形式，帮助乡亲们重建精神家园。而这种展示，才是艺术家特有的社会贡献。

四

我没有机会直接参观许村的面貌，而青田的实验才刚刚开始，渠岩还没有来得及完成这部分作品；但是置身于青田，我仍然可以感知到太行山脚那个村落，因为曾经发生在许村的关于村落通过修复建筑形式激活传统的故事，正在青田延续。

渠岩并不是简单地保留老建筑的原貌，他只是保留了老建筑的节能与审美功能；老建筑的缺点，在生活质量改善了的今天，已经有了克服的条件。比如提高房屋布局的合理性，加大窗户采光的能力，增强屋内设施的舒适度，这些具体的改进都在他的设计之内。保留老建筑的外观，大幅度地改造内里的结构，简约但不简陋，是他的用心所在。似乎为了跟中国乡村已经出现和可能出现的洋泾浜建筑竞赛,渠岩也打造如同那个小茶室一般的精致房间,让乡亲们知道,最前卫的装饰,原来可以在最传统的老屋里完成。我不知道青田的乡亲们对此做何感想,但是渠岩介绍我们参观了一家农户,主人正在模仿渠岩的设计自己动手改造一处老屋,为外出务工的儿子翻盖新房子。他对我们说,用渠岩的方式改造这个老屋,在高高的房架下加盖了一层简洁的卧室,不仅保暖还增加了空间面积,一举两得,且花费很少,他很满意。

渠岩在青田的工作,得到了当地村民的理解,也得到了当地基层组织的干部和热爱公益事业的企业家的认同。为了更好地推动顺德地区的乡村建设,由顺德区杏坛镇、榕树头村居保育基金会和广东工业大学三方组成了岭南乡村建设研究院,并且推选渠岩担任研究院的院长;乡亲们不再把渠岩视为外来的艺术家,他们邀请他深入地参与村落的公共生活,分享日常生活中的烦恼和喜悦。这个乡建研究院自下而上地推动着乡村重建的事业,尽可能地使其向健康方向发展。值得一提的是,渠岩的努力也同时得到了顺德区政协一位负责人的理解和支持。这位颇有远见的干部,不仅帮助渠岩解决具体工作中的困难,而且很善于活用渠岩的能量。我们离去之前,听到渠岩说,他接到这位负责人的邀请,要给顺德各个乡镇的领导们举办一个名为"乡村振兴大讲堂"的连续性讲座,这是一个由区农业局和渠岩所在的乡建学院共同举办的培训班,对基层干部进行关于乡村振兴与乡村建设理念的培训。我不由得很佩服这位有头脑的政协负责人。他深知乡村重建的关键环节在于基层干部,他们的判断比渠岩更有效和更直接地影响着乡村的面貌。那些来自乡亲们的各种让渠岩无奈的问题，只有通过这些基层干部的工作，才能真正得到解决。紧迫的问题是，渠岩需要让当地的干部们明白，不仅是那些老屋，还有那些凝聚了乡亲们情感记忆，可以使他们叶落归根的宗祠，其实都不是现代化的障碍；相反，乡亲们延续有尊严的生活，离不开这些传统的载体。当然，渠岩不可能介入修缮宗祠的工作，但是，他对老屋的重建，却为这些基层干部提供了相应的想象空间，使他们有可能不简单地破坏乡村生活中这些最牵动人心的场所。我相信，渠岩在这个讲堂上传递的，绝不仅仅是关于老屋重建的重要性与可行性，他在传递的是一个远为复杂的乡村重建理念：重建乡村，绝不是简单地毁掉传统的村落形式，因为这种破坏将直接摧毁村落生活中的某些归属感，使得重建失去根基；重建乡村，也不是把已有的村落形式直接改造为"旅游资源"，乡村生活的形式如果只变成供游客观赏的对象，它也将极大地损害乡村主体的生活质量。

渠岩的工作太像是在盖房子，以至于我们很容易把他当成建筑设计师，但是，渠岩归根到底是一位艺术家。他是一位有着敏锐的形式感知力和深刻的现实关怀的艺术家。当渠岩把这些建筑拍摄为影像的时候，它将成为当代艺术的创作。这让我想起我的另一位朋友，台湾的建筑师谢英俊。我曾经写过关于谢英俊的随笔，向大陆读者介绍过这位特立独行的创造者。谢英俊是一位以建筑设计介入乡村重建的建筑师，但是他的一些设计却被美国的当代艺术评论界视为艺术作品；而渠岩是一位以艺术介入乡村重建的艺术家，他的设计却似乎被人误解成只是建筑师的工作。或许当代艺术，就是这样的性格：当创作主体感知到生活的温度时，当创作主体介入到历史的旋涡中去时，日常生活中那些最普通的形式，就将被转化为最富有想象力的艺术作品，而反过来，这些想象力的结晶将会回馈日常生活，让日常生活呈现出不同的亮色。谢英俊与渠岩，有一个共同的基点：他们都试图打造出可以让乡亲们承受得起的建筑形式，都试图激活传统生活方式中那些合理的部分；正是这共同的部分，让建筑师谢英俊成为艺术家，让艺术家渠岩成为建筑师。但与此同时，谢英俊所成就的，是他那可以由外行自己搭建的建筑模式，而渠岩所成就的，则是凸显出正面临着凋敝的传统形式所具有的深厚意味。

我相信，渠岩对当代艺术提出了一个相当深刻的挑战：如何在充满矛盾的现实当中，找到那些有意味的形式？找到了那样的形式之后，艺术家该如何创作？渠岩的独特性在于，当他从老房子中获得创作灵感的时候，他并没有抽身出来转向当代美术最擅长的抽象表现，而是更具体更细致地深入了这种活生生的形式，挖掘出它内在的意味。这使他以"创造形式"的方式直接介入了乡村的现实生活，而现实生活也慷慨地为渠岩的艺术形式注入了饱满的能量。渠岩作为乡建学院这个民间团体的推动者，他经历着的绝不仅仅是保护老屋形式、改造和转化老屋的形式；他所展开的大量看似与老屋改造无关的村落日常事务，作为乡村重建的具体内容，为他的形式创造工作提供了涌动不息的语境。这是艺术与生活互惠的过程，它提供了活生生的流动着的生命能量，在青田，我感觉到了它的存在。渠岩的艺术想象力带有强烈的现场感，它饱满的"意味"，正来自那些看似与艺术无关的实践。当然，渠岩作品积淀着历史能量的形式，不可能仅仅通过言说得到呈现。即使如此，本书仍然是一个重要的媒介，它将帮我们进入一位当代艺术家独特的心路历程。

（原载《天涯》2019年第2期）

阅读和理解鲁迅，需要超越常识经验

问：孙歌老师，你专门研究日本政治思想史多年，是什么契机使你有兴趣重新解释鲁迅的《野草》？

孙歌（以下简称孙）：我不是鲁迅研究者，虽然一直很想对鲁迅多下些功夫，但是一直没有机会落实。要想真正研究鲁迅，需要更多的文献学功夫。鲁迅不仅是文学家，也是思想家，不能仅仅从文坛上理解他，还需要更多地深入他的同时代史，理解那个时代的思想走向。这需要很多时间和很多精力，我知道自己不可能贸然进行这种意义上的鲁迅研究。但是与此同时，还有另外一个层面，却是一直吸引我的。鲁迅并不是一般意义上的思想家，他更是文学家。他不是以论述的方式，而是以拒绝论述的方式，给我们留下了一笔思想遗产。阅读和理解鲁迅，需要把思想转化成感觉，并且需要有穿透常识经验的能力。我觉得阅读鲁迅，有助于培养我们在这方面获得自觉。我虽然没有自信研究鲁迅，但是却有冲动在后一个层面上理解鲁迅，也就是说调动感觉去体验鲁迅留下来的思想遗产。应该说，我的这本小书，就是这种体验的尝试。

如果说有什么契机让我尝试进入《野草》的话，最直接的就是2011年的福岛核事故。这一年的3月11日，福岛近海发生大地震，紧接着发生了强烈的海啸。在地震、海啸的冲击下，福岛第一核电站临近海边的四个机组由于没有配备备用发电设备而停电，因为停电而无法冷却，接着导致一号机组燃料棒烧穿，产生了高强度的核泄漏，其他三个机组也有损坏，后续处理很难进行。这场事故导致的核辐射至少影响了整个东部日本。这个消息让我对日本的朋友们非常牵挂。我现在还记得当时我受到的震撼。只有在那种时刻，人才能够理解康德在里斯本大地震的时候诠释"崇高"的意义所在。核电站是人为的产物，福岛核事故也是人为原因所致，但是在大自然的冲击下，这个人为的灾难却是人无法控制的。事故发生之后，东京电力公司制造出很多避重就轻的说法，日本政府也做出很多姿态，日本的民众，首先是福岛人，不得不面对家园被重创的现实。几乎没有什么好的选择，可是又不能不选择。那一年日本人真的很艰难。

刚好在那一年秋季学期，我被邀请到京都大学开课，邀请教授希望我可以讲授一个关于鲁迅的专题。福岛第一核电站的事故在春天造成的阴影，到了秋天也没有消退，即使京都离关东有一定距离，其实这个距离也未必安全。这时候日本的大小书店里都设立了核辐射专架，我通过文字了解了更多这场灾难带给日本人的困境。它绝不是把污水排到海里去就可以解决的问题。这使我获得了某种难以诉诸语言的临场感，那时候我脑子里出现的最鲜明的意象，就是《野草》中的几篇散文诗：《影的告别》《聪明人和傻子和奴才》《这样的战士》《死火》《希望》《过客》。与此同时，还有一篇并非《野草》中作品的《我要骗人》。它们在我脑海里形成了一个相互呼应的意象群。我相信不同的人读《野草》都会有自己的核心文本，对我来说，核心文本是这个系列。

那一年秋天，有一种感觉一直缠绕着我，让我无法解脱。这就是鲁迅所表述的梦醒之后无路可走的感觉。假如没有福岛核事故的现实诱因，大概我还不会如此强烈地感觉到这种无可选择又必须选择的困境。

其实我们在现实中常常遇到各种层次的困境，大多依靠自欺欺人的方式也就含糊过去了。我们生活中的污染绝不仅仅来自核电，福岛敲起的警钟并不仅仅是在警示日本社会，它直接昭示着人类现代社会生活的危机。

《影的告别》里最让人无法释怀的，是影子无处安身的时间和空间感觉。没有一个时间点属于他，没有一处空间可以让他立足，没有一种光线可以给他轮廓。但是影子不甘于沉没，它要在无法自立的环境里自立。读这篇散文诗的时候，我感觉到进入了一种用直观的生活感觉无法形容的境地，既不是抗争也不是绝望，更不是玩世，我觉得那是一种在极限状态下坚持的境地。福岛核事故像是一道闪电，照亮了很多我熟视无睹的现实，对我而言这当然并不是他人的事情。闪电一闪而过，现在全世界都把它忘记得差不多了。但是鲁迅不允许我们这样做，这就是我从《野草》中读出的信息。

当然，我还要感谢中国美院的朋友们，他们提供了更直接的契机。美院在2016年就酝酿纪念鲁迅逝世80周年的活动，在2018年终于落实，这个活动总的名称叫作"《野草》计划"，主体架构是一次由美院的版画系师生担纲的大型画展，也配合了一系列的讲座。我在还没有准备好的情况下就被推上了讲台。虽然在此之前，我先后在京都大学和重庆大学开过类似的课程，但是并没有完整地讨论过《野草》的全部作品，只是根据我的想法选择了其中的部分篇章。中国美院的朋友们推了我一把，我不得不硬着头皮上阵。课程之后，我对录音稿进行了大幅度的加工，就有了这本书。

问：请问日本学者对《野草》的解读与中国学者有什么不同？

孙：我很难正面回答这个问题。因为必须老实承认，我对中日学界鲁迅研究的先行成果并没有下过文献学的功夫。我只是在早年读过钱理群、王得后、汪晖、王晓明等学者的研究，这几位都是我很尊敬的学者，他们好像都没有专门处理过《野草》，但是都对《野草》有心得。那个时候我自己并没有打算做这方面的讨论，所以只是凭兴趣进行了一般性阅读，后来转向日本思想史，就没精力读其他学者出版的成果了。所以严格地说来，我读过中国的一部分鲁迅研究，但是没有读过中国的《野草》研究。至于日本的鲁迅研究特别是《野草》研究，我阅读的也不多，也是凭兴趣进行阅读，几乎从来没有想过对中日两国学者的鲁迅研究进行比较。

90年代初期在日本逗留，我拜读了木山英雄先生写于1962年的长篇论文《关于〈野草〉的形成逻辑及其方法》，我记得当时读得很吃力。吃力的原因在于木山先生刻意避免对《野草》进行系统性的阐述，他更重视对于作品形成过程的具体讨论；他的讨论其实一直指向一个基本的问题意识——木山先生认为《野草》在鲁迅的作品里最能够体现他的哲学思考，因此可以从具体的意象中提炼出鲁迅的观念，甚至有些作品就是观念直接出场。但是这个问题意识并没有构成这篇长文的结构，木山先生刻意地在这篇论文中"去中心化"，分析是高度弥散性的，这让习惯于系统性地阅读的我有些难以招架。不过当时给我印象最深的是木山把"死"作为鲁迅哲学对抗虚无的契机，他对《野草》中几篇以"死亡"为主题的作品进行了精彩的分析。把"死亡"作为鲁迅哲学命题的载体，这个想法非常重要。

在木山先生之后，丸尾常喜先生在1997年出版了一本很厚的著作，名为《鲁迅〈野草〉研究》，对《野草》中的每一篇都进行了翔实的考证。我自己在讲课的时候也受惠于这本书，里面的一些注释对我很有帮助。

但是我对日本《野草》研究的了解也就是限于这两位先生而已，所以真的不敢乱讲中日学者的解读对比。但是我可以大而化之地讲一个差异之处，我的感觉是，中日两国的鲁迅研究在起点上的指向性是不一样的。就中国而言，我们都知道毛泽东在延安给鲁迅确定了一个"圣人"的位置，毛泽东的鲁迅观对其后的鲁迅研究影响深远。毛泽东的鲁迅观是鲜活的，也有很强的现实针对性，但是后来被逐渐固化了，结果鲁迅也就被固化为伟大正确的思想家了。我所阅读的80年代以后的鲁迅研究，就是在这个起点上试图恢复鲁迅作为人的生命形态，并且以此为出发点重新认识鲁迅的历史地位。这是一个重新进入现代历史的努力，我认为前面提到的几位学者的重要性，在这个意义上是怎么评价都不过分的。让鲁迅从神坛上走下来，才真的能让我们继承他的思想遗产，我相信80年代之后的鲁迅研究者，至今仍然在继续推进这个工作。只不过我阅读有限，不敢继续往下说了。

　　日本的鲁迅研究是从竹内好起步的，但是准确地说是从"反抗"竹内好起步的。竹内好的《鲁迅》写于1943年，那时候中日交战，而且鲁迅逝世还不到十年，能够找到的资料太少，进行所谓"客观研究"很困难。不过更重要的是，即使有大量的资料，恐怕竹内好的写作也不会有太大的改观，因为竹内好从来就没有打算做一个"中国学家"。这里面涉及一个非常有趣的问题。竹内好的鲁迅研究也尽量对有限的资料进行了"考证"，所以可以认为他也在履行"学术程序"，但是这部日本鲁迅研究的奠基之作，很难说是"鲁迅研究"。它提出的那些重要的问题，也包括它显示的独特的历史观，既属于鲁迅，又大于鲁迅。但是这些问题的提出却使人觉得触及了鲁迅精神的根本，它立刻引起了日本思想界的关注。在某种意义上，竹内好的鲁迅研究是以鲁迅为媒介的思想生产，它是对鲁迅的转化。因此，应该说竹内好把鲁迅带进了日本战后知识界，使鲁迅跨出了中国学的领域，成为日本思想生产的资源。事实上，我几乎从来没有把竹内好的《鲁迅》跟日本的鲁迅研究放在一起认知过。当然这样说不太准确，不过平心而论，竹内好的鲁迅研究，他之后的日本鲁迅研究，它们各自的功能是不太一样的。

日本的鲁迅研究其实是从竹内好的下一代起步的，它的代表人物是丸山升、伊藤虎丸、木山英雄等。在起点上，他们研究的指向性与中国的鲁迅研究不同，这一代学者在战后积极推进日中友好，希望加深对中国的理解，所以他们力图在鲁迅研究和中国研究中注入更多的现实政治性与实践性要素。同时，他们不满于竹内好的鲁迅论只是把鲁迅作为历史的载体，借助于鲁迅提出和展开重大的历史课题，他们要全面地研究鲁迅作品本身。他们对竹内好的"反抗"，体现在他们的鲁迅研究更注重史料的实证性与对作品本身的深入分析，特别是竹内好讨论鲁迅的时候一笔带过的部分。比如《野草》，就是竹内好的鲁迅分析比较薄弱的部分，木山的这个研究可以说是日本《野草》研究的开山之作。

问：从思想史角度讨论《野草》会不会比较容易忽略鲁迅作品的文体和形式特征？

孙：那倒不一定。思想史研究确实并不把文体分析作为必须处理的对象，但是在有些情况下文体特征和作品的形式本身也可以构成思想史的重要内容。从思想史的角度看，形式并不是可有可无的，只不过思想史对形式的处理方式与文学研究不同。对思想史而言，形式的要素往往是和思想命题结合起来讨论的，单独地讨论形式本身，特别是对形式进行技术性分析，很难构成思想史的课题意识。

我在刚刚结束的三联中读音频课程"思想巨变中的日本"中介绍过丸山真男的一个有趣的逸事。1968年学生运动的时候,丸山受到东京大学造反派学生的冲击,有一次他被学生围攻,一个学生斥责他是形式主义者,丸山立刻反驳道:"人生就是形式。"后来他私下里对自己的学生说,可惜事出突然,没有把话说完整,其实完整的说法应该是"人生是形式,文化也是形式"。

这里说的"形式"当然比你谈到的《野草》文体或者鲁迅作品的形式要宽泛,它可以指称一个人举手投足间的气韵,比如北京人常常说的"范儿",也可以指称一种政治文化的器物与程式,比如孔子时刻挂在心上的周礼。古往今来,破坏一种政治文化常常是从摧毁它的形式入手的,"礼崩乐坏",说的就是形式的解体。所以形式在思想史视野中具有很高的政治含量。

当然,文体也是一种形式。从思想史的角度思考文体,在方向上与丸山所说的"人生是形式,文化也是形式"是一致的。《野草》的形式特征非常强烈,它的修辞与意象构成的意境,非常值得分析。比如《死火》开头寥寥数语,就一下子把读者抓进一个彻骨的青白世界,一直到结尾都无法摆脱那种刺骨的寒意;比如《秋夜》,通篇充满诡异的色调,对常识的所有感觉都进行了颠覆。这些独特的修辞构成鲁迅特有的文体特征,它拒绝平庸的想象。形式的独特性传达了特定的意味,而不是意义。《野草》的形式特征给人的意味是一种难以捕捉却无处不在的感觉,可以用概念去说明它,但是说明之后总有一些重要的感觉会遗留下来，它不可说明。比如《聪明人和傻子和奴才》《这样的战士》，采用了一种连环结构的写作形式，每一个要素都被其他要素所制约，相互之间形成了某种互补乃至共谋的关系。读过之后，会使人体验到《死后》里所描写的状况——气闷。这就是形式带给人的意味。

从思想史的角度体味《野草》的形式，确实有一个困难，那就是必须以形式为媒介进入到意义层面。在这个层面里，意味带给人的特殊感受不能独立存在，它需要与意义结合。但是经由了对形式的鉴赏，或者说经由了对意味的领悟之后，意义就不可能再仅仅是社会科学的抽象概念了。我在后期处理录音稿的时候，感受到了这个过程。坦白地讲，我在讲课的时候其实并没有意识到自己是通过作品的形式特征进入它特有的意味世界，我只是感觉自己被作品的张力紧紧地抓住了，被一些情绪包围，无法逃离。但是进入到写作阶段，我就需要跟意义打交道了，我需要解释这种张力。确实，这种情况下很容易忽略掉作品的形式要素。

丸山真男曾经特别谈到过理论工作的局限性。他说，当思想从现实中抽取出理论命题的时候，无论如何都要舍弃掉很多重要的现实感觉，这是理论工作的宿命。关键不在于是否因此放弃理论工作，而在于必须以爱惜之情对待被你舍弃的那些要素。理论家进行严密的抽象操作时，总需要伴随着一种对于广大无垠的现实的"断念"，他必须意识到自己的知性操作舍弃了讨论对象之外的素材，这种感觉会促使他培养严格的工作伦理。这话是什么意思呢？一个意思是，理论工作不可能涵盖现实，对于这个事实的自觉会帮助理论工作者意识到自己工作的局限。他必须知道自己只能处理有限的一部分问题。另一个意思是，正因为如此，理论工作才有可能在有限的范围内尽可能地追求完成度。思想史虽然不是理论工作，但是它的视角必须有理论含量，否则无法发现问题。所以，思想史研究也需要同样以爱惜之情对待难以被概念所呈现的那些要素，这是思想史的工作伦理。文学作品传递的氛围、作品形式特有的造型能力等，这些虽然并不是现实本身，但是同样具有需要被以爱惜之情对待的性质。思想史即使对这些要素"断念"，也不能够因此无视它们。

像鲁迅这样的历史巨人，需要从不同的方面，调动不同领域的方法理解他。好在这次在中国美院的项目里有不止一位中文系的教授参与，我相信他们可以很好地弥补我的这个缺憾，从鲁迅的文体特征出发解释鲁迅。

问：你说《野草》在鲁迅所有作品中最集中地传递了"饱和的危机感"，请你具体谈谈"饱和的危机感"的含义。

孙："饱和的危机感"是指危机到了极限的程度，不可能更强了。也可以换个说法，"饱和的危机感"就是极限状态。这是我近年来在讨论冲绳问题的时候经常使用的一个说法。冲绳人就生活在极限状态之中，我多年前在边野古和平抗争的冲绳民众那里感受到了这一点。这个抗争今天还在持续，它关涉到美军基地对边野古海域的破坏，更关涉到冲绳人在被日本政府出卖的情况下主体性地维护自身权利的艰难。我们日常生活里一般很少遇到真正意义上的危机，即使遇到了，也往往用一些方式含糊过去。要是直视危机，并且这危机还是接近极限状态的，那需要很强的心力才能保持清醒。意识到危机饱和其实不难，今天只要看看国际环境，我们就可以理解什么叫作"危机四伏"，什么叫作"危机白热化"。问题在于，意识到了危机之后，我们需要冷静地观察一下，它到底向什么方向发展。"危机饱和"并不是一个静态的概念，所有的危机都在不断演变，到达饱和状态之后，它会发生各种变化，比如突破临界点而爆发，摧毁原有的结构；比如避免爆发而转移，形成新的格局。总之，停留在危机饱和状态不动，在现实中是不可能的。比如在国际关系的领域里，危机在饱和之前，会维持一个动态的平衡，避免以白热化的方式爆发，在这个动态平衡关系里，各方都要角力，尽可能地把危机转移到新的层面上去。一旦平衡被打破，就会爆发冲突，这是常识都可以理解的。

在现实中，危机的饱和只能是一个"点"，没有延长线。也就是说，饱和的危机要么爆发要么转移，不可能静态地持续。但是在思想上，在这个"点"上立足不但可能，而且是必要的。因为即使危机转移了，形成危机的根源也并不会消失，对它的认识只有透过对危机饱和状态的深入体验和追问才能有效产生。我曾经写过一篇评论，讨论现代社会的"常态偏执"问题，借助于福岛核事故，反思包括我在内的现代人在社会生活中以偏执于常态的方式回避直面危机的弊病。福岛核事故发生之后，不但核辐射本身的现实曝光了，围绕着核电的现代神话也曝光了。但是一两年之后，日本社会似乎恢复了常态，全世界也好像忘记了福岛，尽管福岛的核废料还在源源不断地增加着，这个危机却好像过去了。福岛核事故，原因并不仅仅在于福岛第一核电站的设计缺陷，它源于现代社会对能源的大量消耗所产生的需求，源于资本运作唯利是图的逻辑，源于核工业与核武器之间的共谋关系……这些根源性的要素只有立足于危机饱和的那个点上，只有不随着危机的转移而转移，才能够持续地认知和追究。只有危机饱和的那个"点"能够帮助我们理解，假如不调整现代人的活法，福岛的悲剧还会在其他地方重演，我们每个人都不可能置身事外。但是随着现实中危机的转移，人们恢复了常态感觉，似乎危机已经化解，就不太有人追问了。

鲁迅不肯在常态上自我欺骗。他在《这样的战士》里不断举起投枪，不是因为有把握射中无物之物，而是因为无物之物经营了一个谁也不闻战叫的太平境地。他在对这个太平境地开战。鲁迅在文坛上工作，他把最主要的精力和最重要的论战都投入了文坛。文坛这个环境最善于经营常态，它可以把危机变成常态的装饰。鲁迅一生生活在危机的临界点上，他的写作让这个没有延长线的"点"就以临界的状态支撑起他对危机本身的不断揭示。我之所以强调鲁迅对真伪的执着更胜于他对对错的坚持，就在于当虚假的政治正确粉饰了无物之物之后，只有对真伪的辨识才能有效地戳破这种粉饰。

我在阅读《野草》的时候，最受到感染的就是这种在危机饱和状态下的坚持。鲁迅把它称作"挣扎"；在铁屋子里独醒，无法逃离却不肯睡过去，这就是鲁迅式的抵抗。鲁迅的挣扎，以饱和的危机为媒介。鲁迅不在常态里生活,所以他看到的好世界里的缺陷,是别人看不到的。

问:《野草》中,过客说:"倘使我得到了谁的布施,我就要像兀鹰看见死尸一样,在四近徘徊,祝愿她的灭亡,给我亲自看见;或者咒诅她以外的一切全都灭亡,连我自己,因为我就应该得到咒诅。"请孙老师谈谈对这段话的理解。

孙:木山英雄先生曾经在他的论文里对这段话进行了一个很精彩的点评,他说这段话表现了鲁迅拒绝所有的人间感情,是鲁迅式的"超人"。木山认为《过客》在《野草》中是最为观念化的一篇,过客无法停止地朝着坟墓前行,鲁迅是通过这种否定了目的与意义之后的行为,回答那个不断召唤他的"声音"。可是行为本身的自我目的化,带来的是一种对于《野草》乃至鲁迅其他作品的谐谑效果。这是一种绝对化的孤独,它以主观的孤独取代了主观的爱,所以它不得不咒诅关心他的人和那以外的一切都灭亡,也包括他自己。木山认为,鲁迅并没有接受尼采关于上帝已死的前提,他只是接受了超人不断超越的意象,所以《过客》里这种绝对孤独的宣言是必然的。

我很同意木山先生所说的这段话是鲁迅超越了人间情感的哲学观念,它的核心是孤独者对于孤独的自觉和自守。但是我更愿意从这段话的修辞特征以及上下文里读出另外一种含义,它是对于鲁迅"孤独者"哲学的重要补充。鲁迅确实创造了自己的超人,但是这个超人跟尼采的超人有很关键的不同,那就是它没有真的"超越"人间烟火。这段引文细读起来有很深的微言大义。

鲁迅用"或者"并列了两种他期盼其灭亡的对象，但是这两种对象在他的心目中的定位不同。前者，即小女孩所象征的善良和关爱，是鲁迅"祝愿"其灭亡的，这个动词里包含了某种不易察觉的温情；后者，即过客不愿回头的"过去"的一切，他认为这是善与爱之外的一切，"没一处没有名目，没一处没有地主，没一处没有驱逐和牢笼，没一处没有皮面的笑容，没一处没有眶外的眼泪"。对于这一切，他"咒诅"其灭亡，这个动词的使用是冷酷的，毫无温情可言。虽然都是导向灭亡，不过一个是祝愿一个是咒诅，这里面已经有所区分了。不仅如此，过客还把自己加到了后者，即被咒诅的行列里，这令人想起《狂人日记》里狂人所说"我未必无意之中，不吃了我妹子的几片肉"，所以尽管过客拒绝了人间情感，他却没有置身于人间之外，没有置身于他咒诅的一切之外。他面向坟墓前行，是因为不愿意同流合污，也是因为无所留恋，所以"祝愿"善与爱的灭亡也是为了割舍留恋的可能。关于割舍留恋这一点，鲁迅在他的杂文里有很多涉及，不需要引用了。不过我不太同意木山先生所说鲁迅的这份决绝是杨朱式的"绝对的为我"，其实鲁迅对于留恋的割舍，很大程度上倒是为了不连累爱他的人们。

在鲁迅这段决绝的话之后，紧接着还有一段话："但是我还没有这样的力量；即使有这力量，我也不愿意她有这样的境遇，因为她们大概总不愿意有这样的境遇。"这段话非常重要。因为它直接破坏掉了前面用"或者"连接起来的两种灭亡的并列关系。鲁迅"祝愿"的前一种灭亡，是他不愿意看到其发生的，可以说这段话直接收回了他的"祝愿"。但是他并没有因此收回他咒诅的第二种灭亡，于是区别在这里可以看得很清楚了。

在写作《野草》的时期，鲁迅确实没有晚年那么温暖，但这也是孕育着鲁迅与许广平爱情的时期，鲁迅的孤独确实更多地体现了他的哲学，然而在割舍温情的意义上，鲁迅其实并没有超越。我觉得，鲁迅的超越性不在于他的决绝，而在于他的多疑，多疑贯穿了鲁迅一生，所以我不大愿意把鲁迅早期的冷彻与晚年的温情对立起来，我认为它们共同构成了鲁迅人格的旋律。毋宁说，鲁迅的冷彻有着温暖的底色，而鲁迅的温暖却内含着冷彻，它们是密不可分的。在这个前提下，用30年代以后鲁迅的写作来印证《野草》里的这段话，应该是可行的。

我在讲课的时候也引用过《我要骗人》。这篇文章写得很温暖，却不是通常意义上的善与关爱。鲁迅给小学生捐款，为了让卖馄饨的摊主赚一点钱而买馄饨，都与《过客》中的小女孩给过客布条的行为完全不同。鲁迅的善举是"骗人"，是他明知道无意义而仍然去做的，仅仅因为这些善举可以使那些善良的人暂时高兴；而小女孩拿出布条的善举不是骗人，她真心相信自己的行为是有意义的，跟那个募捐的小学生一样。鲁迅在《我要骗人》中流露出来的"可悲的是我们不能互相忘却"的情怀，是他在民族危亡之际表达的连带感；但与此同时，他却并不信任文坛高扬起的救国旗帜，他去世前挑起的论战证明了这一点。鲁迅的深刻，就在于他识破了假象背后的现实，却并不因此落入虚无，他在绝望之时并不信任绝望，这就使得他的多疑具有了超越性："中国人不疑自己的多疑。"不疑自己的多疑，反倒使得鲁迅感觉到"无穷的远方，无数的人们，都与我有关"。

再回到《过客》中的这段话。过客拒绝了女孩的好意，"咒诅"了女孩之外的一切，他"只得走"，而且只能一个人走。在这个场景里，真正的实体性角色是那个召唤着他的"声音"。按照木山先生的分析，三个人物作为鲁迅观念世界中的三个方面，明快地分担了哲学功能。我觉得这个分析有道理。但是我无法不把第四个角色放进来，这就是"声音"。有意思的是，这个看似最抽象的"声音"，却是文本中最实体的角色。我这么说，借用了竹内好在《鲁迅》里的那个著名的比喻：华丽的舞场里很多人跳舞，其间夹杂了一个骷髅。你看不到也就看不到了，但是假如真的看到了，那么你就无法不去注意它，最后会觉得只有那个骷髅才是舞场中的实体。我说"声音"是实体，也是在这个意义上。"声音"在这个文本中是一种能量，老翁在过去拒绝了它，女孩可能在未来会遇到它，而过客正在它的诱导下踉跄着走向开着野百合与野蔷薇的坟地。我在书中提出的假说是，这个"声音"是使过客成为天地之间一个集结点的"天理自然"之道。"两间余一卒，荷戟独彷徨。"这个声音既外在于他，又内在于他，它使过客的个体生命不再仅仅属于他自己。在这个意义上理解他的那段关于"祝愿"和"咒诅"的话，就可以理解这并不是日常性的说法，不能直观地解释。

问：你在分析《聪明人和傻子和奴才》时借用了一个战后政治学

的概念"他者志向型的利己主义",我对这个概念非常感兴趣。请孙老师继续展开谈谈。

孙:"他者志向型"这个概念最初是美国社会学家李斯曼在1950年出版的著作《孤独的群众》中作为现代社会人格的类型提出来的。李斯曼认为,社会人格对于一个社会的运转具有重要的作用,但是社会人格并不是从个体的具体性格中自然发生的,它是由社会环境打造的。因此,随着社会环境的变化,社会人格也将发生变化。李斯曼主要根据他对欧洲与美国社会的考察,认为现代的社会人格经由了传统志向型和内部志向型,发展到了他者志向型。传统志向型是以传统习俗为基础打造的人格,它依靠历史上流传下来的各种仪式和风俗规范共同体成员,强调个体对习俗的服从;内部志向型是社会成员接受了权威者的道德教育而培养起来的社会人格,它不强调对习俗的服从,强调对规范的服从。而到了现代,以美国为中心发展出了他者志向型人格,这种社会人格的特征是对周围人的动向时刻关注,是一种力求与他人保持一致的社会本能。对于权威确立的规范,他者志向型的人格并不像内部志向型人格那样重视,它更关注的是他者可能对自己抱有的期待。随着现代社会传媒手段的发达,他者已经远远超出了个人交往的可视范围,包含了广大的陌生人。他者志向型的社会人格,时刻关注他人的动向,并且力求以相同的步调参与进去。在消费社会日益壮大的时代,消费行为不再纯粹是为了满足自己的实际需求,而是为了与他人保持一致。政治也会通过传媒成为他者志向型的消费空间。当然，这种参与并不是利他行为，而是在价值判断标准剧烈变化的时代里为了求得安全感而采取的利己策略。

李斯曼在讨论他者志向型社会人格的时候，其实并没有过多强调利己主义。他更关注的是美国社会打造出的这种新的社会人格缺乏想象力与主体创造精神的特征，并且关注这种人格与前两种人格特别是内部志向型人格的结合方式。这个类型化分类概念影响很大，超出了社会学范围，影响到了社会科学的很多学科。1960年丸山真男开设政治学课程的时候，也曾经辟专节讨论人在现代社会为了获得安全感而谋求与他人一致的政治现象。他在写作《现代社会与人》的时候，里面也援引了李斯曼的概念，不过他更强调了被李斯曼置于次要位置的利己主义问题，把社会心理分析引向了政治心理方面。丸山把托克维尔在《论美国的民主》中指出的国家权力的集中与狭隘的个人主义蔓延这样一个双重性进展过程作为基本的视角，特别强调这种狭隘的个人主义不仅表现为人们只关心日常的盈利活动和娱乐之类个人生活领域的享受，同时也表现为对于政治与社会热点问题的关心。现代消费社会的"政治狂热"，与体育赛事和娱乐活动中观众的狂热具有相通性。人们对世间各种事件极其敏感，会根据舆论走向适当地投入自己的情绪，使自己显得很跟得上时代，但是与此同时，这种愤慨或者激情的投射对象与自己的生活并无关系，它们都不过是"他人之事"。他者志向型的现代人会把当代的各种重大问题作为争论的话题，不过并不会作为自己需要负起责任来处理的对象。所以丸山认为，把关心政治与远离政治对立起来是没有意义的，问题不在于是否关心政治，而在于关心政治的姿态内在的结构是什么。

丸山真男在《现代社会与人》中追问的基本问题是：纳粹为什么能够获得德国人的服从？德国人并不是天生的法西斯主义者，他们在"二战"中也不是全都无所作为，但是纳粹可以把德国引向如此可怕的境地，难道仅仅是因为德国人屈服于盖世太保的压力吗？丸山希望从社会心理角度思考普通德国人接受纳粹的过程，并且分析抵抗在纳粹时期何以没有奏效。他在两个层面上进一步展开了"他者志向型利己主义"的分析。第一个层面是与李斯曼一致的，即关注他者，跟着社会的热点话题走，并且随时发表自己的见解。这种姿态使现代人获得了参与社会的安心感，它不是源于自我的主动选择，而仅仅是为了获得他人的关注而进行的自我投射。第二个层面是李斯特没有过多强调的，即这种他者志向型的人格花费大量精力关注他者的走向，并且往往可以保持很高的热度，正因为它是一种利己行为。丸山特别强调，这种利己行为是知识阶层已经定格了的双重生活方式，它可以把纳粹统治下人们内在精神生活与外在社会评价的分裂合理化。

我们还是不跟着丸山继续往前走，回过头来看看鲁迅笔下的聪明人吧。当聪明人听到奴才的诉苦时，他很同情奴才，眼圈发红，似乎要下泪。我认为这份同情是真实的。不过这同情是聪明人为自己赚取名誉的手段,并不是解救奴才的动力,应该说这是典型的"他者志向型的利己主义"。聪明人是所谓的"人道主义者",恰好是《这样的战士》里无物之物的一种。他的人道主义好名声,可以帮助他从战士的投枪之下顺利逃脱。傻子以自己的方式强化了聪明人的正当性,帮助聪明人收获了来自奴才和奴才主人的感谢。

现代大众社会形成之后,正如托克维尔指出的那样,社会面貌既千变万化又单调一致。生活的多样性消失了,海量的信息通过极其有限的过滤器被过滤之后,人们用同样的模式来思想。这种时候,"他者志向"是十分重要的谋生手段。不关心时局,不讨论大问题,在现代社会的人群里会遭到蔑视,所以人们需要关心自己以外的广大世界。但是,通过什么样的渠道获得信息,在获得被过滤的信息之后如何处理信息,这是对主体政治性的严峻考验。我们可以观察到的常见现象就是把传媒提供的信息直接作为现实接受,并且按照通行的价值观对其做出反应。这样的"他者志向"是现代大众生活的基本特征。如何在单调一致的变化中避免做聪明人,如何真正拿起投枪?我想这是鲁迅留给我们的课题。

问: 你用李贽的"不容己"解释鲁迅,你强调思想的人格与情感特征,这对我很有启发。但用理论把握和描述生命冲动及人格情感是否有很大困难?

孙: 生命冲动和人格情感特征确实很难用理论的方式来完整把

握，理论往往把其中的某些要素抽取出来，把它转化成一些认识范畴，但是反过来，利用这些理论分析重新进入生命冲动，我们会发现它已经不再是那个混沌丰富的形态了，它被整理成了有秩序可认知的系统性对象了，这是理论操作的宿命。其实极端一点说，这不但是理论的宿命，也是语言本身的宿命。语言给生命体验造型，本身就是一个归类整理的过程，难免挂一漏万。生命冲动一旦被语言造型，就一定会有被舍弃的部分。原始的生命冲动其实是不可言说的，请允许我转用一下鲁迅的表述：沉默的时候可以感受到充实，一旦开口就会空虚（当然这是转用，鲁迅的原意别有所指）。

前面在讨论形式问题的时候，我提到过丸山真男对理论操作与现实关系的看法。在那篇论文里，他对理论工作有这样的阐述：理论家的任务就在于，参照一定的价值基准对复杂多样的现实进行"整序"。但是无论理论怎样完美，都不可能成为现实的代用品。理论家仅仅是从现实极其有限的局部提取出他能够处理的部分，没有权利奢望自己的理论工作涵盖整个现实，或者取代现实。

用理论把握生命冲动或者人格情感，一定会舍弃掉非常重要的部分，这部分就是"意味"。它往往不可言说，也不会被解释穷尽。所以文学家利用比喻、联想等技巧调动人们的感受力和想象力，启发人们自己去发现、感受和理解"意味"。这是理论工作难以企及的。那么是不是因此就可以认为理论应该在生命冲动或者情感形态这类对象面前止步呢？我认为不是的。恰恰是这些人类生命最基本的状态，构成了人类精神活动的基础，所以绕过这些基础，理论工作有可能生产与人类生命无关的知识。

那么，理论生产要如何对待生命冲动本身呢？丸山把问题推进到了"爱惜之情"的层面，这当然远远不够，我们的思考还要继续往前走。丸山提出的问题意识是，我们知道自己的理论操作舍弃掉了无垠的现实中大量的宝贵要素，所谓对这些要素的爱惜之情，就是自觉到自己工作的局限性。换句话说，通过对于自己无力处理的对象的珍惜，我们可以获得把自己的工作相对化的自觉。但是仅仅把理论工作相对化，还没有进入理论工作本身的特性。我们通常认为理论一定是从经验中抽离出来的，所以它必须是抽象的。因为它抽象，所以从一种经验中抽象出来的理论思考就可以转用于解释其他经验。这种理解是对理论思维最粗浅的认识，我个人不太情愿在这个层面讨论问题。因为这种理解方式，其实缺少丸山所说的对于经验的爱惜之情，它在舍弃经验的细微差异时是毫无顾忌的。这个问题我暂时先不展开讨论了，因为这涉及另外的一些问题。

那么从丸山的这个问题意识往前走，我们将会遇到什么样的问题呢？我认为，当一个理论工作者以爱惜之情对待现实经验的时候，除了把自己的工作相对化之外，他必定会使自己的理论思考最大限度地包含经验，比如，人在社会生活中进行选择时的苦恼、犹豫，这些在理论论述中通常被忽略的对象将进入理论视野。其实丸山本人的一部分工作就是这样操作的。关于这个问题我也不展开了。

差不多十多年前,我从沟口雄三先生的研究中获得了一个重要的启示,那就是在形而下层面建立理论思考是可能的。换言之,用经验的方式进行理论生产是可能的。应该说,思想史是创造"形而下之理"最适合的领域。沟口本人的李卓吾研究是这方面的典范,他的创造性就在于看似在讨论具体经验,但是由于这些经验无法回收到既有的理论框架中去,他就必须自己建立相应的视角并且打造分析工具。我们由此可以感知到"形而下之理"的力量。沟口本人似乎从来没有认为自己在进行理论性的讨论,然而他激活了"不容已"的能量之后,提供了理论想象的具体景观。他走得太快了,我们一下子跟不上,可能过了几代人之后,沟口研究的重要性才能显现出来。

回到你的问题上来。我通过李卓吾的"不容已"阐释鲁迅,其实是试图在李卓吾的"向死而生"与鲁迅的"我只得走"这两种思想姿态之间建立互文性。参照李卓吾,可以更好地了解鲁迅一生何以那样偏激。假如我们仅仅依靠抽象理论来解释鲁迅,那么这种偏激就被过滤掉或者被一笔带过。在日常生活中,偏激并不是做人的美德,如果用常识就事论事地思考,鲁迅的偏激就不可能进入人们的视野,反倒成为为尊者讳的对象。但是通过李卓吾与鲁迅的对照,把"不容已"作为一个基本视角来思考这种偏激背后隐藏的思想史理由,那么它就不再是能够忽略的问题了。

理论思维与形象思维一样,都需要想象力的滋养。我不认为理论把握活生生的对象比文学性的经验研究更困难，困难可能不在于是否采用理论的方式，而在于是否有足够的想象力。也许套用现成的理论模式或者理论结论来解释事物的方式并不是真正的理论工作，我们需要创造更多也更有魅力的理论形态。

（本文为2020年8月6日三联学术通讯"七个问题"专辑访谈，该访谈为作者同年在生活·读书·新知书店出版的《绝望与希望之外——鲁迅〈野草〉细读》所作）

第四辑

在状况中联动

何谓"作为方法的亚洲"
——孙歌访谈

一 "作为方法的亚洲"的理论旅程刚刚开始

吴海清(以下简称吴)：孙老师好，非常感谢你接受《电影艺术》的采访。1996年，你在《读书》上发表了《亚洲意味着什么——读〈在亚洲思考〉》等三篇文章，介绍了日本学界从亚洲出发，以亚洲为视角与方法重新思考诸多重要课题。从你向中国大陆学界提出"亚洲意味着什么"到现在已经20多年了，这20多年来，"在亚洲思考"或者"作为方法的亚洲"这一问题在思想主体、思想对象、问题意识、思想方法、思想领域等方面有哪些发展？

孙歌(以下简称孙)：1996年，学界不是都不关心亚洲，也不是只有我一个人在谈亚洲，只是大家觉得它作为一个问题，不知道该怎么去安顿。当时虽然不能说是"脱亚入欧"，但中国社会各个层面都在面对美国，"亚洲"这个范畴因此显得有点空洞。也就是说，它几乎没有获得意义。我在写《亚洲意味着什么》时，用的材料全是日本的，所以还有人指责我在搞"大东亚共荣圈"，政治立场不正确。

20多年之后，我认为"亚洲"这个范畴获得了内容。一个最值得关注的变化，是历史学领域积累的成果开始发生影响，它推动了中国知识界自我认识和认识世界的自觉。比如像华南的历史人类学研究，它提供了真正意义上的民众视角。民众视角帮助我们用动态方式感知世界，并把跨越国界的民众生活模式视为不断互动的网络。这些成果让我们摆脱了简单的意识形态或者观念性立场，避免以现成的概念，特别是西方理论的观念肢解中国历史，这为亚洲研究提供了很好的基础。这些成果逐渐对知识界发生影响之后，"亚洲"这个空洞的概念就开始有了内容。

讨论亚洲并不是把亚洲孤立起来，作为一个单独的对象来处理。比如这几年关于海洋文化的讨论，认为通过海路，亚洲与其他洲发生区域性关系；再比如地中海文化的相对一体性，使昔日的"小亚细亚"今天的西亚很难在文化上单纯地画出一条欧亚分界线来，等等。其实这些无法单独整合的历史特征，恰恰是"亚洲"这个范畴的基本特点，因此，作为前提，我们必须有一个意识：亚洲是一个"关不上门"的空间，它内外结构的过程流动性使我们不可能以静态的视角对待它。

我在20多年前介绍的"在亚洲思考"丛书，牵头人是沟口雄三先生。他们不仅是批判性反思侵略历史，还在试图逼问一个更立体的历史真相：从亚洲出发进行思考，究竟要思考什么？明治维新之后日本代表亚洲的野心导致了其后一连串的战争，最后以"二战"战败、被美国占领为结局。日本良识者在战后执着的问题是：他们怎么回归亚洲？我一共写了三篇书评，三篇的题目都是问号。在那个时期，亚洲本身就是一个大大的问号。

韩国社会讨论亚洲的动力一直非常强。不仅是知识界，实业界也在推动亚洲讨论。我们知道，朝鲜半岛问题其实是近代以来西方强权政治内在于东亚的最直接表现。这个内在化不但相当深入，而且相当暴力。"六方会谈"为什么要有美国和俄罗斯？这暗示了"冷战"背景。一个韩国朋友跟我讲，他们面对四个强国：日本、中国、美国、俄罗斯。在这种情况下，在韩国讨论亚洲是暗含了一种选择的，因为你认同了亚洲就意味着你不认同美国。

"亚洲"这个概念在印度恐怕没有多少实质内容。作为有着悠久宗教文明、长期被英国殖民的国家，印度很难在亚洲这个范畴中找到认同的理由。因此，自觉地有意识地使用"亚洲"这个概念的区域，可以说只有东亚。至少到目前为止，除了少数的历史时刻（例如"二战"之后以万隆会议为标志的亚洲各国民族独立运动兴起之时）之外，南亚、西亚、中亚，基本上不使用"亚洲"这一概念，因为他们有另外的地域认同方式。

亚洲在欧美学者的知识格局里基本上是区域研究的对象，但欧美知识界近年来出现了一个新动向，一些白人学者将欧美也论述为一个区域。只是他们研究欧美的区域跟研究亚洲的区域时，并没有充分考虑到两者历史逻辑的不同。他们的亚洲研究不是基于亚洲的历史经验生产另一种理解世界的认识论，基本上只是把它作为论证的材料，以符合或修正产自欧美经验的认识论：这是最基本的知识现状。当然也有一些不同的声音，不过这些不同声音，仍然是在欧美理论框架内部的变革性呼声。比如说美国的日裔学者酒井直树，他写过一篇论文叫《你们亚洲人》，将欧美的解构主义理论、后现代批评理论用到了对亚洲的讨论里，试图在种族意义上打破欧美人关于亚洲就是亚裔人生活空间的实体想象，从而打开人种的界限。虽然欧美的亚洲研究出现了一些转变，但他们对亚洲的表述，无论是意象的，还是思想的，要达到将亚洲和欧美同样视为人类的一个组成部分来生产人类知识这一程度，还缺乏理论准备，还需要克服很多困难。

就目前对于"亚洲"的思考来说，最难的是自我发现。我们的历史到底有没有自己的逻辑？套用或者修改欧美理论来解释我们的历史，看到的是许多不到位的西方要素。比如我们也有民族、社会，也有现代性，也有个性解放，但它们好像是一团碎片，很难组合到一起成为有机整体，于是我们往往会觉得这些因素还不到位，那是因为使用了西方的衡量标准和价值判断。如果我们打算认真面对自己的历史，包括历史中的黑暗面，就不得不放弃很多既定前提，从原理开始思考。很多人会认为强调亚洲就是在跟西方对抗，就是排除掉这些年大家都习惯使用的西方概念，这是过于肤浅的想当然。西方的概念并不需要排除，但是它不能作为前提和结论，只能转化为我们一部分分析工具，这个问题比较复杂，我就不展开讨论了。总之，当我们真正有能力把西方的思想相对化的时候，就不会在意自己使用的思想工具是谁生产的，就不会被自己使用的工具所绑架，但是我们会非常在意自己究竟有没有主体性，是不是仅仅跟着西方时髦的理论走并且误认为那就是跟国际接轨。我认为中国思想界有很多人在思考这个问题，我相信这个反思的过程已经开始了。

吴： 在你关于"亚洲"的思考中，非常重视包括西方、东方等之间的平等的、反思性的、对话性的、统一而非同一的思想空间和知识共同体，并在曾经和沟口雄三先生尝试过构建"东亚知识共同体"，你为什么要去做这件事？它能成为构成亚洲知识分子，尤其是东亚知识分子之间平等的、反思性的、对话性的、统一而非同一的思想空间吗？

孙： 我们做了六年"知识共同体"的对话，主要得益于沟口先生的努力。如果没有他，这个对话很难真正推动。这件事情的最初诱因，是1995年我去韩国的时候，亲自目睹了日本学者被韩国学者追问战争责任的狼狈局面。我后来跟沟口先生谈了感想，说如果东北亚的知识分子有一个知识共同体，是不是有可能共同面对这段沉重的历史？沟口先生认真地对待了我的想法，并且在日本申请了经费，推动了这个活动。

"知识共同体"面对的真正困境有两个。一个是在进入了具体状况之后，民族情绪会突然爆发。我们在对话时有过好几次冲突，主要是围绕战争记忆与民族感情的问题，冲突得很激烈。比如把日本的侵略战争视为全球资本主义侵略扩张的一环，这样的提法是否消解了日本的战争责任？加害国的女性有没有战争责任？这些问题在观念上好像可以自圆其说，但是与战争记忆结合起来的时候，会引发很多意想不到的争论。另一个就是我们通常对精神产品，有意无意地总是希望它们能解决现实中的具体问题，但这是知识生产承担不了的责任。精神产品能够承担的现实责任，其实是间接的。这一点我觉得在知识界还没有形成共识，大家更倾向于认为讨论"亚洲原理"没有用，这种对知识的定位是生产伪思想伪问题的最大原因。"知识共同体"没有解决任何现实问题，但我认为它是成功的，因为它暴露了也提出了很多问题。如果不搞这些对话，没有这些冲突，我们就意识不到问题的存在，这些问题在国别联合的意义上是呈现不出来的。

二 思考"亚洲原理"的可能性

吴： 你在有关竹内好、沟口雄三的研究中都强调了"作为方法"，并且在2016年发表的《寻找亚洲原理》一文中谈到了亚洲作为实体、作为符号、作为方法等的不同，由此可见你既重视"方法"，也重视"原理"。但在20世纪90年代以来的思想语境中，关于"原理"的思考会被视为是本质主义的，会忽视甚至压制差异，尤其对于亚洲的多元性来说，思考"原理"几乎会被认为不可能，即使有可能，也会因为过于抽象而没有思想价值。对此你是怎么看的呢？

孙： 在今天，以美国为中心的西方世界一统天下的单极化格局，其强势虽然还在，但是已不像过去那么有威慑力，它有再大的霸权，也没有办法阻止各种力量重新组合，多极化格局是谁都挡不住的。我个人认为，同快速变化的国际局势相比，我们认识论的调整恐怕是远远落后的。在认识论领域里，多极化格局远未形成。

中国学界最大的变化是原来主要谈西方理论，但是现在更多地谈中国。不过这个变化还没有走到位，因为搞不好就变成了以中国替代美国，仍然是单极化想象。今天亚洲突然变成了一个热门话题，但它到底负载了什么样的历史内容？它是不是由亚洲国家组合而成的拼盘？如果是，这个组合本身没有充分的成立依据。假如我们真的要讨论亚洲的话，它必须具有原理上的独特性，才有存在的必要。现在我们还没有推进到这个程度。于是这就涉及你提的那个问题：讨论"亚洲原理"是否就是在建立一种文化本质主义叙述？或者是否有产生原教旨主义的危险？

其实问题并不在于文化本质主义的排他性和保守性带来的危害。问题在于，人们谈虎变色地警惕文化本质主义的时候，防备的到底是什么？尤其是亚洲知识分子，必须先追问这个问题。我认为在讨论世界文化的时候，亚洲大部分地区基本上不存在滋生文化本质主义的土壤，这个问题至少在两个层面是非常明显的。首先，姑且不谈传教士对前近代亚洲地区的影响，西方发达国家近代以来从现实到精神，已经相当深入地内在于亚洲社会了。特别是东亚，基本上不可能以排除掉西方要素的方式寻找本质。其次，以中国思想史为例，本质在中国的思想传统中没有那么重要。无论是儒家还是道家，从来都是在流动的状况中思考人类命运的，所以文化本质主义其实并不是我们面对的首要问题。当然这不等于我们的文化没有自己的逻辑和原理。原理为什么不能是机能性的和相对性的？为什么原理要跟本质主义画等号？对于本质主义的强调或警惕，毋宁说是现代亚洲知识分子西化的结果。我在此希望强调的只是一点，我们需要警惕的，并不是西方批判理论所否定的文化本质主义，而是粗疏的望文生义和肤浅的政治正确。

你提了一个非常重要的问题，那就是：关于"原理"的思考是否就意味着对于差异、对于多元性的压制？之所以这样的知识感觉会成为常识，正是因为我们习惯在西方古典哲学的意义上理解"原理"。其实当西方思想走到现代的时候，为什么会出现解构主义？为什么后现代叙事会反对本质？那是西方思想在进行自我批判和自我调整。比如我刚才举酒井教授的《你们亚洲人》，就是通过把白人称为亚洲人来打破本质主义想象。但是这些问题意识是否可以直接与我们的历史风土相连？差异与多元本来就是我们历史的主旋律，我们的"原理"为什么不能建立在差异与多元之上？

这就涉及另一个问题：为什么谈范畴时一定需要抽象地单一化？这是因为它背后隐藏着普遍性观念。但普遍性为什么一定要抽象地统一为同质性范畴？在价值上它为什么要高于特殊性？这和近代的西欧，以及北美的世界霸权直接相关。霸权的核心，在于要把世界用它自己的方式打造成一个以它为中心的一体化结构。这个结构有中心有边缘，所以不如自己的他者、反证自己优越的他者一定要存在，但是他者不可以有自己的逻辑与自己的价值体系，它们需要存在于一体化结构的边缘，遵循中心的法则，却永远不能取代中心。

我们是不是只能把这样的普遍性作为普遍性的唯一形式加以接受？我想指出一个问题，就是用取代发达国家成为中心的思路去抵制西方霸权，其实是一种共谋行为。一个中心取代另一个中心，这个世界的霸权结构并不会改变。在这个意义上，中国提倡的"合作共赢"，在思想理念上开辟了非常重要的路径。

不过我们并不需要一般性地否定把多样性抽象为一的思维方式，因为它在逻辑思维上是有贡献的，它其实是对归纳法的应用。如果能够与各种意义上的霸权关系区分开来，那么这种思路是有价值的。但是假如我们认为普遍性只能是这种归纳法的产物，认为这是普遍性的唯一形式，而且普遍性高于特殊性，那么，普遍性可能就变质为打人的大棒，或者是没有能力解释特殊性时的逃路。

你还提到一个很重要的问题：对于亚洲的多元性而言，思考"原理"只能是过于抽象的讨论，所以担心会失去思想价值。我愿意换一个角度来推进这个问题。如果我们认为原理必须是自足的和抽象的，那么并不仅仅对于亚洲而言是这样，对于一个国家或者对于整个世界而言，它都是抽象的。为什么谈"亚洲原理"会受到各种质疑，而欧美的理论却被视为原理，没有人质疑它抽象？这种原理必须抽象为一的思路，就是现在通行的普遍性理解。这种思路在欧美受到解构，就是因为它具有霸权性格，而且在认识论上也走不下去了。这种普遍性原理经历了一个被特殊性偷换的过程,当普遍性被某一种特殊性偷换的时候,它在理论上就破产了。我们今天看到的以美国为模板的普遍性叙述,就是一个典型。

但是抽象未必就没有价值。目前通行的普遍性想象有逻辑思维上的贡献,只是必须去除掉它的霸权性价值判断;这个问题有必要在价值层面再推进一步:抽象的普遍性想象,其思想价值在于肯定人类是等质的。彻底的抽象不允许任何内容偷换,这是一种平等的价值判断,也就是说,不能以某一种或某一些文化作为普遍性的标准。这个普遍性没有具体标准,它只坚持一个抽象的价值判断:人类是平等的。它必须是"空"的,因为这个"空"的价值判断才能提供理解整个人类的出发点。

抽象的判断不能产生意义,平等的价值必须通过多样性的具体标准来实现。今天我们大多直观地理解平等,把具体经验放到欧美的标准上来判断。这样做是一种偷换,在思想程序上是错误的。欧美提供的很多宝贵经验,不能这么直观地套用,它们在转换之后才能被共享。可是无法指望欧美提供如何转换他们历史经验的理论,因为我们一直被派定了扮演"他者"的角色,在欧美的视野里,理论只能有一种形态,就是与欧美的精神风土对接的形而上形态,亚洲只能挪用欧美的理论,不可能有另外的理论想象。

亚洲历史刚好提供了另外一种普遍性想象的理论资源,因为亚洲是一个没有同质性前提的多样集合体,而且它的内外都具有高度的流动性。在逻辑上,我们可以利用现有的普遍性感觉建立一个等质性前提，就是说，亚洲各个区域，不管多么千差万别，大家在价值上是平等的；每个民族都有所长有所短，但是没有谁比谁更优越，没有谁可以对他人指手画脚。

这样，我们才能把被偷换了的普遍性从高高在上的位置上拉下来，让它承担价值判断或者理念的功能，但是，它只不过提供了思考的出发点，不能用来直接解释经验，更不能被当成棒子打人。

接下来，需要另一种普遍性出场，我称之为"亚洲原理"。"亚洲原理"是一种"形而下之理"，它以经验的形式呈现，但是不能被经验回收。"亚洲原理"不能由亚洲的任何一种文化代表，所以它是一种等质却不同质的"不齐之齐"。按照现在的通行理解，似乎"不齐之齐"就是"求同存异"，求的是同质性内容，而不是平等的等质性价值。但是亚洲的历史不允许舍弃多样性差异，仅仅谋求表面上的一致性。因此，亚洲建立普遍性的方式，不是抽象出似是而非的同一性，而是谋求各种个别性之间的相互理解，并在各种个别性之间建立相关性。"亚洲原理"所生产的普遍性，是个别性开放自身并和其他发生相互关联的媒介。因此普遍性是一种媒介，而不是高高在上的标准，不是最终到达点。到达点是个别性自身得到充分发展，并且尊重其他个别性的充分发展。对于"亚洲原理"而言，特殊性的自我坚持和它对其他特殊性的尊重与理解，是最具体的原理形态。它必须是形而下的，离开了特殊状态，它无所依附。

关于这个问题，我在2016年的论文里做了比较细致的讨论，后来作为一章收入了《寻找亚洲：创造另一种认识世界的方式》，我就不在这里赘言了。总之，思考"亚洲原理"不但是可能的，而且是必要的，关键在于我们有没有能力把迄今为止对"原理"的狭隘定义相对化，能不能以更自由的方式建构原理性讨论。当然，这就涉及认识论与方法论的问题。

吴：方法一般会被视为一种视角，一种建构主义上的方法论，会导向某种相对主义的、主观主义的理论思考。就此而言，在后现代语境之中，你对方法的研究和对于"亚洲原理"的思考之间似乎是有某种理论的冲突。如此一来，关于"亚洲原理"的思想还是可能的吗？如果是可能的，又在何种条件上是可能的？

孙：20世纪语言学转向之后，主客观的关系在理论上已经有了很明确的共识，而相对主义在不同文化中的权重并不相同。这个问题如果展开，需要做很多理论上的讨论，不是这个访谈的任务。我猜你大概想说，假如我讨论"方法"，又讨论"亚洲原理"，那么前者就成为具有相对性的机能性思考，后者则是实体性的绝对化思维，所以两者是对立的。我刚才已经解释过，"亚洲原理"绝不是绝对化的实体性"本质论"，它本身是高度机能化的媒介。顺便说一句，我并没有觉得自己是在后现代语境中讨论问题，后现代理论有它的重要性，但并不构成我的理论前提。我对于认识论的讨论本身，就是建构"亚洲原理"的组成部分，不仅不冲突，而且它们本来就是一体的。

那么，"亚洲原理"在何种条件下是可能的？这是个好问题。现在讨论"亚洲原理"，确实为时尚早。知识界还没有从挪用西方理论的阶段走出来，很多本土的思考需要借助西方的概念才能表述。所以我提到"亚洲原理",立刻引发的反应有好几种:一种说你在反西方、对抗西方;一种说你是不是打算把中国给搞没了?还有一种反应最常见,说亚洲不是一体呀,它那么多样,怎么能有共享的原理呢?

其实我们目前面对的知识困境,是如何走出这些误区。不清除这些知识上的误区,"亚洲原理"不可能发育。我刚才说了那么多,也就是针对这些误区。说到底,亚洲有没有原理,关系到我们能不能换一种眼光看世界。在这个意义上,亚洲不是我的讨论目的,目的是人类,是世界。

吴: 在你关于亚洲的思考中,"主体"无疑是一个重要的课题,你非常强调"主体"现实的、历史的、生成的、变化的一面,而且你的主体观也包括个体、地方、社会、民族、国家、文明、东亚、亚洲等不同层次。更重要的是,你认可主体需要他者,比如说西方,但不能是挑战—回应的产物,而是具有自己内在的历史生成过程,或者用沟口雄三的话说,是具有历史的"基体"。你这样的流动的、多层次的、开放的、差异化的,甚至有点相对主义的主体观,如何同"亚洲原理"的思想相协调而不至于瘫痪你关于原理的思考?

孙: 陈嘉映关于普遍性的哲学讨论对我有很大启发。但我一直苦恼的一个问题是亚洲范畴的特殊性。它和其他的哲学范畴,比如说和普遍性或主体性的范畴不一样。它固然有很强的符号性,但它不只是符号。它首先是一个实体性地理空间概念,我们在任何层面上讨论亚洲都离不开地理空间,所以它具有个性化的实体性格。地理空间的实体性，可以帮助我们理解历史范畴的独特性。不存在抽象的历史，任何历史都是在特定的地理空间之内的时间延展过程。当然，历史地理的主体承载者是人。由于地理空间与历史时间的结合，以特殊性呈现的实体同时又有它自身的功能，我愿意把这种功能命名为亚洲性。亚洲性实际上是流动的，比如一个欧洲的白种人，他可以有亚洲性。如果他认为亚洲存在原理，致力于追问这个原理，他必然会重新阐释普遍性的存在方式，包括重新界定普遍性与特殊性的关系，重新评估普遍性和特殊性的价值，思考特殊性和特殊性之间的关联。这一系列的讨论，不管你肤色如何，都可以做。只不过借助于"亚洲"这个范畴，大家更容易直接进入这些问题，因为亚洲的历史直接支持这样的讨论。我认为这就是亚洲性。

今年我和一位德国策展人讨论过这个问题。他问我：我们欧洲人是否可以共享"亚洲原理"？我说：你比很多亚洲人更有能力共享"亚洲原理"。为什么？因为他在欧洲艺术市场上强烈反对把欧洲人和亚洲人的作品区别开来展览，他追问为什么要进行这样的隔离？这个追问背后的逻辑，我认为可以用亚洲性来理解。事实上这位德国策展人就直接表现出了他对于"亚洲原理"的需求。亚洲是一个地理空间，也是一种认识社会、认识世界、认识人类的视角；它是一个实体，是一种功能，也是一种符号。如果我们这样去讨论的话，那么亚洲这个概念承载的认识论原理就是立体的，有一个密切关联的内在结构。我们不能把符号、机制与实体切割开讨论，它们有不同的功能，需要分别讨论，但它们的关联性本身就构成讨论的重要内容。

我虽然不赞成实体化思维,但在研究中我很注意使用一部分实体概念。从西方理论沿革的轨迹看,现代性理论和后现代理论的一个最大差别,就是现代性理论里主要的部分是实体概念,所以它处理相对确定的对象;后现代理论反对任何实体化,重视机能性。亚洲这样一个研究对象,刚好把实体概念所能涵盖的部分和非实体的机能性概念所能涵盖的部分结合起来,结合的这个"点"恰恰是亚洲各个地域的不同风土。就此而言,和辻哲郎的风土研究在认识方向上是非常有启发的,即我们要把风土看成是人文精神、社会结构方式和地理特征的结合点,它们是互动的。亚洲刚好是这样一个适合于我们把各种层面的问题结合起来讨论的对象。目前我只能提供这样一个设想,在思想史的意义上进一步展开的工作,还有待下一步去做。

从重新定义普遍性的思想史意义上来讲,"寻找亚洲原理"其实进行了一个非常大的翻转。如果我们翻转了普遍性的绝对权威,让它不得不借助于特殊性去呈现它自身,就会对许多知识无意识提出挑战。如果我们真的严肃对待亚洲的话,首先亚洲就不再是提供材料的区域,它同样是原理性思考的资源。当然,我们又面对另一潜在的风险:我们是否因此要用亚洲,甚至用中国去取代欧洲或者美国?如果那样,我们就会落入欧美逻辑的窠臼,用一取代多了。我强调亚洲"关不上门",强调它无法整合为一,就在于只有这样才有可能避免新的单极化思维。所以"亚洲原理"的真正意义在于,它让世界的各个部分在平等的意义上相对化。尽管这一步远远没有完成，但我认为亚洲在现实中已经出现了政治和经济上的诉求，将来在文化上一定会成为我们的诉求，而且这个诉求并不是亚洲人的特权。

吴：今年你在《开放时代》发表了《竹内好的亚洲主义》，回顾了日本的亚洲主义思想谱系及其困境，谈到了竹内好亚洲主义所强调的人类文明所具有的等质性、通过东方文明的逆袭以将西方文明的普遍性价值内容提升到更高的高度等，阐述了竹内好对于通过运动、抵抗等构建非实体性的自觉主体的思想等。你一直强调思想和学术的历史性和知识的现实性，那么，你为什么会在现在写作《竹内好的亚洲主义》呢？你写作这篇论文与中国、亚洲、全球的历史变化之间有怎样的联系？这个"方法"可以从中国、亚洲延伸到欧洲、非洲作为方法吗？

孙：谢谢你这么仔细地阅读这篇论文。这篇东西我十年前就想写，但那时大家还习惯于观念性的政治正确，我也没有信心处理好"日本的亚洲主义"这个复杂课题。它不是个政治正确的对象，特别是它后来滑向了侵略战争的意识形态，所以人们更愿意直接把它等同于"大东亚共荣圈"。现在不太一样了，我觉得知识界开始关注历史问题的复杂性了，所以竹内好"火中取栗"的思想态度，应该对我们有所启示。

我想借这个机会解释一下竹内好的"作为方法的亚洲"。这是竹内好1960年一次讲演的标题。这个讲演分两部分，第一部分是讲演正文，第二部分是答疑。答疑时有人问：日本战后的教育是以民主主义的名义直接引进了美国的教育制度，现在出现了很多破绽；以西欧式个人为前提直接引进民主主义的规则，这个做法到底是否合适？是不是应该不要追赶西欧路线，而是以亚洲原理为基础发展日本社会呢？

竹内好的回答是：这个问题很重大，也是我自己一直探讨的课题。不过我的看法不太一样，我认为人类在前提上是等质的。在类型上，我不承认人是有差别的。而且，文化价值也是等质的。只不过文化价值并不是吊在半空中，在等质的前提下，有各种不同的文化。欧洲有属于人类的优秀价值，比如自由、平等，但这是他们一小群人的内部价值，并不妨碍他们在亚洲、非洲建立殖民地并进行剥削。我们亚洲要通过对他们的逆袭，把欧洲的优秀价值提升到人类的水准上去。

我们需要仔细地甄别一下。竹内好说他不同意提问者关于以亚洲原理为基础，不跟着西欧走的意见。他不同意的是什么？他在回应中说，他不赞成汤因比关于西方与非西方的挑战和回应这一现代文化关系模式，他认为汤因比使用了欧洲和外在于欧洲的他者的思路，是霸权主义者的思维。汤因比的看法跟那位提问者的看法，在逻辑上其实是一致的，就是把西方和非西方看作是两个不相关的实体。那位提问者说要以"亚洲原理"为基础的时候，是把亚洲与西欧、北美对立起来，把它们看成是两个实体，所以他才说日本没有必要跟着西欧的路线走。竹内好不同意的，并不是提问者提出的这个问题，他强调说这也是他本人最重要的课题，但是他不能同意在实体意义上区分亚洲文化与西方文化。他认为近代以来世界已经一体化，是一种"你中有我我中有你"的状态,但这个局面是帝国主义造成的,并不是平等的均质化。所以需要强调的不是区分谁是谁,而是区分是否平等。在这里,竹内好改变了问题的视野:亚洲并不是固定的实在物,而是一种认识与改变世界的机能。

竹内好认为亚洲的力量才能够促进人类平等的实现,实现的方式是"东洋再重新把握西洋,反过来由自己变革西洋本身。通过这种文化上的逆袭或者价值上的逆袭,创造出普遍性"。这句话要与他在1943年所写的《鲁迅》中关于"挣扎"的定义结合起来理解。他对于这个日语里没有的词是这样解释的:它的意思是忍耐、承受、拼死打熬,勉强译成日语的话,最接近的词是"抵抗"。1949年他写《何谓近代》的时候,又在这个意义上使用了"鲁迅的抵抗"这个说法。这个"抵抗"是对西方帝国主义的抵抗,却不是汤因比意义上的"回应",因为它的方向不仅是向外的,更是向内的,是在绝望中重构自身的。为什么呢?想想"五四运动"就可以理解,西方的霸权与东方的霸权建立共谋,已经内在于亚洲了,所以仅仅对外抵抗,打不到真凶;到了1960年,世界格局的变化使得鲁迅意义上的抵抗获得了新的内涵,这就是不仅要抵抗包括亚洲内部权力关系在内的所有不平等要素,而且还要改革一向高高在上的西方,从中提升出由西方创造却由一部分人独占的人类优秀价值。

所以,当竹内好听到提问者把日本战后教育制度的偏差归咎于引进了美式教育,主张排除美式民主的时候,他意识到把"日本""亚洲"和"美国"打包成固定对象,这种实体化思维模式不仅无助于解决问题，而且可能反过来助长日本内部的保守势力。因此，他强调"作为方法的亚洲"："在进行这种逆袭的时候，自己内部必须拥有独特性。这种独特性是什么呢？恐怕它不可能作为实体存在。但是作为方法，也就是主体形成的过程，它不是应该存在的吗？"

在逻辑上说，包括西欧和美国在内，任何一个地区都可以作为方法，也都应该作为方法，但是要在竹内好的意义上定义。其实今天"作为方法的XX"这种说法很流行，但使用者未必真的了解它的含义。因为假如仍然按照通常的普遍性理解去解释对象，或者把研究对象仅仅限定在实体层面，那么这种"方法"并不能生产新的眼光，也难以承担思想责任。当我们研究一个区域的历史和现状的时候，我们同时就是在研究人类生活的某一种形式。它既是开放的，同时一定是独特的。这里边当然还有一个问题，如果我们只强调它的机能性，就像我刚才讲的那样，我们会把它实体的部分忽略掉，也就是忽略掉它特定的历史脉络，这样就变成通俗意义上的后现代了。后现代历史学肩负了重要的批判性使命，这也同时限制了它的理论边界；它通俗化之后最大的弱点就在于不承认任何确定的对象，于是历史就可以编造，所有的资料可以切断它的脉络，随意地重新组合，这是一个非常大的误区。没有必要害怕特殊性，也不必害怕相对性，需要警惕的不是这些，而是排他性。

（原载《电影艺术》2019年第6期，收入本书时有少量补充）

如何继承万隆会议精神

澎湃新闻：万隆会议60年之后，我们再提"第三世界"，你认为需要重新定义它吗？

孙歌（以下简称孙）：我觉得"第三世界"首先是个历史概念，因为它是在一段特殊的历史中产生出来的。首先，"第三世界"的概念与殖民地国家的民族独立运动相关。特别是经过万隆会议之后，它强调的是被剥夺、被侮辱的国家、地区和民族，要求获得平等和尊严。其次，"第三世界"的出现与成长是"二战"后新兴的民族独立国家走上国际舞台的标志。在这之前，这部分国家和地区是被第一世界和第二世界视为没有政治能力的"牲畜"聚居的地方。这是直到20世纪50年代初期仍然存在于美国社会的说法。1950年，太平洋学会在印度召开年会的时候，与会的美国代表批判了美国社会这种严重的种族歧视。那个时代，第三世界摆脱严重的种族歧视，真正获得有尊严的存在感，是一个严肃和迫切的课题。因此今天重温"第三世界"这一概念，让我们对一段反歧视、反霸权的历史能够产生联想和共鸣。我觉得这是这一概念最主要的功能。

它还有一个功能，就是和"后发国家/地区""发展中国家"这一类概念有关系。当然，这里涉及一个问题：我们要不要用"发展中国家"这样一个概念来阐述或重新定义此类问题？我觉得，如果我们把"发展"定义为西方模式那样的社会变动的话，那么"第三世界"显然和"发展中国家"这一概念是有差异的，甚至在某些层面上会有冲突。因为"第三世界"要用自己的方式让这个社会发生变化，而这个变化不一定是西方式的发展。但是假如我们重新定义"发展"，那么我认为用"发展中国家"或"后发国家"也可以取代"第三世界"这一概念。那就是说我们要用自己的方式来发展，而不是用发达国家的模式来界定发展。

所以关键的问题是，我们今天怎么来看后发国家社会改造的方向，或者说国家前景的设计方向。在这一意义上，我认为"第三世界"这一概念更多地是提供了一种历史记忆。这个历史记忆对于今天来说有非常现实的意义：它提醒我们，如果今天不以符合我们历史的方式对"发展"重新界定的话，那么也许我们会丧失当年亚非独立运动中那些最可贵的东西。这个传统就是，以自己的方式去建立自己的民族国家主权和平等，从而获得作为一个国家的尊严，包括政治、经济和文化的尊严；而获得尊严的前提，是现实中和认识上的独立自主。我觉得这是第三世界运动的一个核心。

澎湃新闻：有一种说法认为，对于像中国这样的后发国家来说，所谓"现代化就是西方化"。你怎么看待中国的现代化问题？

孙：确实有很多中国人倾心于"现代化就是西方化"。但具体来说，第一，并不是所有的中国人都想要西方化。第二，中国有没有条件这样做？第三，中国应不应该这样做？我认为从人类资源的限度来看，中国确实不应该用美国的方式现代化。这一点大概不会有人反对。

但可能更实质的问题不在于这些道理，而在于我们的生活方式。是不是一定非要让我们的生活那么方便？或者说，我们是不是可以放弃在现在生活中所追求的某些目标？比如，是不是休闲的时候一定要到巴黎去？购物的时候是不是一定要买名牌？出门是不是一定要开车？如果这些问题解决了，那么美国式现代化的问题也就解决了。因为美国式现代化最核心的内容，就是不加节制地消费，我觉得这是一条不可行的路。美国人现在也知道，他们必须进行修正了。

澎湃新闻：那么制度层面呢？

孙：在制度层面，中国必须用自己的方式去寻找和建立最适合中国国情的政治体制和社会秩序。就政治体制来说，我觉得现在简单地说要不要民主，这样的说法已经没有任何实质内容了。不是说我们要民主还是不要民主，而是对于我们来说，我们这个社会最需要的到底是一些什么样的价值？如何去争取这些价值的实现？民主仅仅是实现这些价值的一个环节，它是手段不是目标，而且民主的实现，不仅要看制度的制定，还要看制度的实行，以及实行的结果。

我觉得我们现在面对的一个陷阱是，有可能把美国的政治制度简化之后理想化。先简化成几个价值，然后把这几个价值加以理想化，再来比照我们的社会中现在有什么样的问题。这种工作我觉得不是没有意义，但是恐怕起不了什么作用。真实的问题是：我们必须知道中国的社会状况到底是什么？中国人尤其是中国的百姓最需要的是什么？在这个意义上来说，用"现代化"这样一个方案来要求中国制度的改变太粗糙，而且它会遮蔽真正的问题所在。

澎湃新闻：你认为真正的问题是什么？讨论这个问题的正确方式是？

孙：我觉得第一步，舆论界先放下这些框架；第二步，去发现中国社会现在最需要解决的真正的问题是什么。

我觉得现在最大的一个问题，是我们的制度和人之间的关系不能紧密地结合在一起，因此会有政令不行或执行政策走样。所有政令无论好坏，在执行的时候都会出现太大的偏差空间。这说明什么？这说明我们要找到一种有效的方式，能让整个社会的机制有效地运作，而不产生那么巨大的偏差和浪费。以我们目前的知识训练，马上就会有人跳出来说："好！你要的是独裁。"我们对政治治理的讨论，一直到现在都是脱离实际而高度观念化的。我们只知道两种制度，一种是独裁，一种是民主。可是中国的现实恰恰是在这两者之外。中国是一个民族构成多样而复杂的国家，地区间的差异非常大，人口流动性很强，而且现在是国家鼓励流动。贫困人口的比例仍然很大，改革开放几十年，贫富两极分化十分严重。让所有人吃饱饭在今天是制度设计的基本目标，共同富裕是中国最需要的诉求。今天中国虽然富裕了，但是这个目标并没有实现，那么什么样的制度安排能有助于它的实现呢？

中国是人口大国，我们如何在人口数量巨大而且不断流动的状态下建立有效的运转机制？如何实现平等的社会理想？我没有能力讨论这么宏观的问题，我只想从思想史的角度思考这样一个问题，就是我们的思想传统里很重要的元素是追求"各得其所"，就是让条件资质不相同的人尽量地可以按照自己的可能性去发展。传统社会的思想家认为：制度安排如果照顾到了这种"各得其所"的要求，那么就不必硬性地用暴力与强迫的手段迫使人民就范，天下就会太平。这个设计本身当然并不是现实主义的，但是它的方向感却是现实主义的。至少在思考制度的时候，尽可能地在思想的视野里为民众的多样性和创造性预留出空间，而不是搞一刀切，简单地规定一个粗疏的标准。政令不行，或者好的政策在落实过程中被扭到坏的方向上去，除了制度与人的关系没有受到重视之外，还有一个很重要的问题，就是制度设计缺少弹性，同时正是因为缺少弹性，制度设计反倒由于脱离现实而被架空。这是我们在进行知识生产的时候，特别是打造思想工具的时候，特别需要注意的。其实多样化并不会带来混乱，简单的一刀切倒是一定会造成麻烦，因为它遮蔽了现实的真实状态。

澎湃新闻：你认为我们打造工具，或者思考价值取向的时候，有哪些思想资源呢？

孙：思想资源当然有很多。我们本土的，历史上传下来的一代一代的经典，还有外来的，西方的，以及其他地区的。这些都可以催生有效的知识和思想。

但我觉得真正的问题不在于资源，而在于我们使用资源的方式。大家认为可以直观地挪用现成的、被证明是有效的那些思想资源。比如，美国的民主理论在美国是有效的，那么有人就认为把它挪到中国来用就可以了；印度的一些当代政治理念，在他们当地也是有效的，我们也认为拿过来就可以用了。但是拿过来用的效果都不太好。

我们今天开这个会，与会的亚非拉思想家和行动者带来的所有的思想资源，对我们来说都是不能套用的，可是非常有用。那怎么办呢？我们需要转换它。所以要想能做到"会读书"这件事儿，在今天是需要严格训练的。我们今天的读书人基本上是不会读书的。因为很容易原教旨式地把资源拿来就奉为经典，以为照着经典塞材料就可以了。其实真正的经典都是不能照着做的，哪怕是本土的经典，都必须转化成不同的东西才是有效的。我们现在的学院训练缺的就是对这个"转化"能力的训练。

澎湃新闻：你说的这个"转化"经典的理想的解读方式，能举个具体的例子吗？

孙：比如说儒学中谈修养。从孔子《论语》，到朱子《四书集注》，再到阳明学讲"乡约"、讲"满街皆圣人"，儒学经典中一直在谈个人修养。这些很有名的命题，直接拿到今天来是不是有效呢？这是个问题。实际上无论是孔子、朱子、王阳明，还是再往后到顾炎武、戴震、章太炎，一路下来的这些思想家都是在不同的语境中谈修养。我们今天所处的语境，在很大程度上都无法和当时的语境直接对接。因此，我们在使用这些传统的思想资源的时候，就需要思考对于今天的中国人来说，怎样谈论修养才是有效的，而不是一种虚伪的姿态。我们要去想那些思想家在提那些命题的时候所针对的时代课题，然后再来思考我们自己所面对的时代课题是什么。比如我们对于发展主义的态度、对于现代化的理解、对于今天的社会政治的期待，和本国传统的思想资源是不是能够发生一种断裂的连接？同样地，我们面临的这些问题和西方的政治理论又是怎样的关系？因为所有的理论都是在特殊语境中产生的。

我曾经遇到一位英国的历史学家，当然他在英国也是少数派。他对我说："我不太明白你们亚洲人为什么也要跟着我们讲民主？因为你们没有那么黑暗的中世纪。我们是因为经历了完全没有人身自由、个人权利的时期，才产生了近代对个人权利的需求和对民主政治的强调。"我觉得有一部分他还没说到。其实英国的民主有很长一段时间都是排斥大众的，即不是所有人的民主；而且英国的政治学家一直在强调民主的"贵族性"。但后来这个部分被英国社会整个地解构掉了。可是这样的一种感觉方式，在英国政治学里仍然是存在的。其实美国的民主也是一样。

所以，如果我们要谈中国式民主、中国式法治的时候，就不能简单地移植他们的这些观念。我们要看在我们的本土最需要的是什么？中国社会当然需要民主，但是中国的民主究竟如何设计才是有效的？这是孙中山时代就开始追究的问题。

澎湃新闻：在这当中，中国的知识分子应该扮演怎样的角色？

孙：中国的知识分子应该生产更多的思考媒介。我不愿意说是思考的"资源"，因为"资源"容易被理解成拿来就可以用。用文字工作的人就用文字来生产媒介。"媒介"是不能拿来用的，它是催化剂。如果能够让人们通过知识分子的文字工作找到另外一些想象的通路，找到不同的推进问题的方向，我觉得我们的工作就是有效的。

因为中国的变化特别快，并且很多人对现状不满意，大家就会产生焦虑，觉得我们应该去解决现实问题。我觉得如果你要去解决现实问题，那么你就去做实事。用言论去解决现实问题，这是不可能的。言论只能影响人的想法，而且唯一能够影响的可能只是愿意阅读的人群。我们会影响读者，但我们未必能够影响权力机构或部门。更何况，无论影响多大，它是否能够带来现实的改变，那是另外一件事情。

今天很多人认为这个社会有这样那样的问题没有解决，所以我们一定要实践，不需要理论。我觉得理论想象力的贫乏，也是我们这个社会很严重的一个疾病。至少有一部分人应该致力于生产能够促进理论想象力发育的媒介，而且这样的媒介越多样越好。

我是这么定位知识分子的。当然这只是一种知识分子的类型，我自己希望成为这样的知识分子。

澎湃新闻：你刚才在会议上也强调了亚非拉的朋友们坐在一起的重要体验，你之前也写过文章谈论"亚洲"到底意味着什么，也出过书《我们为什么要谈东亚》。这其中似乎有一种恒久的关心。你为什么会有这类关心？背后的动力是什么？

孙： 我经历了几个阶段。最早对这个问题有兴趣，是因为我做日本思想史。在日本，近代以来，"亚洲"一直是很重要的议题。有时它被"东亚"，有时则是"亚洲"取代。而很不幸的是，在"二战"期间，日本的"亚洲"范畴发展成了"大东亚共荣圈"。所以我最初的研究动机是想知道，除了日本这种最后走上军国主义道路的"亚洲"理念之外，有没有其他的方式来谈论亚洲。因为我们中国也是亚洲的重要组成部分。这是我最初的关心。

我也写过文章来讨论为什么在中国历史上没有出现亚洲主义。我认为这不是因为中国思想多么"中华中心主义"，而是中国的现代史没有给我们生产亚洲论述的空间。这首先和中日战争有关，接下来又和"冷战"有关。在这样一些结构里，我们不大可能把亚洲作为一个独立的论述单位拿出来讨论。

在这一过程中，我注意到了现实层面政治家和社会活动家推动东亚和亚洲的一体化的运动，亚洲论述开始频繁地出现在从东北亚到东南亚的论述中。比如博鳌论坛也是一个亚洲论坛，当然它主要是经济论坛。作为一个知识分子，如果不去充分地讨论"亚洲"这个范畴在思想上的可能性，这个概念有可能会被用一些最不好的方式来使用，或者被理解为一些最糟糕的方式。

中国作为日本侵略战争的受害者，我们不能不考虑：有没有和日本的那个"大东亚共荣圈"完全不同的另外一种亚洲一体化途径？我觉得这是中国的责任。而如果要产生这样一个愿景的话，必须要有学理的支撑。当年像日本，哪怕是它的"大东亚共荣圈"背后都有学理的支撑，那我们更不能没有，因为这是一个很现实的问题。通常当我们讲一个区域联合的时候，这个联合得是一个平等的、相互尊重的，也就是万隆会议精神意义上的联合体，而不是一方独霸的不平等的结合体。

平等的联合体，正是第三世界的地区结合的理念，它曾经以"不结盟"为特征。而不平等的、以一家为中心的国际关系的设计则是西方式的，尤其是美国式的区域联合体。日本当年走的就是西方的道路，所以它在"二战"中失败得很惨。我想中国不会走这样一条道路，因为中国历史上和平主义的资源还是很强大的。但是我们必须把那些传统学理化，然后才能更自觉地把亚洲一体化的进程，用和平的和相互尊重的方式向前推进。我觉得这是每一个用知识来工作的人的责任。当然我一个人做不了这么重要的事情，可是我的关心是从这儿开始的。

澎湃新闻：你觉得欧盟的成员国之间相互平等吗？人类历史上存在过平等的区域联合体的先例吗？

孙：欧盟当然不平等。我觉得在这个世界，不平等比平等更容易存在，就像战争比和平更容易发生一样。但问题是如果我们不努力，平等就是不可能的。

就人类社会来看，其实没有任何一个现成的区域联合体实现了平等，包括第三世界。那是一个诉求。可是人类的宿命就是永远在现实和乌托邦之间不断地进行博弈。我们不在0和100这两极上说话，我们要在两极中间尽可能地去选择那些好的可能性。

所以在这个意义上，万隆会议精神是应该铭记的。因为这样的精神，如果能被更多的人理解和继承，那么我们生活当中平等的要素就会一点一点地增加。我个人是这样看一个社会的理想状态的，我不会想象一个完美的平等社会，或者一个完美的和平状态，我们只能增加好的部分的要素。

澎湃新闻：你怎么看亚投行？

孙：我不懂经济，所以不敢直接评论它的内容。但是中国作为世界经济格局中的一个主导力量，推动一些经济活动，这件事情本身我愿意给它正面评价。因为这个世界不能只有美国一家独大。但我们不希望亚投行成为——当然它也不可能成为第二个类似华尔街那样的金融中心，然后用这样的方式来控制全世界。目前看来亚投行不存在这样一种发展可能。

我觉得只要是"非第一世界"的力量，能够更多地进入核心的经济地带，这就是一件好事儿。下一个历史阶段的课题是下一个阶段的事儿。

附录·发言辑录

我这两天最大的收获是和非洲的、拉丁美洲的、亚洲的第三世界的兄弟们坐在一起的感觉，我觉得这样的一种面对面的交流，对我们这里大部分人来说是最宝贵的经验。因为今后当我去想象马来西亚，想象非洲的时候，我可以想象这些面孔。这对于一个用文字来工作的人来说，它的意义是非常重大的。因为由此我会觉得那些我没有去过的地方，离我并不遥远，我可以用我的生活经验，用我对我所在的社会的各种感觉和责任去想象你们的感觉和责任。

我们这个会议和万隆会议是性质完全不同的会议，因为我们开的是一个纪念万隆会议的会议，但是我们不是和万隆会议在同一个层面讨论同样的问题，我觉得这是非常重要的一个差异。因为万隆会议是一次国家首脑会议，而我们今天并不代表各自的国家。

1955年，第三世界的国家代表人民的诉求，在整个国际政治格局里是具有正当性的。经过60年不断的分化、变化、融合、重新改组，特别是资本的全球化过程，在今天，国家代表人民这件事情就不是那么单纯了。万隆会议要传达的声音相对来说是非常单纯的，是第三世界被压迫、被剥夺的国家和社会，他们要求自主的权利，要求在不平等的世界上得到尊重。但是今天对我们来说课题已经发生了变化，我们要求的不仅仅是这些，我们要求更为实质性的平等。也许我们从今以后讨论世界格局的时候，要暂时搁置资本主义、社会主义、帝国这一类概念，比如我们需要讨论社会保护，讨论饥饿问题与资源破坏问题，等等。

关于知识分子定位的问题，我想举一个很简单的例子。昨天中国美院的许江院长讲起这么一件事：在中国美院象山校区周围住着当地的农民，农民们对这个校区有一句很简洁的评价，说这一片房子"好看不好用"。许江院长也有一个精辟的评价，说农民看问题比我们知识分子清楚得多。在某种意义上象山校区象征了我们中国知识分子的位置。

我记得有一位很年轻的经济学家，在90年代中期从美国回来以后，说他听到这样一个说法：中国改革开放之所以成功，因为中国经济学家说的所有的话，全都是没有用的。那么在这样一个状况下，我们如何进行知识生产？

在今天这样的状况里，资本主义的问题已经不是一个外在于我们生活的独立对象，它渗透到社会生活的各个方面，有时甚至很难被人察觉。如果我们就在资本主义之中，它渗透到我们生活方式的细节里面，我们既是受害者又是共谋者，那么，批判该如何进行？在很多方面，仅仅使用"资本主义"这个概念是不够的，这样的批判仅仅提供了抽象目标，缺少实在的内容。我们需要更有效的批判，从重新界定"发展"的概念开始寻找思考的路径。

（2015年4月，参加"万隆·第三世界六十年"杭州论坛时接受澎湃新闻访谈时的记录。附录为澎湃新闻记者整理的作者参与讨论时的发言摘编）

关于《寻找亚洲：创造另一种认识世界的方式》的访谈

《新京报》：你在书里也提到，中国的"东亚论述"并不是从我们的知识土壤里自然地生长出来的，有很大的移植色彩，你觉得为何中国社会的知识土壤里会缺少"亚洲意识"？这是否与某种中国中心的大国意识有关？

孙歌（以下简称孙）：这恐怕很难说是大国意识的表现。因为不管是"东亚意识"，还是"亚洲意识"，都是在近代刚开始的时候，东亚地区回应西方霸权式入侵的一个反应。

在东北亚，最早产生"亚洲"观念并把它作为一个理念提出来的国家是日本。这是因为日本在明治维新以后，迅速完成了近代化转型。这个转型有一个特征——日本是按照当时西欧的模式，通过对外扩张、殖民迅速获取财富和霸权来实现近代化的。所以在明治维新之后，日本挑起了几场战争。日俄战争的胜利让日本觉得，它可以代表亚洲与西方列强竞争。

因此，我们今天谈的"亚洲主义"或者"亚洲范畴"并不是一个抽象观念，而是经由历史形成的产物。众所周知，中国在向近代国家转型的过程中遭遇了挫折。当时的历史状况使中国遭遇了更深刻、持久和广泛的内部变革过程，在这个过程当中，中国很难自然产生这种代表亚洲和西方对抗的理念。

可是中国有没有"亚洲论述"？中国最早的"亚洲论述"是在20世纪20年代初提出的，分别是李大钊的"新亚细亚主义"和孙中山的"大亚洲主义"。这两种"亚洲论述"有一个共同特征：它们都是针对当时日本带有西方式霸权特征的"大亚洲主义"而提出的反命题，并不是我们土壤里自然产生"代表亚洲"的要求。

民国时期并不缺少关于亚洲的讨论，但是这种"亚洲论述"很难形成思想动员的凝聚力。在1949年后，由于"冷战"格局的形成，对于中国来说，"亚洲"这个范畴只有在1955年万隆会议前后才是一个真实的范畴。当时我们对世界格局的认识是毛泽东的"三个世界"的区分，而我们是把"第三世界"作为自己在世界格局当中的定位。

直到今天，在"冷战"结构解体、"冷战"意识形态开始空洞化之后，亚洲又一次登上世界历史舞台，这一次中国开始在其中承担重要的角色。从文化的角度上看，现在"亚洲范畴"真正进入中国知识界的视野，有它历史的逻辑和必然性。

相反，现在日本面对的问题是"如何重新回到亚洲？"所以在特定的历史脉络当中，我们需要根据每一个历史时期的具体课题，来确定"亚洲"这个范畴在我们的思想形成过程当中究竟具有什么功能。

《新京报》： 你觉得对现在的中国来说，这种"亚洲论述"具有什么样的现实功能？或者什么样的意义？

孙： 首先我想讨论一下，为什么是"亚洲"而不是"中国"？"亚洲"和"中国"并不是只能二者选其一。"中国"就在"亚洲"里面，同时"亚洲"也内在于"中国"，不过这是两个层面的问题。

"中国在亚洲里面"意味着，中国作为一个现代主权国家，它是亚洲政治地理的组成部分，中国悠久的文化传统是亚洲文化重要的内容。但是"亚洲"大于"中国"，因为它还拥有其他的古老文明，由众多主权国家组成。比起其他各洲来，地理位置使得亚洲大部分国家与我们的关系更直接、更密切。在这些关系里，我们可以相对化地看待自己。

"亚洲内在于中国"的意思是，亚洲的宗教、民族和文化，相当一部分就内在于中国。中国有56个民族，我们的民族构成本身在某种意义上凝缩了亚洲的构成。但是，"中国在亚洲里面"与"亚洲内在于中国"是两个不同层面的问题。在这个意义上，研究亚洲有助于我们更好地理解中国，而不是说，研究亚洲就是不承认、不关注中国。

在世界的政治经济格局迅速变化的过程中，亚洲以各种各样的形态登上了历史舞台。这里面不仅包括了中国的崛起，也包括了阿拉伯世界在国际社会中的影响，以及西亚与西方世界的冲突。全世界都不可回避的基本问题是：亚洲不再是没有声音的弱势地区了。在这种局势下，我们怎么论述亚洲？这首先是一个理论问题，亚洲有没有可能拥有自己的原理？还是说仅仅挪用西方的历史哲学和社会理论，就可以有效解释亚洲的问题？在这种情况下，无论如何我们都需要更多更有效的认识论。这不仅能重新解释我们自己，也能重新认识世界。

《新京报》：有关中日韩关系有个很有趣的现象，就像网上有句老话，"中日友好靠韩国、中韩友好靠日本"，比如一些像慰安妇问题等日本侵略的遗留问题让中韩网民的情感发生联结；像韩国跟中国抢申请世界文化遗产，比如端午节申遗，甚至认为孔子是韩国的，筷子、樱花也都是来自韩国的，中日网民在吐槽韩国人这种有着高度民族自尊的民族主义时取得共识。你怎么看待这种现象？

孙：在大众文化时代，这种现象非常正常。但很多现象是"一过性"的，而所有事件都是不可重复的。在面对一次性事件的时候，很多反应也都是"一过性"的。这"一过性"的反应背后，有些人有一贯的逻辑，而有些人可能没有任何逻辑，只是凑热闹。首先我们要对"一过性"的判断背后的深层驱动力做一些分析。

你刚才讲的这些现象，针对的问题都非常明确，也非常有局限性。无论是中韩之间的友好还是冲突，中日之间的连带还是仇恨，都是在非常具体的问题上被激发出来的。我个人更倾向于对这样的现象进行就事论事的分析，我不会把一个具体的事情扩大为国家之间的关系，因为这个思路是非常虚假的。

这些事件的背后都有情感逻辑，这种逻辑不是单向的，而是多重的。我们要关注这种多重性情感逻辑是否具有不断更新的可能性。如果一个人或一个民族的情感总是原地打转，那么这个情感主体是没有前途的。中日韩三国的年轻人，会在各种各样的冲突中成长，这个成长才是值得期待和关注的。以日韩关系为例，现在日本社会开始出现一个新动向，很多日本人致力于促进日韩民间的友好关系。他们认为，应该把国家和国民分开对待，日本人应该友善地对待韩国人。所以在日韩两国交恶之际，日韩民间社会却在就业、旅游等各个方面发展信任与互助的机制。

相比之下，在中日或者中韩社会之间建立深入理解要困难很多。这不仅由于"冷战"的余绪还在，更因为中国社会的内在机理和历史逻辑与日韩有很大差异，跨越这种差异需要更多的努力。那种把三国关系看成三角关系的想法其实很皮相。

《新京报》：你在书里也介绍了白永瑞的有关"东亚共同体"的区域想象。他最基本的着眼点是民间范围的地区联合，但这样在现实政治中也很容易被已有的国家体系利用，从而失去地域联合的可能性，所以他设想的是一种去中心化的横向联合。这种去中心化的超国境的民间联合运动，你觉得在现实政治中具备何种能量？如果它是去中心化的，那它的向心力如何维持？把这个思想用在朝韩问题之上，想超克朝鲜半岛分断体制的"民众和解运动"在大国的博弈之下会不会只可能是一厢情愿的乌托邦呢？

孙：白永瑞有一个说法：韩国是一个"双重边缘"社会，因此他希望韩国和同样具有边缘特性的社会发生横向连带，这是去中心化的一个努力。所以，他提出要和冲绳建立连带关系。这跟韩国知识分子所处的文化语境是有关联的。

我们通常想象的连带是一种友好的感情关系，但是其实还有更深刻的连带。上海的王选在做细菌战的诉讼，所有官司都是在日本打的，她的支持者也是一群日本人。日本的律师、市民或小企业家，持续地支援王选关于细菌战的诉讼。

当然，王选的背后也有大量中国市民的支持，这不是一个官方行为，也并不是一个跟官方有意地脱离开的行为。在这种情况下，王选的细菌战诉讼所体现出来的连带，实际上是跨国联合斗争的一种方式，对抗的是日本的侵略历史和日本政府中的右翼势力，这是连带中非常重要非常真实的形态。我并不认为民间的连带一定需要与国家之间的关系对立起来考虑，因为国家体系与社会机制之间的关系远为复杂，绝非仅仅是单向的利用和回收关系。

白永瑞的这个说法会不会变成一个乌托邦？乌托邦一旦获得了具体的历史内容，就转化为现实判断了。所有的具体行动，如果没有乌托邦，也就是说如果没有理念，行动就是盲目的。乌托邦不能仅仅作为负面概念来使用。朝韩的关系发展很快，尤其在经济开发方面，南北之间的合作有了相当稳定的积累。大国的博弈当然有影响，但是大国的博弈也会被反向利用。

《新京报》：你在书里也提到，冲绳人在长期的民主斗争中，有一个跨境连带的特点。这种跨越国界的民众连带是一个怎么形成的社会过程？知识分子在其中要扮演一个什么样的角色？这种民众之间的越境连带在其他地区如何才是可能的？

孙：冲绳人形成了政治含量很高的斗争形式，跨境连带只是这种政治含量的表现之一。我想这种连带的形成与他们的斗争目标直接相关。冲绳社会活动家逐渐形成的一个基本共识是，他们虽然是为了自身的尊严和安全而抗争，但同时也是为了世界和平而战。因为反对美军基地的斗争，直接牵制美军从冲绳基地出发控制亚太地区的军事行动。他们反对美军基地，就是在支援受到美国军事威胁的那些地区。在这个意义上，冲绳人为我们树立了国际主义榜样。

冲绳知识分子在这个跨境连带的过程中扮演了重要角色，他们并不只是进行社会动员，更重要的是他们不断汲取现实能量，为社会运动提供精神营养。比如诗人川满信一写作的《琉球共和社会宪法C私（试）案》，提出一个很有想象力的论点：只要承认琉球共和社会的和平理念，不管你居住在世界上任何地方，属于任何种族，都可以成为它的公民。我曾写了一篇论文讨论这篇文本，称其为"现实主义的乌托邦"。

在冲绳以外的地区，民众间越境的连带首先需要的是这种有想象力的精神能量。直观意义上的连带基本上很难长久持续，而且连带的形式不能只在现实合作这一个维度理解，精神上的连带更为重要。

《新京报》：你在"寻找亚洲原理"建构你新的普遍性论述的时

候，认为普遍性不是高高在上的最终目标，而是一个媒介，要借助特殊性才能获得意义的思考契机；是进入特殊性的媒介，让特殊性开放。有人说这与哈贝马斯的交往行动理论很像，也跟哈贝马斯建构这样的认识论，并在现实中为建构他的欧洲共同体的理想有异曲同工之妙，请问你怎么看待这个问题？

孙：我不太愿意把我对"亚洲原理"的讨论直接跟哈贝马斯的交往行动理论关联起来。但是我讨论的这个问题确实和哈贝马斯关注的问题有某种相似性。只不过，我更关注亚洲的多样性本身。对我来说，作为媒介的普遍性最终指向的目标并不是建立一个因相互沟通理解而成为一体的共同体，我努力的方向是使各种特殊性得到充分的发展。发展的结果是我们传统思想里强调的理想局面——"不齐之齐"，这个"齐"绝对不是一个统合起来的共同体。

我觉得亚洲之所以要有原理而不能直接挪用欧洲的原理，是因为对欧洲来说，它能建立一个统合的共同体并在内部保持多样的可能性。这样的统合对欧洲内部的多样性并不构成伤害，但对亚洲来说，这个统合是不可能的。在不可能的情况下，我们有没有一种原理，让不能统合的多样性之间，仍然建立充分的相互理解？这个原理的目标并不是求同存异，而是各自以自己的方式充分发展，而发展的结果是谁都不像谁，但谁也不会去压倒谁、排斥谁。

这样的理论跟亚洲的精神风土更符合。只是我们的知识感觉倾向于既定的思维方式：如果要建立一个范畴，那么这个范畴必须是可以统合的。建立新的知识习惯，这需要一个过程。借这个机会我想补充一句：我一直强调，人类在用各自不同的方式关注自身的发展可能性。讨论亚洲原理并不意味着要排斥欧洲原理，需要反对的仅仅是欧洲中心主义的各个变种而已。

《新京报》：你在书中也说，你希望这种新的普遍性是一种"形而下之理"，要寻找一种"亚洲原理"。那这种对普遍性的新理解，怎么样才不会成为一句口号，而切实地影响现实呢？你觉得这需要当代的知识分子在其中扮演什么样的角色？

孙：中国的思想资源就是非常丰富的"形而下之理"。只不过"五四"以来，我们习惯于用西方的方式，把它们抽象整合之后，变成一种可以用逻辑有效解释的理论形态。如果我们用另外的方式在思想史中重新发掘"形而下之理"的话，将会发现非常可贵的、以经验的形态呈现的理论想象力。

其实理论分为两个部分：一部分是理论想象力，这是最重要的。它帮助人们从可视的对象中看到不可视的命题、命题间的关系和推进各个命题的路径，这是需要想象力的，用直观的方式没有办法做理论工作；另一个部分是理论的表现形式，通常是形而上的抽象论述，它以逻辑的方式指向结论或者模式。结论是想象力开花之后结的果。抽象的理论观点是第二义的，最重要的还是理论想象力推进的过程。这个过程难道不可以用形而下的方式呈现吗？为什么形而下的方式只能归结为直观经验呢？古人能提供直观经验，但同时又能开示经验背后的道理。那个道理就是理论，只是它需要以形而下的经验方式呈现。那么为什么古人不去抽象它，而是让它呈现为具体经验呢？

我最常举的例子是李卓吾，他可以用自相矛盾的方式来讨论问题。我在书里谈到他对两个出家人的不同评价，这个评价虽然是相互矛盾的，可背后的深层逻辑是一致的。在这里，相互矛盾的表象并非可有可无，它把问题拉到了另一个层面。如果他只给出一个抽象道理，比如说"出家人一定要把他的真心放在第一位"，这个道理其实没有多大实际意义。在具体情境里，李卓吾赞扬一个出家人把老母留在家里出去修行，也赞扬另一个人的老母不许他远离因而他留在老母身边。我们排除掉了表面的差异，背后的真义就出来了，但是这个真义本身或许并不重要，重要的是这个真义拥有不同形态。实际上，《论语》《孟子》和《庄子》里面有大量这样的例子：道理的复杂性，只能通过表象的自相矛盾呈现出来，依靠形式逻辑抽象论述的时候，这些复杂性必须舍弃。所以可以说，"形而下之理"处理的，恰恰是"形而上之理"无法处理的问题。"形而上之理"善于通过抽象使问题归类为更清晰的范畴，"形而下之理"可以提供对世界复杂性的深层认知。

对普遍性的新理解要想不成为空洞的口号，就需要锤炼处理复杂经验的能力，这就意味着需要在那些熟知的经验对象（或者史料）里"重新发现经验"。我不认为知识分子可以直接影响现实，但是知识生产确实可以影响人们认识现实的方式。知识分子不能依靠条件反射工作，重新发现熟悉的经验有助于养成对现实的深入理解。

《新京报》： 近年来右翼排外的民族主义、民粹主义崛起，似乎是一个全球现象,这造成了很多政治极化、社会撕裂、分离主义运动,这似乎也给某些想实现跨国共同体的理想的西方知识分子蒙上阴影,你怎么看待像特朗普上台、英国脱欧、难民问题、对政治正确的讨论之类的问题?

孙: 特朗普上台象征着西方社会撕掉了民主政治的表层面纱,露出民粹主义和强烈的政治排他性,这种局势加剧了很多冲突,很让人痛心;但它也是一件好事,因为原来被遮盖的东西暴露出来了。实际上历史并没有倒退,只不过真相呈现出来了。

但是,这样的情况是不是仅仅依靠我们以情绪对抗就能够消解掉?在需要对抗的时候当然要对抗,但对抗之后需要解决下一步的问题:人类需要想象和实践新的发展模式。我期待亚洲国家能够走出新的道路来。以万隆会议为标志,亚洲一直用民族主义进行自我保护,同时又必须警惕民族主义排外和保守的一面。亚洲一直处在这样的双刃剑之下,所以,亚洲恐怕比欧美更了解民族主义的双重性。

在这种情况下,无论是现实的实践,还是思想领域的建设,我相信亚洲知识分子有更多的工作可做。知识分子希望跨越国境做思想普遍性的连带,这个理念是好的,但是只在这个层面去建立理念性的思考是远远不够的。因为所有的知识分子都是有国籍的,我们不可能"拔着头发离开地球"。

当我们拿着本国护照出国的时候,实际上跨国连带就不是我们想象的那样可以跨越国境、高高在上的和普遍的。国际是国境线吗?其实能够把内部自足的事物向外面开放的时候,才有国际可言。因此西方左翼知识分子跨越国界的普遍性想象是有价值的,但是它不落实的话,可能只是一句空话。

《新京报》:你很看重和辻哲郎的"风土"概念,就此,我想起了曾经大家讨论很热的一个叫"国民性"的概念。有人就用"国民性"这个词来评论中国国民性、日本的国民性、韩国国民性,但有些人又觉得"国民性"就是个伪概念,你怎么看待"国民性"的概念?

孙:"国民性"当然可以是个真概念。但如果把一切问题都收纳到国民性里边去,然后宣布国民性是改变不了的,"国民性"就是个伪概念。但是我们如果探求对于某个文化共同体的基本估计,并且在这个基本估计的前提下,衍生出更具体的有分析能量的问题,"国民性"就是个真概念。这个概念本身并不具有分析能力,但它有助于整理出一些基本思路,关键在于是把"国民性"看成不可变动的静态固体,还是看成具有流动性的过程。

我关注和辻哲郎的《风土》,其实并不是关注他用风土视角解释各个民族基本文化特征的努力。他对于"风土"的解释很初步,而且挂一漏万,有的地方牵强附会。我关注的是他通过"风土"这个概念,把地理环境和人文、社会结构等各种各样的要素结合起来,讨论文化共同体特殊性的思路。而且,在《风土》的最后一章里,他特别引用了赫尔德关于幸福的解释,我觉得那一段写得非常精彩。赫尔德说,幸福的感觉是风土性的,欧洲人不可以把自己的幸福观强加给全世界。因为幸福是感觉,每个人每种文化对幸福的感受都不一样,我们不能因为自己认为幸福的事情，别人不觉得它是幸福，就说别人落后野蛮。这种相对主义的视角才是《风土》最核心的内容。

有一次，我在南京大学做讲座，有学生提问道，如果要承认多元文化，那非洲的割礼，特别是残酷地戕害少女的习俗，难道也是合理的？这个问题很难回答。因为它跨越了一些必要的环节，直接跳到一个政治正确的终点。我回答说，确实听说有一个非洲少女，小时候接受了这种酷刑，但她长大之后开始反叛，并到联合国控诉了那个部落的野蛮和残酷。如果出现了这样的例子，我们声援这个少女就是对的，但是还有更多其他的情况，涉及更细致的伦理问题。

我们说这种行为是野蛮的很容易，可这没有什么意义。如果真的关心，就需要到他们的部落里去，跟他们一起生活，才有资格去判断对错。当我们真的深入他们的部落之后，就会发现情况很复杂，不容易下判断：不仅少女的妈妈们支持这种酷刑，少女们也都觉得自己能忍受，希望能早点过关，因为过关后就在部落里有正当性了。在那样的风俗里，作为外来者，怎么反应才是正确的？强调文化的多元性，并不是张扬互不相干的"相对主义"，而是在相关主义的思路里去理解和甄别。这时候，我们需要更有张力的"形而下之理"。

在讨论"亚洲原理"时，"形而上之理"是把特殊性中包含的复杂性过滤之后，才能整合成一个相对明确且在逻辑上自圆其说的论述。但是，"形而下之理"一定是拖泥带水、自相矛盾的，它保留了问题的复杂性。我们怎么在复杂性里找到相互理解、相互开放的媒介？复杂的个别经验如何提供不可直接复制的思考契机？西方理论不可能完成这样的工作，包括哈贝马斯的交往行动理论，走到那个层面就不会再往前走了。这也正是亚洲需要生产原理的理由。

我在亚洲原理的讨论中引入"风土"这个概念，其实和我基本的设想是直接相关的：亚洲范畴不能只是简单地符号化，它必须要同时具有历史地理的内容。任何思想都是风土性的，这意味着我们无法满足于线性的单一世界秩序想象。在思想史分析中导入实体性空间要素，可以帮助我们突破那些既定的思维模式。

《新京报》：你在中间美术馆谈到，你要走一条"不左不右"的中间道路，但是我觉得其实中间道路应该是挺难走的，你会觉得很孤独吗？

孙："中间"并不是不左不右，它首先是对于实体性地确立左、右这一思维方式的批判。利用中间美术馆的名字讲座时我借题发挥，主要是试图解释思想史研究如何突破常识性认知，更准确地处理复杂问题。我记得在回答提问时，我明确地说"中间"不在左和右之间，它在这两者的内部。换句话说，"中间"就意味着对极端的固定化思维方式的突破。（补记：后来美术馆整理速记稿的时候，问答环节没有被整理出来，所以本书第二辑收入的那篇讲座稿里没有这部分内容。）我正好借助这个机会再把这个问题重新提出来。我估计，在中间美术馆谈到思想上的中间道路的时候，在场的年轻朋友基本没有听进去，因为大家还是习惯于认为"中间"就是个空间概念，觉得它与左和右一样是确定的"立场"。这个理解是不准确的。中间并不是"不偏不倚"的立场，它是一种认识事物的方式，我愿意说它是"形而下之理"的一种表现形式。

你说得很对，这条路确实不容易走。在认识论上突破既定的思维模式，对我个人而言也很艰难。更何况我需要把它传递给别人，这就要求更深入的修炼。我没感觉到自己孤独。说到底，思考是一种修炼，修炼总要与孤独为伴，这种状态是我所接受的；思想史上有很多巨人在引导我，我感觉每天都在听课，在对话。即使在孤独的境遇里，一个人只要有对话和学习的欲望就不会感到孤独。我其实也从同代人不谈亚洲问题的著述里学到了很多东西，例如在我关于"亚洲原理"的讨论里，最关键的一个启示来自陈嘉映对于相对主义的思考。

虽然现在愿意和我一起推进"亚洲原理"讨论的人不多，但是这个主题使我有机会接触历史上思想家的作品，获得了饱满的充足感。今天有这么多年轻人关心有关亚洲的讨论，更是一件值得高兴的事情。在此我要特别致意一页工作室，致意范新先生。应该说这本书是我们合作的产物。范新在本书的结构方面付出很多努力，这中间包含了他本人对于"亚洲原理"的思考。最后，我也要谢谢你的访谈，谢谢你精心准备的这些问题。

（2019年秋于北京）

对话樱井大造

孙歌（以下简称孙）：今天能坐在这里和樱井先生对谈，真是有点不可思议。记得2004年在台湾时，因为我和日本的关系，曾有戏剧界的朋友问我是否知道樱井大造是谁，我回答说不知道，几乎遭到嘲笑。好在立刻就有机会认识樱井先生了。那是2004年这个时候吧，在东京的竹内好研究会上。其实一直以来，我自己描述的竹内好和通常日本人印象中的竹内好像是有点不同的，有时我自己也不免感到困惑，不知道该怎么解释才能让人理解。但和樱井先生倒是很容易理解相通，甚至不太需要解释就有共识。作为以学术为业的人，语言和文字是我唯一的工具，虽然有时显得不够。而樱井先生的戏剧活动是通过语言和身体动作等来表现的。虽然表现形式不同，我看道理是一样的。问题在于和这个世界发生碰撞时，首先关注什么地方，劲儿往哪里使？用力方向一致的人，面对同样的文本，会有相近的感悟。这是我和樱井先生相识以来，得到的最大启示。

樱井大造（以下简称樱井）：我其实一直以来没有和学者有很多接触。只是十几年前开始和寄场[1]学会的学者们有接触，他们关心的地区就是所谓的单身劳动者聚居地。再有就是2014年，丸川哲史先生邀请我参加他主办的竹内好研究会。我和丸川是通过研究台湾问题走在一起的。当时我正好读了孙歌老师和沟口雄三先生的书，觉得非常有意思。我在18岁的时候第一次读竹内好的《鲁迅》等书，给我强烈的冲击。当时读竹内好，周围的人会怀疑你是否有右翼思想。啊，原来在这世道中，要发表自己的见解，有时真要遭到很大的压力，这就是当时我唯一的心得。当然后来又断断续续地读他的书，特别是读了孙歌老师的关于竹内好的书。当然如果说竹内好的东西带有很强的文学性，我读孙歌老师的文章时，也感到您是通过竹内好的语言在与鲁迅对话。这里所提示给我们的，与其说是什么社会问题，不如说就是革命吧，人的革命。在这个问题当中，自己所处的位置，自己的存在。这一点我也很有同感。

孙：不过细想想，樱井先生已经搞了几十年的革命，可以说是我的老前辈了。您说的"人的革命"，并不是直接的社会变革，而是精神上的改变。克服精神上的惰性，不断以新的眼光了解面对的现实，这其实是一项很艰难的事业。

樱井：这倒不敢当，算是个经验的过程吧。我开始上大学的70年

---

[1] "寄场"在日文中意为劳动者聚居地。

代的日本，正经历各种解体运动，比如大学的解体、知识人的解体等。我们所选择的当然是跟中国的"下放"不太一样的形式，就是采取巡回、出游的方式。总之，觉得一定要抵抗，只有通过不断抵抗才能生存下去。与其说是革命，不如说是自己觉悟到，只有通过不停抵抗才能确立自己的存在；不管处于什么情况下，都要有思想准备，要准备自己一个人和整个世界相对；不自我膨胀，当然也不妄自菲薄，随时都被考验着，是否能确立独自面对世界的关系？当然对我们那个时代的日本人来说，很多人的出发点是出于一种伦理感、自卑感，但我认为根本的出发点还应该是，即使只是一个人，也要确定如何与这个世界相对，这就是抵抗的问题。而且，我不大愿意把这一切都笼统地称之为"革命"。虽然许多左翼，包括新左翼在内都喜欢这么说。这里我突然想起，毛泽东的"星星之火，可以燎原"的话。我的理解，也就是，微弱的群众力量，汇集在一起，不断壮大，会形成巨大的力量，然后这巨大的力量再重新投入群众中去，就是这么一种斗争的原理吧。

2005年在台湾公演完《台湾浮士德》后，在与陈映真先生的对谈中，也涉及相似的问题。陈映真先生认为，来自人民的东西，知识人要把它做好，并把精华的部分再还到人民中去。但我并不这么认为。微弱渺小的东西一定要让它壮大，我对这种理念抱有怀疑，因为在它被壮大的同时，可能也就失去了它以一对一的形式面对这个世界的可能性。如果说到抵抗，我认为它只有一边保有微弱渺小的状态，一边通过连带其他的"微弱渺小"来一起面对这个世界才有可能。极端一点说,我觉得不能强迫弱小的东西拥有多大的力量,这和日本新左翼的"力量理论"有点格格不入,所以我选择了帐篷剧的形式。

孙:我觉得您提到的以一对一的形式面对世界是非常重要的。虽然具体情况不同,但我本身也是以这种感觉走过来的。我也体会到,人必须学习不依靠任何媒介,在没有任何隔膜的情况下,面对这个世界。可能这只是一种感觉,但这种感觉是否是一种真实,也是非常重要的。首先在感觉的世界里,是否能不逃避地面对这个世界?不逃避也就意味着可能是孤身一人去面对。在这里倒不是把孤独作为一种价值观来强调,孤独本身可能就是人的一种本来面目,这可能就是每个人的出发点;然后和众多的同志汇集到一起,互相汲取力量,从而得到自信。但是这已经是另一个层次上的问题了。所以关键在于一个人是否抱有孤身面对世界的觉悟,这与其说是一种勇气,倒不如说是一种本能,是人最真实的一面。从这个意义上说,我对您的意见非常赞同。

樱井:另外有一点,我们这一代日本人并没有把这个问题放在知识分子对大众的层次上考虑。在今年3月与陈映真先生的对谈中,陈先生问我,你做这么难的东西,好像有点辩证法的感觉,老百姓能看懂吗?我回答,应该相信老百姓。我们当年在日本展开活动时,并没有站在知识分子和民众的分界点上。比如,我不认为自己是知识分子,我也不会把那些按日结算工资的劳动者就简单地等同于民众,当然他们当中有一种民众的投影。这样我们在他们的聚居地演戏时,我们之间并没有一个明确的界线,倒好像是一种互相争夺的关系。举个例子，演出过程中，我们的女演员登场时，因为观众中大都是单身的劳动者，平时没有机会靠近女人，他们会很兴奋，跑到台上去，想抱女演员。那我们其他男演员，为了让女演员继续说台词，就要拼命拉住兴奋的观众，那真是一种非常真实的互相争夺。那样的气氛里，你就没有空闲去考虑什么知识分子和大众的关系。围绕着现场的这种真实而激烈的争夺，可以说就是我们的戏剧。所以我不觉得我们之间是教育启蒙的关系。所谓的民众性，必须是从自己内部被抽出来的东西，不可能投射到现实中的民众身上。我们为了自己的存在，和这个世界面对，必须在自己的内部创造民众性，除此之外，别无他途。我相信，这也是民众很朴素的感觉，并不是我的发明。当然采取帐篷剧的形式，我们是觉得比较容易一起形成这个场。可能这和新左翼的革命理论有所不同。所以有的场合，我会被称作"无政府主义者"。

孙： 对于民众的理解，真是存在很大的差异。可能无论哪个国家的左翼都会觉得，自己是为了改善民众的生存状况而斗争；为了拯救大众，自己首先怀着变成大众一员的觉悟而闹革命。但是按照樱井先生的理念，如果不从自己的内部创造民众性，革命可能只是身外之物，自己也只能永远地站在民众的外围。这样，即使和民众接触，也不具有任何意义。看来，在自己的内部创造民众性和单纯的变成民众的一员，虽然好像只隔着一层纸，但毕竟不同。说白一点，虽然是怀着变为民众的愿望，成了民众的一员，但还是有可能并不具有民众性。

我理解帐篷剧所要做的是，并不以变成民众的一员为前提，而是在自己的内部培养民众性。比如樱井先生最终选择以帐篷剧为自己的斗争方式，但并没有因此变成一个体力劳动者。恐怕，从本质上说，所谓对民众性的实际感觉，是作为一个艺术家对所怀有的民众性的自我认同。

樱井：我始终觉得民众性当中，有一种我敬畏的东西。比如说在东京的山谷（日结算工资劳动者聚居地），条件恶劣，不断有人死去。大家围坐在篝火旁，陪着快要死去的同伴，当然每个人都知道自己也可能什么时候就走同一条路。但所有的人都表情丰富，用轻松的口气开那种能把这世界颠覆掉的玩笑，视死如归。当然也有悲伤，但绝不屈服。这好像是我创作的原点。我从这里得到关于民众性的启发，让我采取的斗争的方式与一般的左翼所提倡的"革命"有所不同：强调每个人与这世界的对峙，但并不把它绝对化，也不想向它索取什么成果。当然他们所倡导的具体的社会运动是必要的，我当时（70年代末至80年代）也曾站在山谷劳动者斗争的前沿，但这是另外一个层次的问题。一般的运动理论，总是容易把行动绝对化，然后希望得到一定成果，再传承给下一拨运动。但我总觉得没有这么简单，要不然我们人类就真的可以快速奔向共产主义了。

孙：所以樱井先生没有变成社会运动家，而是选择了戏剧的方式。这是一开始就决定的，还是在做这些事情的过程中渐渐领悟到的呢？

樱井：当时的客观情况是，70年代的日本正经历学生运动的挫折。我当时18岁，大学一年级，也每天跟着扔火焰瓶、参加游行。开始觉得好玩，但运动渐渐从内部出现问题，自己也开始反思斗争的方式，后来就选择了在日本各地用帐篷剧巡回的方式。一开始就直奔北海道的最北端，冰天雪地里，大家都穿得很少。太冷，老乡都围着炉子，一边吃喝聊天，偶尔向我们的舞台瞥一眼。我们这边绞尽脑汁写了剧本，铆足了劲登场，可是只有在最精彩的地方老乡们才会看我们。也就是说，如果你不拼命拿出最好的，他们不看你。我一直忘不了那些围坐火炉的最初的观众的眼神，可能就是为了让他们能继续看我们，所以才把帐篷剧坚持了下来。还有一次，我们的戏演到关键之处，我正准备说一句有关天皇的重要台词。突然，有个老婆婆跑过来大喊"猪跑啦！"一瞬间，看戏的老乡们都去追赶猪崽，我只好对着一片空地说了那句有关天皇的重要台词。对于老乡来说，比起我那句台词来，当然是猪崽更重要。但也正因为如此，我不知不觉就做了33年的帐篷剧。

孙："对着一片空地说了那句有关天皇的重要台词"，这个经验太生动了，很值得我们深思。那么，您中途有没有想过调整方向呢？

樱井：我当时也在一个建筑公司工作，演戏的时候就要休工。中间也曾考虑过采取戏剧之外的形式。日本当时的状况也在不断发生变化，比如有一个曾计划爆炸天皇专用列车的组织东亚反日武装战线，我们对他们的行动也有很多讨论。当时日本赤军联合的成员被强制遣返日本后，与我们剧团的成员有一些接触，所以我们周边，包括观众，都被警察盯得紧紧的。最厉害的一次，1978年我们（当时的剧团叫曲马馆）在涩谷演出时，帐篷里的观众150人左右，在外面等着的公安和警察就有80多人。就是说，150多人的观众中，有80多人是被"盯梢保护"的。有的公安等得不耐烦了，就问我们："怎么还不结束！"

孙：当时上演的是什么剧目？

樱井：是关于反天皇的。

孙：日本在形式上还是主张言论自由的。上演这种剧目没有问题吗？

樱井：名目上不能禁止。但右翼会来捣乱，会给我们打电话，"听说你们在演对天皇不敬的戏！""不错。""现在我们就过去把你们砸烂！""当然恭候。"当然，我们这种"微弱渺小"，可能右翼并不放在眼里，不会真来，但恐吓是一定会恐吓。然后，警察会来，名义是从右翼的威胁中保护我们。有好多公共场地不借给我们，名义也是右翼会来，而绝不是"压制表现的自由"。要说天皇裕仁在的时候，斗争目标多明确呀，可用不着像现在这样借助什么后殖民的理论。日本在80年代，运动是十分活跃的。那时全斗焕来见天皇，在日本也引发了和韩国民主化运动相连带的许多运动。当时来我们帐篷的观众反应都异常强烈，有时太"入戏"，会禁不住当场和演员争辩。演员这边也在犹豫是继续演戏，还是和观众争辩。可是到了90年代，观众就越来越老实，有时演着演着，真恨不得眼前能涌现几个"刺儿头"的观众。

孙：是不是进了90年代后，有了较大的变化？

樱井： 对，我们的团体在70年代时叫"曲马馆"，实际上也是拉着马，在日本各地巡回；80年代改为"风之旅团"；90年代叫"野战之月"。再次改名是因为我们有一个电影导演朋友叫山岗强一，他在拍摄反映山谷地区劳动者斗争的纪录片时被黑帮杀害。我们一位诗人朋友作诗纪念他，称他为"野战之月"，我们就拿来做我们团体的名称，好像他一直和我们在一起。至于说观众层，比如说像丸川哲史这样的有运动经验的学者就是在80年代末，还是学生时，通过我们的帐篷剧接触天皇制等问题，然后再慢慢走上自己的运动道路，虽然丸川最终还是回到学者的路上。到90年代末，我也开始在台湾展开活动。因为我们有许多共通的历史经验，我们带台湾的演员到日本，和日本的演员同台演出。我们许多共通的历史记忆，必须及时保存下来，并且从某种意义上说，是换一种形式保存。2005年是抗战胜利60周年，我来到北京，看到电视里播许多纪念节目。中国政府是不希望这段历史被风化，但我个人的理解是，有必要换一种形式，就是说不是把记忆原封不动地摆在那里，才算是更有建设性地防止历史被风化。2005年是"光州事件"25周年，我们到韩国时，也有这种感觉。我们理解人们想留住历史记忆的心情，但问题是25年前发生的记忆，现在是以何种表情存在着，这就要看我们是否能通过现在自己积极的想象力来面对现实。

孙： 这真是很重要的经验。我拜读了樱井先生2005年3月在台北上演的《台湾浮士德》的剧本，给我印象很深的，也是关于把记忆改变形式保存的问题。对于樱井先生来说，站在现在，与其说是要保存记忆,不如说是重新召回我们的记忆。怎样最大限度地张开我们的想象,得到对我们现在的历史来说是活生生的记忆的轮廓?对樱井先生来说,这种想象的契机来自何方?一般我们认为,在与现实的碰撞中得到启发,一边塑造自己的想象,一边创造记忆的轮廓。樱井先生从日本到中国台湾,到韩国,以后还要来中国大陆。在这个移动的过程中,时间和空间都不断变换。从这当中得到的重新召唤历史的力量,恐怕是您在日本所得不到的。

樱井: 对,这就好像沟口雄三先生所说的"异乡人化"。我现在好像没有自己固定的场所,而一直处在不停的变换中,如果这可以被称之为一种"历史性的努力",就好像一直以"异乡人"的身份去贴近历史,或者说对历史本身,对现实来说,自己是个"异乡人"。也就是说,对于目前被认定的"历史的事实性"来说,自己是个"异乡人"。有这样的"历史事实",或没有,或曾经有不同面目的可能性,我想应该把自己置于这一整体的关系之中。我做了30年的帐篷,还没够得着自己最初的想象,也就是为了回到30年前,我花了30年的时间。为了回到60年前的记忆,才需要这60年的岁月,走过来的60年和走回去的60年是对等的。好像我自己五十几年的人生也是如此。我的母亲出生在朝鲜半岛,我的外公是朝鲜人,母亲有一半朝鲜血统,但她对自己的出身从来闭口不谈。母亲15岁回到日本母亲的家乡,常因为出身与朝鲜有关而受到歧视。后来外公被强制抓劳工抓到萨哈林,并最终死在那里。母亲一个人悄悄地去拾了外公的遗骨回来。母亲痛恨自己的朝鲜出身，平时绝对不会提到朝鲜的事情，但一喝了酒，她就会唱起朝鲜的民歌《阿里郎》，脸上会有很独特的表情。对我来说，只有在母亲《阿里郎》的歌声中，我才能找到自己的故乡，而对自己的出生地北海道的函馆却没有这种牵挂，这一点与我母亲是一样的。最近，丸川哲史也曾问起我关于故乡的问题。其实，对于人民来说，故乡也许只存在于歌声中，它作为一种记忆被传承下来。这里想说的是，这种共有的（感情、记忆等）传承的可能性。帐篷剧也是一样，帐篷当中所有的人共有一种包括记忆在内的传达的可能性，并且是相互的。所以我虽然是日本人，即使在台湾依然坚信这种记忆传达的可能性。

孙：换一种说法，为了回到30年前或60年前，我们需要这段时间。但我们不是一定要回去，即使回去，方式也很多，并不一定要回到同一首歌。在这种非常具有流动性的状况中，我们要进行诸多自由或不自由的选择。我想对于樱井先生来说，也一定存在着若干这样的瞬间。

樱井：有时候也做了不太自由的选择吧。比如我的戏迷中有不少是有一定影响力的学者，跟了我很多年的，每年看过戏后，都会跟我说很感动。但同时我也觉得，我不能只是为循环在少数戏迷中的良心的感动而工作，必须更有挑战和突破性。今年3月在台湾，我们的演出就在实现场的可能性上有了不小的突破。我们的戏剧中涉及50年代白色恐怖的背景。在台北近郊的六张梨，有白色恐怖时期遇难者的坟墓。可是我们剧组的台湾成员在进入我们剧组之前，没有一个人去扫过墓。据说，当时许多遇难者被处刑后，就那么戴着手铐被埋葬。我觉得我们至少要有除去那手铐的决心，才可能重新思考那一段历史。我们戏的最后一幕，就是把那个看不见的人的手铐打开，然后用这手铐把象征恐怖时代的玻璃展示柜砸碎，拿出钥匙，好像介入了历史。

孙：在樱井先生看来，学者们所说的那种抽象的"连带"，可能意义不大。与其说是连带，不如说是孤独的个人之间的相遇，一起做共同的事。但实际上，人是那么多种多样，欲望也各不相同。各不相同的人一起做事，恐怕跟抽象地说连带的感觉不太一样吧。

樱井：说到底，这是一个创造共同的场的问题。这也是非常有张力的时空。如果，聚在一起的人只是简单地说"我们连带吧"，这正说明他们没有掌握连带的方法论，这是一些只能依赖"连带"这个单词的人。

孙：关于连带是这样，许多批判言论也是这样。就像松永正义老师批评过的那样："只存在正确的和错误的两种论述。"这完全是一种缺乏想象力的知识生产。现实并不是这样，现实要复杂混沌得多。比如，樱井先生正移动在不同的言语共同体之间。这之间，可以形成这些言语共同体的共同的场，但也不是绝对不变的。对樱井先生来说，这也可能成为一种自我认同，像《阿里郎》那首歌一样。有了这样的自我认同，不管进入哪种共同体，总是能确立自己的位置，并不会被外在的因素绑架。比如，"反日"，这个可以被固定化或者实体化的特定空间下的行为，在很多人那里是非常确定的，根本不需要讨论。可是对于樱井先生来说,"反日"的意义恐怕与一般学者所说的有微妙的不同。记得樱井先生提到过,第一次在台湾演出时,殖民时代被迫受过日语教育的一位老人,跑到樱井先生面前,突然用日语高喊"大日本帝国万岁"。樱井先生并不是简单地觉得反感,而是从另一个意义上,感受到别样的感动。记得您后来这样解释:这位老人观看的是批判性的帐篷剧,他为了用日语表达自己的感动,能说的却只有当年被强迫掌握的这句话。这让我想起了竹内好的一个说法。他说当年日本人被迫当兵,走向战场的时候高呼"天皇万岁",心里的感觉却是对家乡对亲人的依恋。但是他能喊出来的,却只有这样的规定好了的口号。

樱井先生这种对语言与心理关系的辨识,表现了对人和人性的深度理解。对这样的樱井先生来说,"反日"的意义到底意味着什么?恐怕不能简单地用"打倒日本帝国主义"这样的抽象口号来表达。樱井先生反对的不是一个国家,不是一个共同体整体,而是更具体的违背人类公理、践踏社会良知的残暴势力。在更深层的意义上,在某一个瞬间,樱井先生可以挺起胸来,承认并坚持自己是日本人;或者,在某种意义上,在不同的上下文里,樱井先生不仅可以"反日",也可以"反台湾""反韩国""反中国"。这种自我认同,并不是实体性的。对我们来说,真正要反对的,可能既是国家又不是国家,既是民族主义又不是民族主义。所以有的时候,我们必须要理直气壮地拥护国家,提倡民族主义。对我来说,这就意味着一种"亚洲性"。在东亚,在移动与交锋的过程中,我们有可能找到某种共通的机能,怎么说呢，一种共通的"阿里郎"吧。这种共通性并不舍弃不同社会的历史脉络和文化个别性，它需要以这些个别性来呈现自己；但是由于有了共通性，那些原来被视为与己无关的异质文化就变得不一样了，它们不仅可以理解，而且与自己相关。对于我们"异乡人"来说，无论走到哪里，都不可能安住在那里，哪里都不可能成为我们的唯一故乡。这可以被称之为一种"亚洲性"。我在这里特意用"亚洲性"这个词，是因为许多人说"亚洲"时，是把它实体化了，即一提"亚洲"，就觉得是和"西洋"相对的，是固定不动的。有些人认为，只能谈世界，谈亚洲太狭隘。但是其实亚洲作为世界的一部分，谈亚洲就是谈世界的一种方式。说谈亚洲狭隘的人，其实也只能借助于世界的某一个部分谈世界，无论那个部分是欧美还是非洲和拉美。问题只是在于怎么谈，而不在于谈什么。

我去德国的时候，和德国的几位老师、学生有过深入的交流，我们可以推心置腹地谈中国，谈东亚，谈德国和西欧。这个经验常让我深思。亚洲性可以跨越实体性的地域而被共享；反过来，同在亚洲的亚洲人却未必能共享亚洲性。在各种研讨会上，大家好像也用"实体化""机能化"这样的词，但总觉得好像不是在真正理解的基础上使用的。如果真正理解"机能性"的话，有些话就不可能用这样的方式说，或者有些问题就不可能从这种角度提出来。我觉得这是现在学界的现状。对于这种现状，我还没有找到有效的抵抗的语言，因为话一出口，马上就被曲解了。作为靠语言工作的人，我有时挺羡慕樱井先生的。

樱井：孙歌老师的语言倒不是那么简单就可以拿来用的，某种意义上，具有非常高的文化性。像这次您的关于竹内好的新著，并没有用很难的语言，但在领域的扩展上，非常踏实。语言都紧密扎根在深深的地方，若妄想取走其中的一个，必定失败。因为语言之间结合得天衣无缝，所以读的人很舒服。但要是有的学者想拆走一角，这是大大的误解。某种意义上，我们的戏剧可能是带有无力感的，但反过来说，社会、政治对于我们也是无力的。这是一种对等的关系，但同时我们也和观众保持一种良好的交换关系。

孙：我在写论文的时候，深有同感。我和资料之间经常是一种"你来我往"的应答关系，这让我独享作为研究者的辛苦与快乐。每当这种默契的"你来我往"告一段落——论文或书稿杀青——的时候，当然有小小的怅然若失，然后我就继续寻找下一次的"你来我往"。比如现在我生活在巨变中的中国社会，对身边目不暇接的变化，有时会有本能的忧虑。年轻的时候，对看在眼里的社会的不公正，会恨不得拍案而起，但现在知道，只是这样解决不了问题。这就回到刚才的"无力感"和你如何与你观察的对象、周围的环境形成默契的"你来我往"的应答关系的问题，虽然我现在还不能用语言很清楚地表述。比如，樱井先生一直没有放弃帐篷剧的形式，在帐篷有限的空间中，与观众发生碰撞，其实这也是一种政治性行为，但又不等同于现实社会中的政治，它们之间并不是直接的对应关系。那到底是一种什么样的关系呢？虽然我们的身体经常会替我们做正确的选择，但我们却无法通过抽象的语言来表现它，至少对于我来说是这样。现在大家经常用

"政治性""历史性""状况性"这样的词汇，这对于我来说，是很"无力"的。就是说，学问世界中的紧张感和现实生活中的紧张感既不同又相同。如果用"到底什么地方不同，又有什么地方相同"这样二元对立的分析方法去理解，是无法做出解释的。其实即使在很正统的学术论文中，在它的深处，也有可能隐藏着革命性的议题。但这议题既不以革命的面目出现，也回收不到单纯的知识之中。这到底是怎么回事？这也曾经是烦恼竹内好的问题，尽管我并不具体了解现实中的竹内好到底是怎么想的，但这显然已不重要。重要的是，这已经成为一种革命性的契机。在这样的情况下，我们再回到刚才的"用30年的时间回到30年前"。我们无法什么也不选择就踏上回去的路，但也不可能做有意图的选择。在我来说，"选择回去的路"就是做我的学术研究，在樱井先生来说，可能是通过演剧来实现的吧。对我来说，恐怕最大的问题不是接下来自己该做什么，这些我的身体感觉都明白，问题是，自己在感觉上明白的东西怎样在尽量不被误解的前提下正确地传达给别人。在这个意义上，恐怕当年的竹内好是非常孤独的。当然，我也是因为被置于相近的状况中，所以才重读了竹内好。竹内好也是被置于几乎无法自我表现的情况下，才在他自身当中萌发出那些孤独的前提。樱井先生在30多年的戏剧实践中，逐渐形成了自己的语言，在与观众的互动中，也得到了一种应答。这让我又要羡慕樱井先生了。

樱井：对，我可能不是那么孤独，但孕育表达的过程，确实有如地狱。在每个表现的符号上创造它与语言的接点，确切地说是与沉默的语言的接点，那真是炼狱煎熬的感觉。我写过三十几个剧本，每次都如此，也曾怀疑自己过不去了。最大的悖论是，传达那一份沉默必须借助语言，而且是通过人的声音——演员的台词的形式，这就要求你比诗人还诗人。通过人的嘴里流出的语言让观众去面对沉默，这当中当然有剧本和演员的关系，场景与演员、观众的关系等等，这正是需要想象力的地方。"戏眼"的地方，需要糅进反讽、抖开"包袱"，把语言再归回于那片沉默。在这过程中，演员是非常愉悦其中的，非常自由，比起我这个写剧本的人。

孙：对于我来说，写作时就好像樱井先生创作剧本，那时是与资料"你来我往"，在研讨会等场合就必须与在座的人"你来我往"了。至于写出来的东西印成铅字，对我而言是一段思考暂时告一段落，读者如何接受它，我无从把握。但是随着年龄渐长，我对读者的感知能力也越来越增强了。我开始尽可能地在自己的写作过程中设定"拟想的读者"，对着这些潜在的读者进行"交流"。从写作时的炼狱到传达时的喜悦，我也非常乐在其中。写作时，我也会遇到资料的"抵抗"。一般最开始的时候，粗略看过资料后，会涌现出一个初步的结构性设想，也有些许"发现"的喜悦。但顺着那些"发现"再回头仔细阅读一遍资料，会觉得开始时的印象真是面目全非，一切都错了，这时好像坠入地狱，好像是经历噩梦一场。当然，没有别的选择，只好重新来过，再寻找新的感觉，直到资料"认可"我的读法。这种过程不断重复，才能最后体验到冲出地狱、噩梦醒来的感觉，还是觉得世界很美好。

其实我每次和樱井先生在一起，都有特殊意义上的"学术交流"，这是建立在一种彻底审视前提基础上的交流。有很多极其初步的想法，正是受了樱井先生的启发，轮廓才变得清晰起来。

樱井：您过奖了，我也是一样。有许多自己心里懵懵懂懂的东西，读了孙歌老师的书后，像捅破了一层窗户纸，说出了自己想说而没有说的话。真的很感谢两年前丸川哲史先生介绍您的书给我。那时我已经开始构思《台湾浮士德》，正是非常烦恼的时候。就是作为一个日本人（虽然台湾人并不是言必称"殖民主义"），以何种视线凝视台湾，从孙歌老师贴近竹内好的方法中，受益匪浅。好像感到乌云后的太阳，感到有同志同在。

孙：这又让我想起沟口雄三先生所提的"异乡人"的问题。那不是语言层面上的"异乡人"，而是感觉世界里的"异乡人"。比如，我作为一个中国人，自然会对中国的事情感到切身的焦虑，但是我并不漠视台湾、日本、韩国以及其他社会，不觉得那里的人们与我无关。我大概从1988年左右开始接触日本，一直到现在，我都只能在这种不断地游走或者流动中打造自我认同，包括我作为一个中国人的认同。这也是我"回到现在"的过程。这个过程中，我一点也不认为我有了中国的国籍就天然具有合格的中国认同，这是需要努力的。同理，我虽然尽力以"同情之理解"的态度研究日本，却不意味着我拥有日本人的认同。所以我可以理解日本人的烦恼，有的情况下，我也可能把自己想象成韩国人，或者在日朝鲜人。但这一切并不是无条件的，很难轻易做到。以前，我们曾提倡过"知识共同体"的说法，那是因为实在找不到合适的说法。现在看来这个称呼还是不足以传达当时追求的那些根本性的目标。我们追求的可以说是一种包含了实体性又具有机能性流动特征的自我认同,但它并不仅仅是知识性的自我认同。它可能也并不能被称之为"亚洲性",也许这才是"异乡人"的意义所在。其实我正是在这种根本性的自我认同问题上与樱井先生相遇的。

(2005年于北京,中文翻译稿未发表)

关于社会人文学
——与白永瑞教授对谈

白永瑞（以下简称白）：今天很高兴能与孙歌教授进行对谈。记得我们第一次见面是2001年2月在日本神奈川大学举办的一场有关东亚视角的国际研讨会上。那之前我们没有见过面吧？

孙歌（以下简称孙）：我也不太记得了，有可能那是第一次见面。

白：哦，我想起来了，在那之前我们在北京见过面，对吧？

孙：是你们来《读书》的那次吗？那是90年代了。

白：是的，大概是1998年，不过当时我们没有机会进行深谈。

孙：没错，当时没能像现在这样坐下来交流，那是一个很多人共同参加的会。

白：所以我们真正开始交流是2001年2月在日本横滨举办的那场国际会议上。第二次是在2004年与光兴兄一同参加的有关后东亚论述的座谈会上[1]，今天应该是我们两人的第三次对谈。

1　全文发表在孙歌、白永瑞、陈光兴编，《ポスト〈東アジア〉》，作品社，2006年。

孙： 对，另外中间还有过一些接触，我清楚记得2003年时（创批）要帮韩国小说家黄皙暎出版纪念文集，你要我给黄皙暎的小说写一篇书评。记得我当时说因为已十多年没做过文学评论，没有把握，结果你说先寄一本黄皙暎的小说给我看，有感觉就写，没感觉不写也没关系，你这种做法给我留下非常深刻的印象，当时我的感觉是：这个人很懂得领导艺术（笑）。后来我读了那本小说后非常有感觉，它给我的冲击很大，我感受到韩国的文学其实是韩国的政治学，里面有很多中国社会目前为止还无法共享的成熟的政治思考，包括创批的许多工作也是透过文学来折射。后来我很高兴地写了书评，这是我们三人一起合作编书之前的事了。还有，你那次来《读书》也给我印象很深，我感受到韩国人的做事方式和日本人非常不同。日本知识分子与中国知识分子的接触比韩国更早也更广，他们跟中国做日本学或其他各领域研究的学者都有交流，但是他们从没像你们这样，你们直接就在北京按照自己的设想举办座谈会。当时我的感觉是：韩国的知识分子是单刀直入的，马上就切入问题的重要环节，提出应该如何讨论东亚。

白： 对我而言，印象比较深刻的是在日本东京那次，大家一起到知名的温泉区箱根住了一晚，你还记得吗？

孙： 对，我记得。

白： 我们一起边喝啤酒边聊天，当时讨论的整个脉络我有些记不全了，不过我印象最深的是，在讨论一篇我发表在《读书》上的文章时[1]，我批评了你对中国的看法。结果你回答说，韩国人不太

---

[1] 《世纪之交再思东亚》，《读书》1999年8月号。

了解中国人的情感，主要是因为两国的规模不同；韩国是小国，而中国历史悠久、幅员辽阔，因此韩国人很难正确理解中国。当时我对这样的说法并不满意，心想这就不是大国中心主义吗？我回国后读了你的许多文章，才了解你为什么会如此强调规模的差异。但第一次听你讲这种观点时，坦白说感觉并不是很好（笑）。

孙：是的，我完全能够想象。因为这个说法从表面上看的确很像大国中心主义，很难区别，所以我在说的同时，心里也有点担心，不知永瑞兄会不会误解。但是误解总归是理解的开始，我想这才是真正的交流。记得我们那时在《读书》上写文章相互讨论，而且还互相批评。

白：没错，所以我现在上课时还经常引用这个例子，因为只有这样才能做到真正的相互理解。首先发现彼此的差异，然后进入对方的差异，再去了解它，这才是沟通的方法。

孙：这样回想起来，这些年我们用各种方式做了很多交流。

白：是的，我们在台北、中国大陆、日本或韩国等地都有过交流。那么接下来就进入今天的主题吧。我想先谈谈我们邀请你来演讲的缘由。这次学术会议（2010年7月20日）的主题是社会人文学。延世大学国学研究院HK（Humanities Korea）事业团从2008年开始进行一项名为"作为21世纪实学[1]之社会人文学（Social Humanities）"的十年期研究项目，今年（2010年）11月即将迈入第三年。社会人文学虽由"社会"与"人文学"这两个词汇组

---

[1] "实学"指的是朝鲜王朝时代兴起的学术态度、学术运动，它对当时既有的学问和学术体制进行了批判，主张学问要对社会有用和有意义。

成,但并不只是单纯意指社会科学与人文学的结合。我们的构想主要是希望通过"恢复人文学的社会性"来重新找回人文学的本来面貌,即"统合的人文学"(humanities as a comprehensive discipline),也就是作为整合性学科的人文学本质。

因为我个人对你的研究活动有较深的了解,我认为你本身的研究历程和研究内容正是社会人文学的最佳实践范例。诚如你昨天在演讲中提到,你最初的专业是中国文学,2000年前研究比较文学,2000年后跨越学科的界限到日本研究政治思想史,同时你也把现实社会中的问题选作研究的主题,我想这就是社会人文学活动的真正实例,所以我们特别邀请你来跟大家谈谈社会人文学的相关问题。

孙：非常感谢你们对我工作的深度理解。确实,我个人这么多年这样走过来,并没有受制于特定领域或学科的意识。我只是在追踪问题和为了有效解释问题的过程中,需要找到一些方法及相应的学术资源,这使我不得不进入其他相关学科。当然在进入这些学科时,我遇到很大的困难。因为当我在别的学科里寻找资源时,由于我并没有受过那个学科的训练,所以很容易直接把该学科的某些讨论方式借用过来,然后用自己的理解和逻辑方式去演绎、解释我面对的问题,这样做有很大的危险。因为我有可能非历史地使用其他学科的资源,并且把在该学科里早就提出的问题当新问题提出来,甚至提出一些伪问题。为了避免这种情况发生,我后来基本上把自己的工作限定在政治思想史研究里面,并且至今仍然不断有意识和有选择地为自己"补课",就是说阅读政治学和思想史的经典文本,这样我可以在一定程度上避免讨论伪问题。我看到你也是这样,你在谈到社会人文学的时候,很自觉地以历史学为落脚点。如果从长时段历史的眼光来看,实际上现在这种精细分科并且使其绝对化的情况只是战后大概半个多世纪以来的事情,在那之前,学科虽然早就建立,但是学科之间的资源共享及知识的流动相对是比较好的状态。所以当我们在深入某个学科的历史时,就会发现在历史上该学科的学术资源和别的学科的是有某种相通性的。于是我感觉到一种危险,就是今日的学科划分本身当然是一个严重的问题,但是我们所谓的跨学科,事实上也可能是个非常虚假的学术行为,因为我们只是把今天被细分的学科表面上的隔离打开,但并不一定有能力深入到那些学科的根源里去;真正形成思考障碍的,可能并不一定是在一个学科内部进行思考,而是以学科为借口的肤浅的学术生产;如果在形式上打破学科界限但是仍然不改变思考的肤浅程度,那么这样的跨学科并不会有益于学术生产。所以我感觉到一种悖论:当一个研究者有能力在一个学科里面进行深度学术生产时,他就必然会具有跨学科的能量;反之,当跨学科行为因为知识把握和学科积累的薄弱而导致生产伪问题和伪知识的时候,它不但无法达到打破学科界限的目的,反而会强化学科分化中所产生的最有害的部分——遮蔽各个学科相通的基本问题,把不同学科的表象以跨学科的名义简单拼凑在一起。因此假如我必须在其他学科借用资源,就必须要了解该学科学术史的来龙去脉,理解该学科中那些最重要的课题。其实当我最初跨出文学学科时,我没想过进入别的学科会是多么艰难的事情,但真的进入之后,我发现其实跨学科研究,如果想做真正有价值的学问,那就意味着,你要深入了解其他学科的历史传承。我觉得一个人很难做到同时跨越很多学科,去了解很多学科的状况,因为这样很容易做出虚假的学问。所以事实上严格来说,我现在是在将文学学科给我的训练,转化成一种学术想象力,再把这种想象力应用到政治思想史的学科讨论里,并且尽量使这种讨论与这个学科中最有生命力的部分发生关联。政治思想史有其潜在的含量,就是它不仅通向政治学,同时也通向历史学。但由于是"思想史",所以观念性又比较强,因此在这个意义上来说,它可以将政治学及历史学重要的要素同时放到学术视野里面来。在这样的讨论过程中,我又把文学学科给我的想象力放进我的逻辑演绎和阅读史料的过程当中,我想这大概和仅仅做政治学或做历史学的人关心的问题会有所不同。

白: 你犀利地指出了"跨学科"内含的问题,这的确是我们需要特别留意的部分。我们虽然强调跨学科研究,但这既是研究的态度,也是研究的方法,因此我认为跨学科研究既要能够在现有的学术分科体系内进行,同时也必须经过特定领域的纪律约束与训练(discipline),否则就算我们再怎么追求学术创新,还是很容易只停留在想象力的层面,就像你说的,有可能会"生产出伪知识"。所以我一直关注一个双重课题:既要发挥历史学这个学科的强项,又要克服它的局限。谈到历史学的强项,通常会联想起精读史料,即通过所谓"文献批判"进行考证,不过这只是人文学的基础。我接受了历史学科的训练,并且长期从事历史研究，我认为历史学从根本上与解构主义是相通的，因为历史学着力培养的就是不用固定的视角看问题，而是将其脉络化（contextualize）。通过历史学，我们能够认识到万物都在时间的流逝中不断变化，而之所以会发生这些变化，是因为那些身处某一历史状况的人在一时一地做出的选择。有了这种历史感觉，我们就更有可能从结构和全局的角度来梳理事物之间的相关性。因此我常常教我的学生要进入史料的海洋，但不能一头栽进去，而要学会游泳的技能，把握好大海的深度、风向等全局。

这与刚才你提到将文学想象力融入你的研究过程是相通的。关于这个部分，能否请你举个具体的例子来说明在研究竹内好或其他日本思想家时，你是如何利用文学想象力的？

孙：我想最好的例子是研究竹内好。我一直认为竹内好应该是个政治思想史的研究对象，但政治思想史的学者很少正面处理他，原因是竹内好不用政治学的规范来写作，他基本是用文学的方式来讨论重大的思想和社会问题，所以他在日本被定位为文学评论家。他虽然是一位文学评论家，但其实在他的思想活动中最核心的问题是政治思想史的那些基本课题。因为他一直在处理的中心问题是人如何能进入其同时代史，而在进入同时代史的过程中，有无可能以个人方式稍微影响到历史和社会的发展走向。这样的问题既是历史学的是政治学的，因为竹内好最活跃的时代前半部分是战争时代，后半部分是战后重建的时代，所以他提出的问题都是重大的关键性问题。如果我们用政治正确的标准来判断，首先就会追问竹内好对时代状况的判断是正确的还是错误的。事实上很多学者对竹内好采取严厉的态度，说他政治不正确，甚至有人说他是个法西斯主义者。但是，我觉得我们可以在状况里从实践的角度去追问何谓历史，即历史是在身外像物品一样可以让人看清楚的东西，还是一种流动性的、无法塑造形体的状况？如果是一种状况，我们要设身处地地想，如果我们自己尝试进入同时代史，我们是不是能保证永远做正确的判断？反过来说，所谓正确的判断是不是有可能在历史之外？这样的问题总要找到一种方式来讨论。可是在政治学或历史学的领域里，通过学科的训练很难碰到这样的问题。于是我决定突破学科的既定模式，正面面对这样的问题，因为对我们自身而言，这是非常重要的问题。我们如何判断在今日社会里，我们认为正确的那些事物，是否真的符合社会发展的需要和方向？

白：在阅读你研究竹内好的文章时，我一直觉得有一个人应该感谢你，那就是竹内好。因为通过你的研究，他才被重新评价。你是中国人而非日本人，我认为由一位中国人来重新发掘日本思想家并将其作为东亚共同的知识资产，这是很有意义的事情。此外，我还想请教你一个问题，那就是促使你从文学转向其他研究领域的动机是什么？

孙：首先是社会的状况。因为中国社会从20世纪80年代到现在为止不断发生剧烈变化，作为一个生活在中国社会里的普通市民，我也希望能理解同时代史。促使我从文学研究领域走出来的最大动力，当然是我想寻找更有效的工具帮助我认识这个社会的变化。这个社会发生的这些变化，我应该如何去理解、分析？国际上和国内知识界有很多说法，例如有人说中国现在已经变成资本主义社会了，中国的市场经济已成为资本全球化的环节，这些解释看上去都有道理，但也有人认为中国社会主义时期的制度、思想及文化的遗产在今日社会转型中仍然在发生作用。这两种解释之间也有某些重合之处，但在这样的讨论中，我觉得还是缺少更重要的环节，因为这只是大的结论，并不能帮助我们面对具体的日常政治生活中那些复杂的关键环节。例如今天中国社会的两极分化、官僚体制腐败的问题，似乎构成了社会的主要矛盾，但是如何认识这个问题的关键所在呢？它是否是可以避免的？如何才能避免呢？还有中国民众不断自发形成的民主机制，民众自主表述民主的方式又和西方的民主制或市民社会模式不一样，我们很容易用既定观念来讨论今天中国社会的现象，于是有些看起来不太合标准的现象就被我们舍弃了，或者我们认为它们不过是过渡性的，可以不去关注。在这样的过程中，我认为还需要找到更有效的认识论，这就促使我向别的学科学习。所以最开始我不太关心我使用的资源来自哪个学科，我比较关心的是这些讨论是否能帮我解决我面对的这些课题，这是最初的动力。但在这个过程中，我渐渐形成另一种知识习惯，就是去追问一些知识上的问题，这一点我很难准确表述出来。通常我们习惯把知识问题和思想问题对立起来，认为知识是静态的，是可固定化的成品，而思想是流动性的、面对现实的、有紧张感的精神活动，但是就我理解，真正有效有生命力的思想活动，同时应该要能产生知识。这个知识或许也可以说是一种学术，但这种学术应该有深度的紧张感。而支持我进行学术性讨论的动力，我想是一种对知识的好奇心。例如我从中国文学转向日本思想史，当时没有太多的考虑，因为在学科体制内，我本不应该做日本思想史研究，我在中国文学研究所供职。促使我对日本思想史产生好奇的契机，只是因为当时我在做一个关于日本的中国学如何研究中国古典戏曲的研究。在做这个课题时，我感觉到日本的中国学家在研究中国古典戏曲时表现出一种思想解读的兴趣，我也开始关注这个部分，后来从日本的中国古典文学研究走出来，我发现日本人研究本国思想史有更多非常有意思的讨论，这些讨论直接与我的现实关怀相关，所以我就愈走愈远，最初没想到走到什么学科去，当然最后就走到日本政治思想史的领域，最后我在日本获得政治学博士学位。我在这个过程中发现一个问题，也是很长时间困扰我的问题，就是作为我这个年龄的中国学人，我们在很长一段时间里都有一个潜在的本能，认为政治是非常丑恶的，政治只是现实中利益和权力的斗争形态，洁身自好的人应该远离政治，我也是在这种氛围中长大的。

白： 听了你的说明，我又有了新的疑问。你能这样改换研究领域是否与中国的学术体制有关呢？以我本人为例，我是历史系的教授，应聘教授职务时填的研究专长是中国近现代史，如果我改换研究领域，无疑会受到同事的批评。而你在中国社科院所属于中国文学研究所，你从原来的中国文学转向其他领域时，没有受到批评吗？你是怎样处理这些问题的？

孙： 当然有受到批评。我在20世纪90年代开始做日本思想史研究时,也意味着自我放逐,因为这代表我已从学科内部被排除到边缘。当时所里的负责人出于保护我的目的,曾对我加以劝阻,并且告诉我如果这样做,将来不管是所里提职称或有项目规划,我可能都会丧失申请资格,并且也许永远无法评上教授。但当时我对日本思想史的研究兴趣已相当强烈,愈做愈有意思,于是我就思考:我究竟要为制度牺牲兴趣,还是要为兴趣牺牲外在的前途?后来我认为牺牲前途较为划算,所以我跟所里说我可以不当教授,只要不开除我就行(笑)。于是我决定继续做我想做的研究,这当然在实际利益上是有损失的,不过后来时代改变,包括学术界的风气也是一样,因为现在跨学科已在某种程度上被体制化,体制也在承认跨学科的研究。尽管我在体制上没有空间,但毕竟可以进行自己的研究而不必遮遮掩掩。我目前是在比较文学研究室,方向跟我实际从事的研究并无关系,我要感谢我们所的好意,他们容忍了我,后来也给我评了教授,而且我也可以带学生。按目前学术的发展,我的学生虽然名义上是文学系的,应该也可以做思想史研究。

白: 以我的经验为例,我曾受到首尔大学东洋[1]史系老教授的批评,说我因为想当思想家而脱离了纯粹的学术领域。之所以会有这种批评,我认为必须从韩国学术体制的历史脉络进行思考。因为首尔大学的前身是京城帝国大学,而日本帝国大学的学术风气偏向于实证型研究,并不重视现实的变化。刚才你强调真正有效

---

[1] 韩语中的汉字词"东洋"指的是中文里的"东方",是与"西方"相对应的概念。

有生命力的思想活动，同时应该要能产生知识，但在日本帝国大学学术风气的影响下，京城帝国大学并不关心思想，只注重生产静态的知识。这种不重视现实流动的学术传统也影响了现在首尔大学的部分学科，特别是我曾经就读的东洋史系，他们更重视这种实证型学术传统，并对自己从事纯学术性实证研究感到自豪，当然，也的确因此积累了相当的成果。

就是在这种学术风气下，我的研究方向在学术体制内受到了严厉的批评。另外在学术体制外，我一直参与季刊《创作与批评》的编辑工作，现在任主编一职。记得1972年我刚上大学时，系里曾经调查学生们的理想，我当时在调查表上填的就是"大学教授"。1974年我因为参加学生运动而入狱十个多月，出狱后当时的朴正熙政府不让我们再进入大学，所以我就到出版社工作，后来转到创作与批评社。

一晃已经过了30年，这就是我在学术体制外的经验。也许是因为这些经历，我才会对尝试结合生活与学术的社会人文学更有共鸣；但也正因为这种学术体制内外的经验，我对学术体制内部和外部的认识也产生了冲突。现在可能因为上了年纪，这种认识上的冲突淡了很多，不过有一段时间，我在实证型纯学术研究与思想及知识的联动中经历了比较严重的冲突，虽然现在这两者已经在相当程度上互相融合，但我仍然还在经历一些内在的紧张。

孙：不过我在阅读你的著作时，并未感觉到这种冲突。我想如果没有你在《创作与批评》及社会实践中得到的思想性紧张感，你在学术里就不会去讨论那些问题。我记得你有一篇谈韩国社会构成状况的文章，文中提到，韩国人也歧视华人及其他外来民族，你做了非常学术性的梳理。另外还有许多关于历史问题的讨论，我认为你的问题意识本身有很强的内在紧张感，所以你使用史料来细致地考证及推论，因此你跟其他没有内在紧张感的专家所生产的知识质量是不同的。我个人认为若知识没有思想，则容易沦为一种为考证而考证、为知识而知识的精神游戏。因此有质量的考证背后一定有思想，只不过那种思想并非我们现在所理解的狭隘的现实针对性而已。真正有价值的学术，皆能启迪人生的智慧，我想这一点在你的认同冲突内部是有紧密结合的。我不确定自己的感觉是否正确，不过我想你之所以感到矛盾，是不是和韩国学术界外在的分裂有关？韩国学术界这种表面上的分裂至今仍是很尖锐吧。

白：没错，这的确与韩国学术界外在的分裂有关，所以我也把这个问题当作我的研究主题，试图从作为制度的学术与作为社会运动的学术这两个视角，来探讨20世纪东亚历史学的历史。[1]

接下来我想回到你昨天演讲中有关社会人文学的内容。昨天你在演讲中提到生活与学术脱节的问题，同时强调怎样才能做到生活与学术的结合，并提出了"经验性理论"的概念。我非常赞同你的想法，这也与我们推动社会人文学的方向基本一致。不过"经验性理论"只是一个词汇，如何将之理论化是个重要的问题。我们虽然不需要提出像马克斯·韦伯那样的西方的大理论，但至

---

1 部分观点已发表在《"东洋史学"的诞生与衰退：东亚学术制度的传播与变形》，《台湾社会研究》第59期，2005年9月。

少需要提出一些中层理论。大陆学者杨念群出版了一本有关中层理论的书。怎样能使经验性理论成为中层理论？对此你有何看法？

孙：这也是我最关心的问题。杨念群抓住了一个非常关键的问题，我认为这个问题针对的是现在我们在认识论上的误区。例如我们一提到经验，总认为经验应该是直观的、感受性的、可视的、一时性的经历，谈到理论，则认为理论要从经验中抽象出来，具有一定的形而上的特征，所以理论，可以在思想空间中"旅行"（移动），但经验无法如此，无法脱离它的在地性格。我想这正是我们对认识论最大的理解误区。因为如此一来，经验和理论都成为固定的物品，如果我们尝试将经验与理论结合，经验将是一种理论行为，理论则具有经验性，必须向状况开放，要将这两者视为一体，就应该在认识论上有所调整。我们知道现在东亚理论的生产，基本是通过修改西方理论而成的。简单挪用西方理论的时期已经过去了，现在东亚学人的工作方式基本上是修改西方理论并且使用其中关键性的术语，或自己发明与西方理论相关的观念，再重新建立逻辑整合和演绎的抽象世界。这种大理论的工作当然是有价值的，但若此方式成为理论唯一的形式，我们面对现实复杂性的分析能力将会不足。因此，我想经验性理论应该要能面对现实的复杂性，这复杂性是大理论无法解释的。关于复杂性在我们身边可找到很多例子，例如竹内好在1942年曾发表一篇政治相当不正确的文本，即《大东亚战争与吾等的决意》，这是支持太平洋战争的宣言。如果从大理论或生活感觉出发，因为中国和韩国都是日本侵略战争的受害者，因此只要是支持战争的宣言,我们都会本能地产生敌对感,这不能说不正确;同时在大理论层面上,我们也知道支持那场战争的选择是错误的,所以不论从哪种立场出发,我们都应该否定这篇宣言。但否定本身无法解决其中复杂的问题,这个问题就是:包括日本知识分子在内的、被卷入战争的全体日本人,是否心甘情愿地参与了那场战争呢?如果不是心甘情愿的,那么他们卷入这场战争的理由是否仅仅是政治上不自由、无法选择?他们是否有某些主体性的意愿通过不自由的形式得到了表达?另外,竹内好那篇宣言具体的内容与我们想象支持战争的内容是有差距的,他为何选择用支持战争的方式来发表这些言论呢?此时如果没有经验性理论的洞察力,这些问题可能就都会被舍弃,之后给一个政治正确的批判,觉得这个问题就解决了。但是果真如此的话,那历史就太明白了,太简单了,也不需要进行研究了。另一个问题是,在我们的社会生活中,尽管现在是和平时代,每个人都有不同程度的民主权利,我们是否就都拥有选择的自由?在无法自由选择的情况下,想要主体性介入时,该如何选择呢?这种问题需要以理论分析来加以整理,因为这与个体在现代社会的生存、思考方式直接相关,理由是因为历史是复杂的,所以我们不得不改变单纯的思考方式。就此意义而言,我想回应你刚才的问题,"经验性理论"不能当作一个现成概念,应该用它来发现和解释我们面对状况中的那些关键环节,再给出理论形态。但一般人习惯于直观经验与大理论的对立,所以这个层面的理论建立非常困难。杨念群呼吁了很久,他的中层理论很有建设性,他本身也在实践,试图建立经验性理论。尽管大家都在努力，但要形成普遍的共识，还要一段时间。

白： 我认为这需要从三个层面上对学术的性质进行讨论。第一，例如安德森的《想象的共同体》或萨依德的《东方主义》经常被人引用，但这是否就是学术的目标？换句话说，学术的目标是否就是经常被全世界的人引用？虽说这些研究被频繁引用，但不就是刻板地引用几个个别的概念吗？我认为我们在思考中层理论时，应该同步考虑学术的目的问题。第二是实用性的问题，学术是否应具备实用功能？例如学术是否应该顺应政府、企业或社会的需要？第三是如何实现理论的一般化？对于这三个问题，不知你有何看法？

孙： 被引用这个标准是目前学院的体制化标准。我们经常被要求填表格时写上研究成果被引用的情况，我个人认为把它作为学术研究的目标和标准是非常荒诞的。学术研究的目标应该是对人类精神生活有贡献，而就终极意义而言，就是对历史有贡献。人类与其他动物的区别，就精神层面而言，就是人类有历史意识而其他动物没有。对我们知识分子而言，历史不是外在于人类的实体，而是在不断地创造和传承中曲折延续的精神活动与客观状况的互动过程，我们都是其中的一个环节。对历史有贡献，并非是想让后人记住我们，任何个体都是微不足道的；但是如果我们可以通过知性活动参与历史过程，我想那就是学术的最高境界了。中层理论的重要，就在于它指向这样的目标。关于学术的实用性，我个人的看法是它必须是"非实用的实用"。直接拿来就可以用的学术当然也有，比如介入政府政策过程的学术生产，但是那样的学术必须讲究策略和妥协，不容易彻底。我觉得学术的使命主要在于改变人的思维，不是改变人的生活本身。学术是精神活动，它的即物性表现为与现实的"断裂式连接"，就是说，不是直接连接到现实事物本身，而是通过人们的精神和思维活动，间接地关联到现实。

理论如何一般化，我想现在通行的理解仍有问题存在。事实上现在最容易被普遍应用的不是理论，而是理论的结论，而结论是理论活动终结后的产物，并非理论活动本身；只使用结论，并不一定会产生理论活动。从某种意义而言，《想象的共同体》和《东方主义》皆可视为经验性理论的范例。但这两本著作传到东方后，只传进结论，极少人关注在其推进讨论过程中是如何发现问题的？讨论推进的过程中关注哪些环节？我们通常只看结论就认为自己读懂了，但真正应该读的是从发现问题推进到结论的那个过程。如果要追求真正意义上的理论一般化，应先提高我们的理论经验水平，换言之，应该让理论的洞察力有更普遍的共享可能性。这目标也许太高太大，但只要目标确立后，在我们阅读理论和在大学里讲授理论时，方式即可进行调整。虽然我们的洞察力不一定够，但我们可阅读名著的洞察力而不只是阅读它的观点。现在我们的阅读大多只读观点和理论结论，像现在中国的大学课堂受美国式教育影响，要求学生在短时间内快速阅读厚达几百页的专著，学生无法阅读最重要的推进问题的过程，只能阅读观点和结论后再用逻辑穿起来。这也造成我们对理论普遍化的误解，认为大家只要都知道这些观点，在学术会议中像对暗号一样互相能够对得上，真正理解与否反而不重要，只要会说这些关键词，并且把这些关键概念放进自己论文里，好像这样理论就普遍了。所以接下来我想我们应该讨论的就是如何让理论的洞察力能够被共享的问题。"经验性理论"分析的是具体状况，不进入状况的人对这种分析既不会感兴趣亦无法判断。我自己曾做过一个尝试，我在做日本思想史研究时，曾刻意在日本的语境中使用日本的材料来讨论中国的问题，当然这样的做法是有危险的，就是说，有可能滥用日文资料，或不尊重日文的脉络，但只要谨慎地把问题集中在认识论的层面即可避免这种危险。当然，我的这些研究首先需要得到日本同行的检验，他们要是不认可，那作为日本思想史研究就不能成立，更何谈通向中国的问题。事实上我有一些完全不懂日语也不做日本研究的中国读者朋友，他们读我的这部分文字，会在我的讨论中找到和自己问题相关的因素来进行对话。而且有趣的是，同一篇论文、同一本书，在中国和日本是被以完全不同的方式和主题阅读的。虽然这是我个人有限的尝试，但我现在是有意识地进行这样的研究，在我研究日本的资料或问题时，我不只讨论日本的问题，我也希望能深入开掘，挖到一定深度后，让它可以通向中国或韩国的问题。这种方式和现在大理论利用结论来取得普遍性的方式是不同的。

白：刚才你提到如何普遍共享理论洞察力的问题，对此我有一个想法。如果是学术境界到达顶峰的大师级巨人，也许可以靠自己的努力做到洞察力的普遍化，但这在学术传统发生过断层的当代东亚绝非易事，因为东亚还没有大家普遍承认的巨人。此外，与你刚刚提到的内容相关的另一个问题是东亚知识分子的一个共通毛病,那就是在没有深入考虑东亚洞察力的情况下,就认为东亚的洞察力还没达到理论阶段,因此不喜欢引用东亚的研究,总是依赖西方的大理论来解释自己所身处的现实。他们自认为已经做出了解释,但其实那根本就不是对现实的真正解释。

不过我认为如果我们能够集结众多已经具有相当洞察力的学者,以互相讨论方式进行合作,那么做到洞察力的理论化还是有可能的。只是目前愿意朝合作的方向努力的人还是少数,虽然大家都参加国际学术研讨会,也一起出书,但这些单次的学术交流结束后并没有进行持续的讨论。所以我想我们也许可以先集结几位具有洞察力的学者,组建一个项目,通过长期的团队合作,慢慢累积成果。毕竟这个工作靠个人的力量是很难实现的。

孙：这我完全同意,特别是为了下一代。因为学术传统的形成要经过至少几代人接力传承,现在我们已到了要为下一代设计的年龄,因此我们可通过集体的行动,设定明确的目标,再以项目的方式来推动集体行动,这是为下一代人创造学术环境的重要方式。我也同意你的说法,即我们很难期待依靠一两个学术思想巨人来撑局面,而且事实上产生巨人的时代早已结束。但我们面对的困难是,西方的知识分子有自己的传统,哪怕是反抗的传统,也已有清楚的继承脉络,所以今天西方的学者可以站在巨人的肩膀上工作；但对东亚的学者而言,事情就没那么容易,虽然我们也可以站到西方巨人的肩膀上,并且以向西方传统提出质疑的方式来形成自己的传统。虽然这是站在别人的肩膀上来制造自己的传统，我认为这也算是个有效的方式，不过这不应该是唯一的和主要的方式。另外，现在我们还应该摸索的是，我们是否能不要那么在意西方的传统。我所说的不在意西方传统排除了两种态度，一种是对抗西方，另一种则是无条件认可西方。这两种态度都有其历史功能，但历史已往前走到我们可以不必那么在意西方的阶段了。所谓的不在意，用学术语言来说，就是把西方相对化。

白：我也同意你的看法。正是出于这个原因，所以昨天我的同事才在你的演讲结束后提出了东亚地区公共性资源的问题。他提问时使用了"西方哲学理论"的概念，内容不容易翻译，所以可能意思没有传达到位。不过他的提问基本与我们的研究项目相关。因为我们想找出东亚共同的思想资源，或具有洞察力的人物的思想潮流，这是他昨天提问的主要目的。

孙：我们面对的困境是，我所说的不那么在意西方的东亚思想资源并不是个现成的东西，但这样提问的人希望的是你能拿出现成的东西。我们现在能拿出比较现成的可能是儒学，儒学不是西方的学术，研究儒学也可以不理会西方。我想这是可行的方向之一，但问题在于怎么去做。因为在怎么去做的过程中，还是可能会过分意识到西方的参照性而进行比较，比较不是坏事情，但一旦开始比较，可能会忽略那些不能比较的部分，而要强调儒学资源不同于西方时，则有可能会忽略事实上跟西方非常相近的部分，这两种态度会让人们在整理儒学传统时忽视儒学本身的逻辑，更何况西方的儒学研究已经对东亚发生了根本性的影响。所以我想现在有个可行的方式，那就是把西方的历史、理论及文化作为地域性的产物，至少在精神世界上，让西方和东亚的文化站在平等位置。这方面，白乐晴先生关于"第三世界式阅读"的论述是个榜样。但在历史及现实中，这种平等是不存在的，而且最基本的困境是，西方的文化早在前近代时已随着传教士及各种商贸活动渗透到东亚文化中来，所以我们要设想一个干净的传统是不现实的。把这些因素都考虑在内，我想今天要建立东方的思想资源，首先应建立认识论的出发点，因为这个工作刚刚开始，假如我们不去期望有一个跟外来事物无关、完全属于我们本土的资源，我想我们应该可以看到自己的资源，而这个资源当然也包含许多西方的要素。事实上，所谓西方文化、思想里也包含很多外来要素，也吸收了亚洲的资源，它之所以成为西方的东西，是因为认识论及结构意识是西方的。我们有没有自己的认识论及结构意识？而且这个认识论和结构意识是否能真的独立？这个独立又应该去除对抗西方的前提，这个构想执行起来虽然很困难，但愈来愈清楚，这大概是一个新的可能性。

白： 你提的问题相当重要，我再补充一点。如你所说，西方的思想资源传到东亚时受到了历史状况的影响。而东亚的思想资源本身也是历史状况的产物。因此，在重新发掘东亚的思想资源时，分辨出精华和糟粕，并做到"取其精华，去其糟粕"是不太可能的。20世纪初中国的国学论已经犯过这种错误，对于正在重新强调传统文化的当代中国和重视东亚思想资源的我们来说，应该深入思考这方面的风险。关于这个主题，我希望下次有机会用更具体的例子进行更深入的讨论。

接下来我们进入下一个话题。我想谈谈关于我们现在所推动的社会人文学的可能性及困境的问题。首先是制度化的问题。你已经读过我的文章[1]，应该了解我们并不是想把社会人文学单拿出来成立一个学科。但是在学科体系主导的当今学界，要克服制度上的问题并非易事，例如年轻的研究者眼下就面临着学术评价的问题。他们写了论文就要发表在学术期刊上，但这些期刊都是由各个学科或学会发行的，所以跨学科的主题不容易找到发表的空间。昨天你批评了中国腐败的学术评价制度，并提到浙江大学的实验。我想请你先简单介绍浙江大学的实验，然后我再介绍一下韩国类似的制度。

孙： 浙江大学的实验好像还没正式开始，这是我来韩国之前看到的报道。这个动议当然是好的，很希望他们能够成功。他们主要认为目前为止人文学科的评价被自然科学化，被量化，这是不公平的，因此应重新根据人文学科的特征来评价人文学科教授的工作，但是没有给出具体方案。这个任务非常艰巨，因为目前为止从来没有更合理的方案，量化指标到今天之所以没被废除而是一直继续执行，就是因为量化指标是唯一有客观性的，数字是不能变的。但如果要看质量，每个人都各有一套说法，彼此无法说服，最后可能就要看学术政治，即看谁坐在评价委员的位置上，谁说话算数就以谁为标准。因此如果没有新的评价方案，可能很

---

[1] 该文章后来正式发表为《开启社会人文学的地平——从其出发点"公共性的历史学"谈起》，《开放时代》2010年第1期，总第223期。

难有理想的结果。但这个问题在历史上，无论古今中外都还没被解决过。所以很多西方学术史上的大家其实在西方学术体制内也没能得到承认，很多人死后才被承认。比较普遍的现象是，有些人为了在有生之年将所有精力拿来追求学术真理，只好牺牲体制内的评价。我们很不希望年轻人也遭遇这种困境，所以有机会就要呼吁，但这的确是个困难的问题，我也很想知道韩国的情况如何。

白：韩国与中国的情况也差不多。昨天你提到中国有CSSCI期刊，韩国的学术期刊也分为三类：第一类是KCI（Korea Citation Index）期刊，第二类是KCI候选期刊，第三类是其他期刊，《创作与批评》就属于其他期刊。如果我在KCI期刊上发表文章，能得到的分数是150分，KCI候选期刊是100分，其他期刊是30分，而国际知名期刊，例如SSCI级期刊是400分，可见不同期刊发表文章得到的评分差距很大，因此一般学者当然都想在KCI期刊上发表文章。但是KCI期刊对格式的要求非常严格，例如要具备绪论、本论、结论，并且必须要加注解，等等，这会影响写作的方式。所以比较有批判意识的年轻研究者发表文章时，不得不考虑选择哪一类期刊的问题。

例如20世纪七八十年代时，韩国陆续出现了很多社会运动性质的期刊，这些期刊对推动民主化运动的理念起到了相当重要的作用。但民主化运动之后，这些期刊都被编入体制内，成了KCI期刊。目前这些期刊与一般的学术期刊已经没有任何差异，格式要求也变得非常严格。因此现在假如我写了一篇不太遵循格式的批判性文章，也许只能发表在《创作与批判》或其他一两个期刊，此外几乎没有别的发表空间，这当然也影响了学界的氛围。但是导致这些问题的并不仅仅是国家政策。在20世纪七八十年代，国家比较公开地控制了我们的思想，但现在不是国家公开控制思想的问题，而是另一种很微妙的问题。就是韩国学界在接受国家或企业的研究经费时，形成了一种控制我们的学术姿态的相当重要的机制，甚至可以说研究者本身具备了一种内在的自我审查机制。因此，虽然最近网络上出现了不少不受学术体制约束、自由发表观点的论客，但仍然没达到足以改革现有制度的水平。

孙：以中国的说法就是学术政治。实际上这不是政府在控制而是专家在控制，是官僚化的知识分子在划分势力范围，他们通过把持一级或者二级刊物，来谋取自己在物质和名誉上的利益，因此才难以被推翻。如果只是国家政策结果，只要依靠社会运动就可以改变，但问题这是学界内部学术主体的行为，除非把学术界捣烂，不然无法改变。在中国也举办过取消核心期刊的讨论会，但会议开完后就结束了，没有带来什么改变。

白：2009年在一个日本与韩国的学术团体共同举办的会议上，有一位日本学者的报告内容是关于日本文部省的学术评价方式改善方案，我觉得很有意思。其中提到应该采取多元化的评价方式：第一种是我们已经熟知的学界内部的评价，即在学术期刊发表文章的评价方式；第二种是社会上的评价，例如书评、新闻报道或出版界的评价；第三种则是历史上的评价，即从长期视角来评价某一研究成果是否有资格成为经典。虽然在目前的学术体制内很难实现第二种和第三种评价方式，但我认为这是应该考虑的方向，特别是第二种方式，它能让我们走出狭隘的学界范围，接受社会的评价。

孙：对，我想这在韩国状况会不会好一些？因为韩国累积了相当丰富的民主运动传统，我认为东亚地区内韩国的民主运动质量是最高的。目前中国社会里知识界总是跟现实有距离，相对是个较稳定的空间，改变起来比较困难，特别若跟既得利益挂钩，变革更艰难。韩国情况是否会好些呢？毕竟韩国大学教授中有一部分人有学生运动经验，像你这样的知识分子应不在少数，有没有可能做一些相应的制度上的变革呢？

白：你说得没错，在韩国有不少参加过民主化学生运动的大学教授。不过坦白说，他们进入稳定的环境后，不再对当前的学术体制持有特别的危机意识。主要是那些年轻学者因为现实中碰到问题才会感到困难，像我这样年龄在50岁以上的人不会觉得压力很大，所以很多人虽然都认为现行的评价方式有问题，但并不会努力摸索新的方式，这才是问题所在。

孙：我有个问题。因为现在韩国的民主运动已经退潮了，但在高潮时期韩国大学内的评价机制及学科体制又是如何的呢？例如80年代时。

白：这种评价方式是从1998年开始实施的。最初的设计是在金大中政府时期（1998—2003），后来在卢武铉政府时期（2003—2008）得到延续并走到现在。之所以提出这一评价制度，是因为当时学界的学术活动并不活跃。一般的教授不愿意发表论文，喜欢安定的环境，态度也比较保守。所以注重研究业绩的评价方式有两种效果：第一是给学界一些压力，让学者有动力进行研究，并鼓励他们发表论文。因为之前有许多老教授不愿意写论文，却仍想继续保有教授的地位，因此可以说这种量化评价的方式有一定的积极效果。第二是计量的问题。现在这种多多益善的评价方式，并不适用于人文学，这是民主政府为应对新自由主义而推动的政策。受新自由主义的影响，每所大学都为跻身世界百强大学而努力，所以尤其鼓励教授用英语授课或发表更多的论文，这是结构性的问题。我认为要想打破结构，重要的是要先从结构的缝隙中找到评价方式的替代方案，但眼下大家好像并不怎么努力执行。现在台湾的陈光兴正在摸索另一种评价制度，但他还是把 *Inter-Asia Cultural Studies* 变成了 SSCI 期刊，这有些矛盾。不过有趣的是，这个期刊策划的主题是亚洲批判性知识分子所关心的问题，同时也为他们提供了一个投稿的空间。我很想看看这是否能成为从结构的缝隙中找寻替代方案的范例。

孙：陈光兴的试验很有代表性。实际上现在反对这一套体制的知识分子也不得不和体制形成某种共谋关系。如果完全与体制无关，就在体制的边缘做事，甚至在体制的外面，作为一个个体，可把所有的精力用来做研究，这不是坏事，但是坏处在于无法保护学生，无法让年轻人在更合理的空间中生存。另一种方式是像你或陈光兴这样去推动一些项目，至少能带动一批年轻人，让这些年轻人不甘心被体制同化，这也是我们的责任。这时产生的问题是：你不得不跟体制发生关系，不然就会被压碎。而在跟体制发生关系的同时又跟体制对抗是无效的，所以光兴的策略就是利用体制，即一边批评SSCI，一边把自己的刊物也变成SSCI刊物，这样才能争取更多的机会给年轻人。我想社会人文学将来也会面对同样的问题，就是在批评体制的同时，也不得不利用体制。所以再回到前面提到的理论问题。竹内好当初在写《大东亚战争与吾等的决意》时，他是没有选择自由的。他要表述把东亚从西方的压抑下解放的理想时，他选择了支持日本自杀式的战争。我们现在是否也在做同样的事呢？这几乎就是在不自由情况下进行选择的唯一方式。当然现在不是战争时期，选择的自由比竹内好那个时代多，比如说我完全可以在学术体制之外，用自己的方式来尽自己的责任。我在年轻人的推动下搞一个读书会，这是体制外的读书会。学生到我这里来除了读书不会有其他收获，我无法给他们学位或学分，更无法提供就业机会。这个读书会没有门槛，不管什么专业的、做什么工作、有无受过训练，只要是喜欢读书的人都能来，有些年轻人来了不走就坚持下来了。

白：你这种方式，如果借用我之前文章里的一个词汇加以描述的话，就是"作为社会运动的学术"，这与"作为制度的学术"是不同的。

孙：对。不过我倒是不把这两者对立起来。我这样做仅仅是因为我没有能力像你们一样，在体制内一边跟体制碰撞，一边利用体制来实现在体制内培养年轻人的理想，这我做不到。

白：听了你的讲述，我也想说几句。其实我对自己选择的道路也时常心怀疑虑：这条路是在实现我的理想，还是被体制利用？如果过了十年还没有任何成果，那我一定会非常难过和愧疚，所以我暗自觉得压力很大，毕竟这是一种冒险。

孙：这我非常理解。利用体制跟与体制合谋，这中间只隔着一张薄纸，随时可能被捅破。所以必须保持一个基本的底线，这是很艰难的。你的做法比我的做法困难得多。我看到很多教授就是跟体制合谋，也给自己的弟子谋利益，但他们除了肯定学院的现实之外，并无其他作为，结果就很糟糕，因为这种合谋变成了结党营私，是体制化中最坏的部分。而事实上你和光兴以及这些在体制内拼命推动新可能性的知识分子，我觉得你们的目标很清楚：现在的学术体制有问题必须要加以改变，而最好的方式就是参与进去。不过参与进去之后，要随时保持张力关系就需要定力了。学院体制会提供大量的资源，如何出以公心地利用这些资源，而不是为自己谋取利益，这是一个稍微缺少定力就必然会栽倒的陷阱。我看到很多不错的朋友最后就栽进去了。在中国这个问题非常严重。

白：这与我们社会人文学的三大原则有关。第一是沟通，这里包括各学科之间的沟通，与国内外学术受众的沟通。第二是反思，既要对确认人文学是社会产物的学术历史进行反思，也要对社会本身进行反思。第三是实践，要在学术体制内外确保沟通的据点，注重社会的实践性而非文化的商品化。刚才的讨论中也提到，沟通与实践的问题是互相关联的，例如我们想要努力结合大学内的研究活动与体制外的活动，但到底应该怎么实践呢？我在学术体制外身处的领域是《创作与批评》。不过目前韩国还有一个团体受到关注，那就是"水踰+超越"，你之前也去那里参观过。"水瑜+超越"是体制外比较独立的空间，我还真有些羡慕他们，因为他们无须承受体制内的压力，可以自由地推进计划，但他们的问题是在体制内没有稳定的资源，他们这方面的资源确实很少。所以我一直在思考如何连接体制内外的活动。之前我读过你与韩国的青年学者尹汝一的对谈，在对谈中他说"学术体制愈稳定，知识就愈没有动力"，你回答说"赞同学科体制的结构问题不容易解决的看法"。从这段对话中，我感觉你对体制比较悲观，你好像认为学术体制改革的可能性很低，是这样吗？

孙：我确实是有些悲观，这跟我个人的经历可能有关。因为我没有隶属于一个学科，在研究所里我基本上是自行其是的。有时有的年轻人希望我讲讲，我偶尔才有机会在所里做讲座。而同时我又不在中国的政治学或历史学的领域里，他们有自己的领域，我跟他们的交流也不是学术体制内的行为。学院体制总是在提醒我：我应该是一个"文学研究者"，任何超出这个范围的学术行为都不会被认可。这当然是我对学术体制感到悲观的直接原因，虽然从另一面看，由于没有干扰以及行政事务而获得了充分的研究时间，我的处境应该是学者的最佳处境。不过我的悲观看法形成更重要的原因是学理上的问题。因为制度一旦形成，本身就是高度保守的，更何况现在的学术生产已经变成了一个"大产业"，专家变成了匠人，学院要养活一个庞大的人群，因此学术的制度直接关涉利益问题。没有任何制度愿意改变自己，总要有强而有力的能量才能打破其保守性。有可能打破制度保守状态的应该是某些在重要位置上又有头脑的领袖人物，比如像你现在担任国学研究院院长，至少在院内可做某些事情，虽然你也必须进行某些妥协，但你有能力及权力在延世大学内部进行小范围的修改，这几乎是唯一的可能。但可惜的是，坐在这个位置上，有改革要求，有判断力，同时又是个真正学者的人太少了。如果东亚有10个白永瑞，情况也许就会不同，但可惜只有1个白永瑞（笑）。

白：我太荣幸了，听了你的话，我觉得自己必须更加努力，不能失败（笑）。

孙：不过我觉得你要有失败的准备（笑）。我在这一点上确实是个悲观主义者，但我不是虚无主义者。我认为有两种管道可以推进我们的梦想。一个管道是你现在做的事，就是在体制允许的范围内改变，比如说做了社会人文学，让原来学科的划分不那么安稳了，给了新的东西。这些东西再往前推，有可能在学术体制上带来合法性的变化。另一个管道是我这个途径。我在学术体制之外影响一些有头脑的年轻人，让他们对于学术具有某种判断力，知道如何区分真问题和伪问题。他们能发挥什么作用我不知道，但至少我尽我的能力去影响我能影响的年轻人，他们将来或许会影响学科建设，可能会做些有质量的工作，至少这些人在一定程度上能发挥某种作用。我想这是两个比较现实的管道，要在整体上改变现有的学术体制，我认为这是不可能的，也没有必要。

白：刚才你提出一个很好的意见，就是要有失败的准备，这倒能让我减轻不少压力，因为我每天都在思考如何才能不失败，压力很大（笑）。

孙：你们要好好保护白老师啊（笑），不然他的压力太大了。

白：即使每天都要做好失败的准备，我也还是会继续努力。有一点可以肯定的是，我们两人的方向是一致的，只是实践的现场不一样。我有两个实践现场，一个是体制内的研究院，另一个是体制外的《创作与批评》，而你目前主要集中在体制外的读书会，这是我们两人的差异。

接下来我想进入另一个有关社会人文学与批评或评论的问题。我认为我们在推动社会人文学的过程中，应该追求一种新的写作方式，而不是那种必须符合核心期刊格式的学术文章，而这种新的写作方式就是评论，这比较符合我们的目的。现在我所说的评论并不只是写作方式的问题，也与学术的新态度有关。用我前面提到过的词汇来描述的话，就是站在作为制度的学术与作为社会运动的学术的交叉点上进行全新的写作。身为一个历史学者，我也曾将这个观点应用在历史学上，倡导过"批评的历史学"。我记得你曾经在文章中强调过竹内好的文章具有评论性的作用，你已经指出竹内好的学术研究是评论，我想这是因为竹内好正确把握了时代的现实性，这一点非常重要。他在进行思考时将生活的现实与学术联系起来，把对生活中碰到的具体现象的分析写成了文章，这就是评论。但学术文章只需进行考证分析，不必进入现实。我想请你谈谈对这种评论方式的看法。

孙：评论是一种很难把握的文体。我现在的尝试也是受到竹内好的启发，他一生大量的文章都是评论，他基本上不写学术论文，他的学术论文事实上也是深度的评论。竹内好很有意思，昨天演讲时我也提到过，他一辈子都在提问题，但不解决问题，事实上他所提出的都是无解的问题。能够找到无解问题的人才是思想家。竹内好的评论并不是所有的都成功，但他最后出了三本评论集，我认为收进这三本评论集的评论都是很成功的，这些都是思想性的文本。这类的文本都有一个特征，因为他面对的这些问题既是具体的问题，也是无解的问题，换句话说，这些是不能解决的问题，所以这些问题能够永远活在人类的历史里。当一个人有能力抓到这类问题时，就能成为思想家。与他相比，很多人都能把问题解释得很清楚，但他们抓到的问题往往都是有解的问题。竹内好的评论是否能成为我们的样本，这可能是个疑问。什么样的问题能够既有状况性又有普遍性呢？我认为当你抓住一个问题的状况时，你既分析问题本身，给出方向性的解释，比如说这个问题会朝什么方向发展？其真正的本质性要素是什么？但在做出这些分析的同时，能不能又挖出一些无解的问题？而那些无解的问题，大多与人类的本性有关。比如说竹内好一直在处理种族歧视和人与人之间的歧视问题。例如日本人之间、长辈对晚辈、男性对女性、语言里的歧视，和日本国在国际上确定自己位置时对强国和弱国的态度里体现的歧视，把这些视为同一个问题来讨论，就颠覆了当时日本社会通行的一些有关歧视及社会正义的很表面化的解释。他说骨子里的问题很难解决，必须紧抓住不放，而且骨子里的问题就是决定所有重大事件的核心问题，这是他用评论的方式提出的。试想假如他面对的20世纪五六十年代的状况都消失了，他所提出的有关人的本性里潜在歧视的结构问题，在今天难道不仍是个现实的问题吗？作为一个思想家，如果他在半个世纪以前提出的问题到今天仍然有效,我认为这样的评论就是成功的。但若只是就事论事,那么这种文本就不会流传下来。处理同样的对象,由于处理的方式、深度及洞察力不同,有的文本会传下来,有的就会消失。是否有可能通过写评论性文章,尽量去抓住状况里一些根本性的问题或是无解的问题?我觉得以我现在的能力很难做到。我做的是另一种尝试,就是争取每年写几篇分析中国现状的评论性文章,有时用中文有时用日文写。我写这类文章的动机仅在于让我保持对现实的紧张感,我还没有能力像竹内好一样去抓住里面最核心的问题。但通过分析现实的事件,保持自己的紧张感,可以让我在回过头做思想史研究时,在学术生产的过程中不失掉内在紧张。这样的操作就我目前的水平而言是可以做到的。所以我认为评论性文章对大众、对社会当然是重要的,但对我们自己来说也有现实的功能,至于评论性文章能在多大程度上影响社会,我倒是不那么期待。因为我一直觉得用文字工作的人,真正的目标并不是去直接改变社会,而是通过改变人的思考方式来间接影响社会。那么我能在多大程度上改变人的思考方式,这取决于非常多的条件,并不是我能估计和掌控的,所以我并不太在意,我只要求自己面对现实,保持紧张开放的状态,并且尽可能找到某些能够超越一时一地性的理论性问题,通过写作来尽可能打造自己的洞察力。当然我毕竟只是一个个体,如果是社会人文学要把评论性的写作当作一项工作,我想在设计上应该有所不同吧。

白: 你说"通过改变人的思考方式来间接影响社会",若用我的语言来表达就是"理论的实践"。1980年我曾亲身感受到这种力量。1974年被大学退学后，我作为一个遭到退学的学生，从1978年开始在创批工作。1979年10月朴正熙总统遭到暗杀，1980年有"首尔之春"之称的民主化时期到来，我复学回到首尔大学念三年级。那时在首尔大学经常看学生贴的大字报，《创作与批评》提出的理论或词汇直接反映在那些大字报上。通过这些，我切实感受到理论的力量，也觉得自己做的工作很有意义，同时也感受到了不安。我们之所以会考虑评论性的写作方式，与我在《创作与批评》的工作经验密切相关。《创作与批评》的大部分文章都不是一般的学术文章，而是文学评论或社会评论。那么评论性文章跟学术性文章有何差异呢？一般来说，学术文章大多分析过去事件，换句话说，与分析对象保持着一定的距离；但评论则是对流动的、生动的现实问题的一种判断。一个是分析，一个是判断，这是很大的差异。所以评论所掌握的是现实的脉络，现实是很广泛的，不论是韩国的现实还是东亚的现实，我们如何判断很重要，但是这也很容易变成对时事问题的分析。

应该怎样克服这些问题呢？对你而言这也许是通过时事问题来寻找思想课题的问题，但用我的话来说，这是关系到怎样把短期问题、中期问题与长期的脉络结合起来的问题。短期问题的例子有韩国民主主义退潮的问题或天安舰的问题。天安舰的问题表面上是短期问题，但从长期脉络来看，这还关系到韩国的分断体制或国家统一的问题，因此并没有那么简单；同时还得考虑美国和中国的外交政策。由此可见，东亚乃至全球的局势都是密切相关，所以必须从中期或长期的视角来分析短期的问题，只有这种评论性文章才具有洞察力，也才能保持生命力，否则就有可能沦为简单的时事评论，根本无法与学术性文章竞争。所以我关注的问题就是评论性文章怎样才能摆脱学术论文的局限，开拓一个新的领域。

孙：我觉得这非常重要。评论和时评不同的是，评论所关注的不仅是一时一地的事件，评论还关注长远的可能性。什么是现实呢？现实就是无数种可能性中一种可能性实现自己的那个瞬间。可是在下个瞬间还有无数种可能性，未必实现了自己的现实性在下个瞬间还存在，可能就会被淘汰，所以说现实是流动的。我们现在因为学院生产的知识大多都是没有紧张感的静态的东西，于是就把一个个瞬间实现之后的那一点固定化，然后说这一点就是现实，可是这个现实在下一个瞬间会被颠覆。那么评论要做的工作是尽量去推动下个时点和下下个时点那个颠覆现有现实性的最佳可能性，而不是确认已经实现的现实性，然后去预测哪个可能性最容易实现，后者就是时评，所以时评老是在预测下一步会怎么样。可是评论其实不做也不应该做预测的工作。评论应该做的是，在现在的瞬间，我们看到有各种可能性，而这些可能性都有不同的方向，预示着我们的社会将向什么方向发展。为了促进那个最符合我们理念方向的可能性的实现，我们需要什么社会条件呢？当你进行这样的分析时，就不是在预测了，而是透过具体的评论性分析，影响人们的思考向最好的可能性靠近。这种努力对人类的将来是有所启发的，也可以传下去，所以这类评论的关注从一开始就跟时评不同。我们看到许多大思想家都是在做这样的工作。

白： 我完全同意你的看法，我想我的东亚论述也正朝着同样的方向前进。东亚论述想要融合"情势论"与"文明论"（或思想课题），它既关注一时一地的现实，同时也坚持长远的眼光。既有的东亚论述在人文学与社会科学的分科体系内出现了严重的分化，我的东亚论述的初衷就是希望摆脱这种局限，做到跨学科的研究和写作与现场的实践经验相结合。而这种尝试正与今天的主题"社会人文学"之路是相通的。

因为时间关系，下面我们进入最后一个主题，也就是"社会人文学"这个词汇本身的问题。提到社会人文学，人们经常误认为它就是社会科学和人文学的结合，但并非如此。社会人文学的重点是人文学。那么何谓人文学呢？在传统时代，不论东西方，人文学都是单一的综合性学科。但是近代以来，人文学已被细分成多个学科，很难再恢复到传统时代，所以如何以全新的方式重新思考传统时代的人文学是个重要的问题。例如在近现代人文学体制中，自然科学及社会科学的科学性已被排除，当前的人文学是否还保留着传统人文学的某种特征呢？我们在研究人文学的文本时，是否一定要考虑兴趣或情感的问题？人文学、自然科学与社会科学之间究竟有何差异？如何才能与传统时代跨学科的、整合性的、单一的学问产生关联？这是我一直在思考的问题，但还没找到答案。正如刚才提到的评论，一篇好的评论应该让读者感受到获得知识的快感吧。

孙： 对，这的确是个非常重要的问题，也是个难题。因为人文学经过近代的学科建制已有100年以上的历史，而且分科愈来愈精细也愈来愈坚固之后，现在的人文学已非过去的人文学。不用说恢复到从前的状态，现在要找一两个学科来追溯从前人文学的理想都很困难。因为从前的人文学还包括社会科学，哲学也在内，现在没有一个学科能做到这点，而且重新整合也没有用，我们已失去这种传统。在这种情况下，问题在于：如果不甘于知识被切割的现状，我们到底有何出路？我非常同意你说一个包含人类情感过程的精神活动，可能就是最接近古典意义的人文学，或说人文精神。因为现代的学问学术，包括人文学科，都在扼杀人本身最重要的心理和情感活动，因为这些部分都是无法被量化的，也不能用逻辑的方式演绎，所以这部分完全被排除。最接近人本性的应该是文学研究领域，连文学评论其实都很少有能力把握住真正意义上的人的情感结构，虽然还是有情感要素在内，但处理整体的人的情感问题的能力已愈来愈弱，这是基本的状况。可是我们刚才也提到过，目前我们无法完全打破学术体制，只能在学院的体制内部利用它并改变它。像我们这种讨论精神活动的方式，也和体制与我们的关系有类似性。就是说今天要改变我们的精神结构、知识结构和思维结构，已不可能利用古典的人文学。那么我们有没有可能把各学科还保留的人文学痕迹整合起来呢？

白：我想起你之前曾通过东史郎诉讼案讨论过感情记忆的问题。一般左派的日本历史学者大多利用实证的方式研究南京大屠杀有多少牺牲者，但数字并不重要，重要的是如何才能感受到这些牺牲者的感情，所以你强调了感情记忆。但通常所谓科学的历史学并不重视感情问题，这已超出了它的学术领域。我身为历史学者，比较了解科学的历史学内涵的问题。所以我认为历史学不应只重视有多少符合事实真相（truth），而应该对过去抱有一种关怀的态度，即真情实感（truthfulness）。换句话说，我认为相比"科学的历史学"，即追求有关过去事实的原因与结果的"解释的历史"，我们更应该重视"作为认同（identification）的历史"。这两种方式我们过去都接触过。"作为认同的历史"指的是以想象力或共同的经验来连接过去，特别是在通过与活在过去的人建立共感关系的一体化过程中，我们还能回头审视活在当下的我们的身份认同，并可将其作为一面映照现在生活的镜子，来与过去进行对话，这也是历史学的新道路，我称之为"公共性的历史学"，而这条道路也是对现代科学提出根本性问题的一种过程。

孙：我之所以强调经验性理论，认为除了大理论之外，还应该要有建立经验性理论的自觉，就是认为经验性理论是有可能保存人类精神活动的轨迹。因为如果只使用大理论，像感情记忆这一类的精神活动有可能完全要被排除，因为大理论无法处理这种不能用逻辑演绎的东西，于是人就全部变成理性的动物。可是现实社会里，除了理性之外，还有本能、冲动等一系列的要素在推动无数种可能性，政治学一直试图处理这个棘手的问题，但也一直没有找到真正有效的方案，因为这一部分是不可测的。现在又有人尝试用弗洛伊德理论等把它抽空，如此一来经验的丰富性被抽空变成一个实体，这还是很难达到目标的。所以只有自己置身在经验流动的状态里时，才有可能在其中用理论的洞察力去整理问题。我认为这个经验对象永远有一部分会在理论实验之外，可是在理论性的经验研究中会得到相当程度的呈现和传承。所以我个人是希望能够用评论结合学术的方式来处理经验性理论层面的问题，我认为可以不完全分开，这是我选择研究思想史的原因之一。因为思想史一定要处理经验及一时一地的思想性行为，我认为思想史的视野里可以最大限度保存人类精神、情感的活动，和包括本能、冲动在内的各种结构，并且整合成一个有机的整体；评论也可以用自己的方式来处理自己的对象。所以我想社会人文学，换句话说就是人文学的公共性或人文学的历史性，我很欣赏你有一篇文章后半部谈到公共性历史学，我觉得这很有意思，历史在建构公共性的时候很重要。昨天我稍微谈到曼海姆，曼海姆有个有趣的观点，他说当你用形而上的方式来思考人类问题时，你可以设定一个完美的终极目标，但假如你的讨论包含起源问题，那么当你讨论起源时，就不可能会有完美的结果，因为起源问题就是历史问题，谁都不知道会有什么结果。所以曼海姆要在社会科学中引入历史，而且是作为不完整状态的人类精神活动的痕迹。他说只要有人的痕迹，逻辑叙述就不可能完整。但我们作为一个人文学家，最重要的不仅是我们可以有不完美的叙述，更重要的是要在这种状况里，人类这种不能被逻辑整合的轨迹，用自己的方式让它成为原理。所以就此意义而言，这是我们共同的难题。因为现在世界上只有一种思维定式，就是认为最后一定要有个抽象普遍的理论叙事才算完成，没有那个东西就没有普遍性。所以我们要挑战的思维就是有另一种普遍性存在的可能性，而且这种普遍性才是真正有价值的。虽然这种普遍性存在于状况中，不能直接挪用，但如果进入状况，就可在里面找到那些处于完全不同状况中的人也会遇到的问题，然后就能在当中得到一些可供转化的媒介，在你自己的状况中用另一种方式去回应同样的问题。我觉得这种工作方式现在全世界的知识界是不太承认的，这与欧美中心主义的学术霸权有直接关系，所以我们要慢慢累积。

白：真正有价值的普遍性才是最核心的课题。我曾提出过"沟通的普遍性"（communicative universality）这一概念。我认为每个个体内都存在着推动沟通的普遍要素，正因如此，我们可以通过个体间在沟通过程中所产生的共鸣与想象力的弹性确立普遍性。"沟通的普遍性"的核心就是既确保那些处于不同脉络的个体的个别性，又有相互了解的可能性。这种普遍性并非真理，而是一种获得了广泛认同，形成社会共识的普遍性，而达成共识就需要社会多数成员的认同和承认，因而它的前提是各个认识主体间的沟通。我们所追求的社会人文学就是追求这种沟通的普遍性的事业，也是对包括我们正在进行的事业在内的各地兴起的全新的学术实验赋予的一个新名称。我们希望这些全新的学术实验能取得成功，为此我们将努力与更多人交流我们的经验。今天非常高兴也很荣幸能邀请到非常了解社会人文学的孙歌教授进行讨论。今天的对谈就此结束。

（2010年7月于韩国延世大学，韩文版发表在《创作与批评》，中文版未发表）

光启随笔书目

（按出版时间排序）

《学术的重和轻》　　　　　　　　　李剑鸣 著

《社会的恶与善》　　　　　　　　　彭小瑜 著

《一只革命的手》　　　　　　　　　孙周兴 著

《徜徉在史学与文学之间》　　　　　张广智 著

《藤影荷声好读书》　　　　　　　　彭　刚 著

《生命是一种充满强度的运动》　　　汪民安 著

《凌波微语》　　　　　　　　　　　陈建华 著

《希腊与罗马——过去与现在》　　　晏绍祥 著

《面目可憎——赵世瑜学术评论选》　赵世瑜 著

《中国的近代：大国的历史转身》　　罗志田 著

《随缘求索录》　　　　　　　　　　张绪山 著

《诗性之笔与理性之文》　　　　　　詹　丹 著

《文学的异与同》　　　　　　　　　张　治 著

《难问西东集》　　　　　　　　　　徐国琦 著

《西神的黄昏》　　　　　　　　　　江晓原 著

《思随心动》　　　　　　　　　　　严耀中 著

《浮生·建筑》　　　　　　　　　　阮　昕 著

《观念的视界》　　　　　　　　　　李宏图 著

光启随笔书目

《有思想的历史》　　　　　　　　　　王立新 著
《沙发考古随笔》　　　　　　　　　　陈　淳 著
《抵达晚清》　　　　　　　　　　　　夏晓虹 著
《文思与品鉴：外国文学笔札》　　　　虞建华 著
《立雪散记》　　　　　　　　　　　　虞云国 著
《留下集》　　　　　　　　　　　　　韩水法 著
《踏墟寻城》　　　　　　　　　　　　许　宏 著
《从东南到西南——人文区位学随笔》　王铭铭 著
《考古寻路》　　　　　　　　　　　　霍　巍 著
《玄思窗外风景》　　　　　　　　　　丁　帆 著
《法海拾贝》　　　　　　　　　　　　季卫东 著
《中国百年变革的思想视角》　　　　　萧功秦 著
《游走在边际》　　　　　　　　　　　孙　歌 著
《古代世界的迷踪》　　　　　　　　　黄　洋 著
《稽古与随时》　　　　　　　　　　　瞿林东 著
《历史的延续与变迁》　　　　　　　　向　荣 著
《将军不敢骑白马》　　　　　　　　　卜　键 著
《五行志随笔》　　　　　　　　　　　俞晓群 著
《依稀前尘事》　　　　　　　　　　　陈思和 著